Karl Ruß

Allerlei sprechendes gefiedertes Volk

EIn Hand- und Lehrbuch

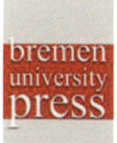

bremen university press

Karl Ruß

Allerlei sprechendes gefiedertes Volk

Ein Hand- und Lehrbuch

ISBN/EAN: 9783955620875

Auflage: 1

Erscheinungsjahr: 2013

Erscheinungsort: Bremen, Deutschland

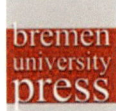
bremen university press

Allerlei
sprechendes gefiedertes Volk.

(Raben= oder krähenartige Vögel [mit Einschluß der Pfeif=
krähen oder Flötenvögel und der Laubenvögel], Pastorvogel, Star=
vögel, Drosseln, Kanarienvogel und Gimpel oder Dompfaff).

Ein Hand= und Lehrbuch
von

Mit fünf Vollbildern.

———— • ◆◆◆ • ————

Magdeburg,
Creutz'sche Verlagsbuchhandlung.
1889.

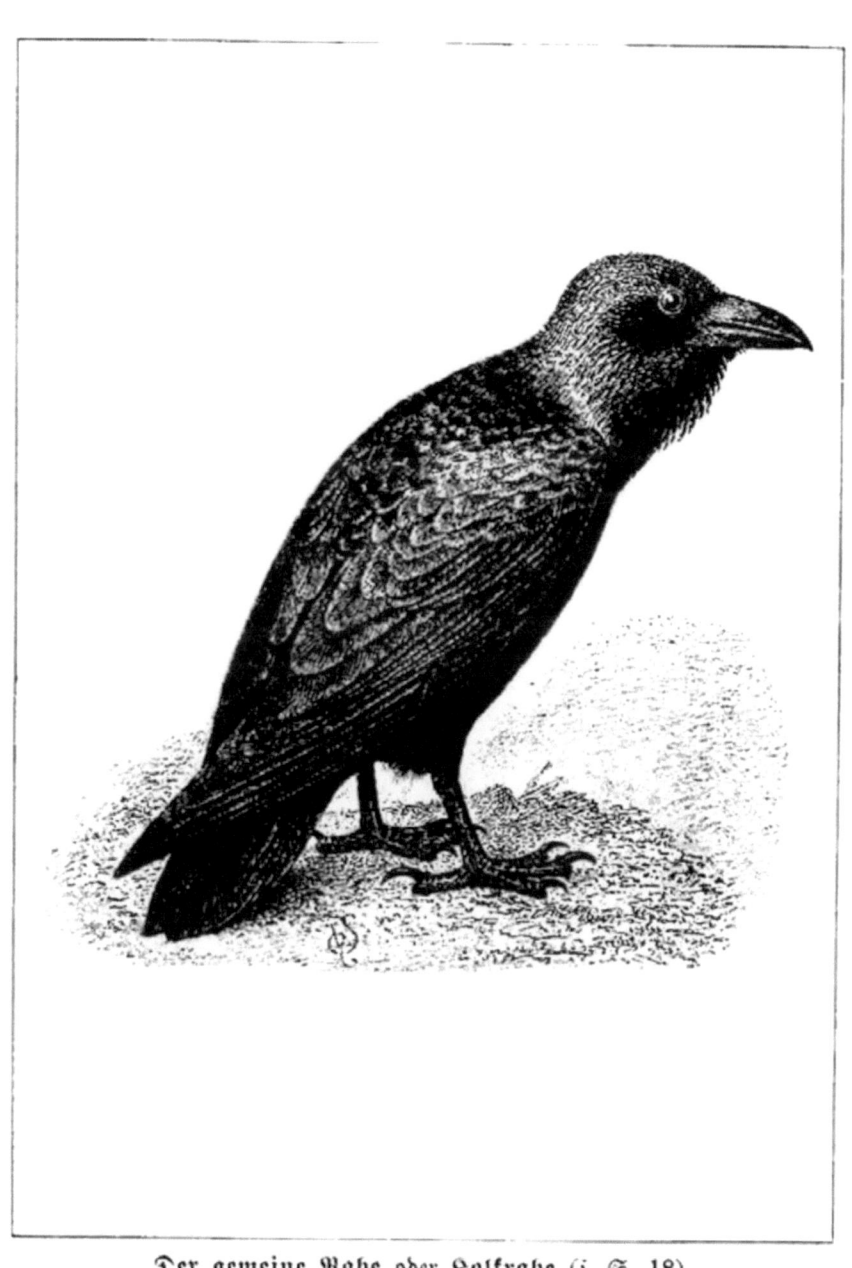

Der gemeine Rabe oder Kolkrabe (j. S. 18).
⅛ der natürlichen Größe.

Vorwort.

Beim Erscheinen der zweiten Auflage des ersten Bandes von diesem Werk **„Die sprechenden Vögel"**, welche unter dem Titel „Die sprechenden Papageien" eine freundliche Aufnahme und weite Verbreitung gefunden hat, faßte ich den Entschluß, diesen zweiten Band **„Allerlei sprechendes gefiedertes Volk"** als nothwendige Ergänzung hinzuzufügen. Derselbe umfaßt: Die raben= oder krähenartigen Vögel (mit Einschluß der Pfeifkrähen oder Flötenvögel und der Laubenvögel), die Starvögel und zwar aus deren großer Mannigfaltigkeit alle Geschlechter, in denen wir bis jetzt gefiederte Sprecher vor uns haben, ferner einzelne Angehörige verschiedener anderen Vogelfamilien, und zwar von den Kragen= oder Halskragenvögeln den Pastorvogel, von den Drosseln die Amsel und Steindrossel und von den Finken den Kanarienvogel und den Gimpel oder Dompfaff.

Die Schilderung der genannten Vögel von dem Gesichtspunkt ihrer Sprachbegabung aus zeigte in zweifacher Hinsicht Schwierigkeiten: Die Raben= oder Krähenartigen sind bis jetzt im allgemeinen als Stubenvögel verhältnißmäßig weniger beobachtet und erforscht als die Angehörigen fast aller übrigen betreffenden Vogelfamilien. Vom großen Kolkraben bis zur Dohle, Elster und zum Heher werden sie als Stubengenossen doch nur beiläufig gehalten, und wir sehen sie eigentlich blos bei ganz absonderlichen Liebhabern. Darin liegt es sodann wiederum begründet, daß inbetreff ihrer Verpflegung und Abrichtung im ganzen recht wenig bekannt ist. Was sodann die fremdländischen Krähenartigen anbetrifft, so namentlich die meistens bunt und schön gefärbten Elstern und Heher, so können dieselben streng genommen vorerst nur als Gäste in den zoologischen Gärten gelten.

Das hat mich indessen keineswegs davon abgehalten, auch auf dies Gebiet mein Studium zu erstrecken; ja, das möglichst

genaue Kennenlernen gerade dieser Vögel hatte für mich einen
besondern Reiz. Werthvolle Beobachtungen seitens bewährter
Vogelwirte inbetreff der Raben= und Krähenartigen hat im Lauf
der Jahre meine Zeitschrift „Die gefiederte Welt" gebracht, und
hinsichtlich der übrigen gefiederten Sprecher hatte ich ja in beiden
Theilen meines „Handbuch für Vogelliebhaber" (in drei Auflagen)
und meinem „Kanarienvogel" (in sechs Auflagen) den reichsten
Stoff vor mir. Den wenigen eifrigen Liebhabern und Kennern
der Rabenvögel und Starvögel, und zwar außer dem leider zu
früh verstorbnen hervorragendsten Vogelwirt Regierungsrath
E. von Schlechtendal noch den Herren Dr. Lazarus=Cernowitz,
Peter Frank=Liverpool, Edm. Pfannenschmid=Emden, J. Abrahams=
London, Kantor Schlag=Steinbach=Hallenberg u. A., muß ich hier
volle Anerkennung aussprechen.

Als vorzugsweise interessant darf ich die vergleichenden Studien
bezeichnen, zwischen der Sprachbegabung der Papageien — die ich
sicherlich genauer kenne als irgend ein Andrer — und der Ange=
hörigen aller übrigen genannten Vogelfamilien. Wer dies vor=
liegende kleinere Buch aufmerksam liest und dann auch im ersten
Band „Die sprechenden Papageien" hin und wieder nachschlägt,
wird zweifellos gerade darin eine unerwartete Fülle des Anregen=
den und Fesselnden finden können.

Ueber den Titel dieses Bandes muß ich folgendes bemerken.
Es war nicht leicht, einen solchen für ihn zu wählen, welcher
einerseits im Gegensatz zum ersten Band und andrerseits mit Be=
zug auf den Inhalt kurz und treffend das richtige sagte. Immer
vermeide ich es sonst, für meine Bücher irgendwelche Fantasie=Titel
aufzustellen, ich lege vielmehr großen Werth darauf, stets natur=
geschichtlich und sprachlich zugleich richtige und zutreffende Titel zu
geben. Diesmal aber mußte ich nothgedrungen von diesem Brauch
abgehen und mich einer allgemeinen Bezeichnung zuwenden.

Die Inhaber der Creutz'schen Verlagsbuchhandlung, Herren
R. und M. Kretschmann, haben dies Buch mit den Vollbildern
der interessantesten hierher gehörenden gefiederten Sprecher ausge=
stattet, mit Bildern, welche von Emil Schmidt, dem bekannten
hochstehenden Künstler auf diesem Gebiet, gezeichnet worden. Ich
darf wol davon überzeugt sein, daß diese Abbildungen als eine
willkommene Zugabe gelten werden.

Während die sprachbegabten Papageien sich, wie seit alters=
her so besonders in unsrer Gegenwart, allgemeiner und immer

zunehmender Beliebtheit erfreuen, muß sich eine solche für die
übrigen sprachbegabten Vögel, selbst für unsere einheimischen Raben,
Dohlen, Elstern u. a. in weiteren Kreisen erst Bahn brechen.
Dies aber wird sicherlich geschehen, denn wer irgend einen hierher
gehörenden Vogel nur erst näher kennen lernt, muß und wird ihn
auch bald liebgewinnen. Dazu recht wirksam beizutragen, ist ja die
Aufgabe dieses Bändchens; möchte ihm dies gelingen, baldigst und
bei zahlreichen Vogelliebhabern!

Berlin, im Herbst 1889.

Dr. Karl Ruß.

Abbildungen-Verzeichniß.

Inhalt.

Einleitung.

Hier darf ich auf die Vorzüge des Vogels im allgemeinen nicht mehr näher eingehen, nachdem ich dieselben in diesem Werke, Band I („Die sprechenden Papageien"), bereits gerühmt habe; ich brauche hier vielmehr nur das hervorzuheben, was uns an der zweiten Gruppe der sprachbegabten Vögel als Vorzug vor allem andern Gefieder überhaupt ins Auge fällt.

Soweit wir in Sage und Geschichte zurückblicken, finden wir den Vogel neben dem Menschen, und in gewissem Sinn kann er uns wol gar als ein Maßstab für die Stufe der menschlichen Kultur gelten. Während die Römer in ihrer äußerlich weit vorgeschrittnen, aber innerlich theils übertriebnen und verzerrten, theils rohen Bildung etwas Besondres darin suchten, die Zungen der herrlichsten gefiederten Sänger und das Gehirn sprechender Vögel zu verspeisen — da sehen wir, daß mit dem Zeitalter wahrer Bildung und Humanität solchen Vögeln nicht allein viel höhere Würdigung und Schätzung entgegengebracht wird, sondern daß man sich auch liebevoll in ihr Leben und Weben vertieft und sich bemüht, dasselbe zu ergründen.

Angesichts dieser Thatsache darf ich nun meine Leser von einem ganz andern Gesichtspunkt aus dieser Liebhaberei entgegenführen, als es in früherer Zeit geschehen sein würde. Ich lehre in diesem Buch den Vogel nach seinem ganzen Wesen und nach allen seinen Eigenthümlichkeiten hin kennen, indem ich die Naturgeschichte einer jeden einzelnen Art so eingehend wie möglich gebe. Aber ich wünsche den Lesern auch einen Ueberblick des gesammten Lebens, der Begabung, Leistungsfähigkeit u. s. w. dieser gefiederten Hausfreunde zu verschaffen. Als eine Hauptsache betrachte ich es ferner, die Liebhaber mit den Bedürfnissen einer jeden Art bekannt zu machen, denn nur dann, wenn sie diese genau kennen und zu befriedigen wissen, vermögen sie ihre Vögel in vollem Wohlsein, lebensfrischer Gesundheit und damit bester Leistungsfähigkeit zu erhalten.

Während wir im ersten Bande nur eine Familie und zwar trotz mannigfacher, sehr abweichender Erscheinungen doch ihrem ganzen Wesen nach durchaus gleichartiger Vögel vor uns haben, sehen wir hier zunächst die Angehörigen von zwei Vogelfamilien und sodann noch einzelne Arten aus mehreren anderen, und jede dieser Gruppen sprach= begabter Vögel tritt uns in einer ganz besondern Eigen= artigkeit entgegen.

Am ähnlichsten, wenigstens in gewisser Hinsicht, sind unter den gefiederten Sprechern einander die Papageien und die Raben= oder Krähenartigen. Bei beiden — inbetreff der ersteren habe ich es ja im vorhergegangnen Band genugsam nachgewiesen — dürfen wir uns von einem in der That nicht unbedeutenden Verständniß für das, was sie sagen können, überzeugt halten. Der große Kolkrabe, in geringerm Grade die Raben= und Nebelkrähe, wiederum mehr die Elster und so in recht verschiedenartiger

Weise alle übrigen, gewähren uns unter aufmerksamer Beob=
achtung ihres ganzen Wesens und natürlich nur im be=
ständigen und liebevollsten Umgang unschwer und mit
Sicherheit die Einsicht, daß sie Verständniß für den Sinn
der Worte, welche sie sprechen lernen, zu fassen vermögen.

Der wahre Thierfreund und rechte Kenner des Thier=
und insbesondre des Vogellebens wird sich darüber, daß
ich dies mit solcher Entschiedenheit ausspreche, auch garnicht
sehr zu wundern brauchen. Alle Rabenartigen sind seit
dem Alterthum her als vorzugsweise kluge, geistig begabte
und regsame Vögel bekannt, und nach meiner Ueberzeugung
steht bei allem Gesieder, welches überhaupt dazu fähig ist,
menschliche Worte nachsprechen zu lernen, diese Begabung
mit der geistigen Regsamkeit in entsprechender Wechsel=
wirkung — sodaß also der klügste Rabenvogel, wie Papagei,
auch zugleich der beste Sprecher werden kann; ich glaube
nicht, daß ich mich in dieser Annahme irre.

Nur beiläufig weise ich bei dieser Gelegenheit die
Meinung zurück, die sprachbegabten Vögel seien überhaupt
nicht dazu fähig, eine solche Ausbildung zu erlangen, daß
sie den Sinn der Worte, die sie sprechen, auch mehr oder
weniger klar verstehen. Ueber jene, ebenso gedanken= wie
grundlose Behauptung mancher Gelehrten und Ungelehrten,
daß der Vogel nur plappern und die Worte lediglich nach
Schall und Laut nachahmen lernen könne, sind wir ja
glücklicherweise längst hinaus. Jeder Vogelfreund, der die
Gelegenheit dazu gehabt und sich die Mühe nicht verdrießen
gelassen, wird es mit großer Freude und Genugthuung an=
erkennen und nicht bloß dies, sondern es auch aus eigner
Erfahrung feststellen, daß alle Vögel rings um ihn her je
nach dem Grade ihrer geistigen Begabung und Regsamkeit
ein Verständniß für die menschliche Sprache zu erlangen
vermögen. Sollte es denn so außerordentlich verwunderlich

und wirklich so äußerst schwierig sein, für den Natur- und
Vogelfreund — alle anderen Menschen mögen ja darüber
denken, wie sie wollen — sich in diese Wahrheit hinein-
zufinden? Sobald das kleine Menschenkind beginnt, sich
in geistiger Thätigkeit zu regen, muß es erklärlicherweise
alle Gegenstände in seiner Umgebung kennen lernen und
Schritt für Schritt eine Fülle von Kenntnissen aufnehmen.
Wenn dann bei ihm zunächst auch nur der Schall des
Worts seine Wirkung äußert und das kleine zarte Gehirn
mit den anfangs nur dem Schall nachgeahmten Lauten
Mama, Papa einen Begriff nach dem andern zu erfassen
und festzuhalten vermag, so haben wir hierin zugleich ganz genau
den Weg der geistigen Entwicklung des Vogels vor uns.
Gleicherweise wie bei dem Kinde wird das Wort von ihm
zunächst nur im Laut nachgeahmt und ebenso wie bei jenem
knüpft sich bei ihm daran allmählich mehr und mehr die
Vorstellung. Tritt der Liebhaber zum Papagei früh mit
dem Gruß ‚guten Morgen‘ oder zum Raben mit dem Namen
‚Jakob‘, so wird der kluge Vogel, nachdem er in kurzer
Zeit den Wortlaut nachahmen gelernt, auch den Sinn begreifen. Wir können uns von der Richtigkeit dieser Behauptung leicht überzeugen durch mannigfache Versuche, die
wir mit solchen reichbegabten Vögeln anstellen. Wie der
sprechende Papagei (ich bitte im ersten Band S. 363 nachzulesen) niemals die Begriffe der von ihm gelernten Worte
in deren Bedeutung verwechseln wird, so ist Gleiches beim
reichbegabten Rabenvogel der Fall; denn auch dieser weiß
es ganz genau, daß er mit dem Namen ‚Jakob‘ gerufen
wird und welche Wirkung es hervorbringt, wenn er unter
Nachahmung der Stimme seines Herrn einen Dienstboten
mit dessen Namen herbeiruft, einen Hund vom heißen Ofen
fort- oder aus dem Zimmer hinausjagt; man kann es ihm
ansehen, ob er schelmisch oder ärgerlich ‚Schafskopf‘ ruft u. s. w.

Freilich muß ich befürchten, daß, obwol bei verständniß=
voller und sachverständiger Erforschung der geistigen Reg=
samkeit und Begabung solcher Vögel jeder Ehrlichdenkende
die thatsächliche Richtigkeit meiner Behauptungen anerkennen
wird, viele Leute trotzdem darin nur Anlaß zum Kopf=
schütteln und wol gar zu spöttischen Bemerkungen finden
könnten; denn es ist und bleibt ja eine leidige Wahrheit,
daß ebenso wie das körperliche, namentlich das geistige Leben
der uns am nächsten umgebenden Thiere und also besonders
auch der Vögel bisher leider nur zu wenig erst der ver=
dienten allgemeinen Aufmerksamkeit gewürdigt worden.
Wenn in späteren Jahren die beiden Bände dieses meines
Werkes „Die sprechenden Vögel" eine Reihe von Auflagen
gewonnen haben — wie ich glaube mit Zuversicht hoffen
zu dürfen —, dann werden mir die Forscher, welche sich
mit der hochinteressanten Ergründung des Seelenlebens der
Thiere beschäftigen, sicherlich rückhaltlos zugeben müssen,
daß ich schon beim ersten Erscheinen eines jeden dieser
Bände die gründliche Kenntniß und ein volles Verständniß
für die Verstandesthätigkeit und die damit verbundene
Sprachbegabung allen dazu befähigten Gefieders, und vor=
nehmlich der Papageien und Rabenvögel, in meinen Dar=
stellungen kundgegeben habe.

Da es aber gerade von diesem Gesichtspunkt aus eine
meiner Hauptaufgaben ist, immer nur durchaus auf dem
Boden der Thatsächlichkeit zu verbleiben, so muß ich nun
auch der zweiten Vogelgruppe in diesem Buch gegenüber
ganz ebenso rückhaltlos meine Meinung aussprechen. Schon
bei den kleineren und kleinsten Papageien hatte ich in meiner
vorhin dargelegten Auffassung einen schweren Stand, indem
ich zugeben mußte, daß die meisten derselben das mensch=
liche Wort augenscheinlich nur nach dem Wortschall nach=
sprechen lernen können. Indessen ist dies doch keineswegs

ohne Ausnahme der Fall; wir haben einige kleinere Papa=
geien, welche bedeutende Klugheit zeigen und damit wiederum
entsprechendes Verständniß für den Sinn der Worte, die
sie lernen, zu gewinnen vermögen. Auch diesen kleinen,
unbedeutenden Sprechern gegenüber kann ich nach meiner
vieljährigen Erfahrung nur meine Ueberzeugung dahin be=
stätigen, daß jeder Vogel umsomehr für das Ver=
ständniß der nachzuredenden Worte empfänglich und
befähigt sich zeigt, je höher er geistig begabt ist.

Gerade die zweite Gruppe der Vögel, welche ich in
diesem Bande behandle, die Stare, lassen sich nach dem
Grade ihrer Sprachbefähigung nur sehr schwer sicher beur=
theilen, bzl. schildern. Eine beträchtliche Anzahl von
fremdländischen Staren haben wir vor uns, inbetreff derer
gleichsam die Sage geht, daß sie reichbegabt, klug und ge=
lehrig zugleich sein sollen. Während dies aber von ihnen
in ihren fernen tropischen Heimaten seitens der Eingeborenen
und der Reisenden mit voller Entschiedenheit behauptet
wird, zeigen sich dieselben Vögel bei uns sämmtlich oder mit
nur wenigen Ausnahmen überhaupt kaum sprechensfähig und
auch nicht hervorragend klug. Worin diese seltsamen Gegen=
sätze in den Angaben und Berichten inbetreff ihrer eigentlich
begründet liegen, darüber haben wir bis jetzt nur Ver=
muthungen. Volle Wahrheit auf Grund eigner Kenntniß
können wir erst über kurz oder lang bei Art für Art
durch gründlichere Erforschung gewinnen. Selbstverständlich
habe ich diese Starvögel (Eigentliche und Mainastare
und Beos oder Mainaten) soweit geschildert, wie ich es irgend
auf Grund eignen Wissens, ferner der Mittheilungen seitens
der hervorragendsten Kenner und Liebhaber, sowie der
tüchtigsten und erfahrensten Händler (J. Abrahams und
Chs. Jamrach in London, Karl und Christiane Hagenbeck,
sowie H. Fockelmann in Hamburg, C. Reiche und L. Ruhe

in Alfeld bei Hannover, G. Voß in Köln a. Rh. u. A.) und der gesammten Literatur vermochte.

Bei anderen Gruppen der Starvögel zeigt sich eine noch viel größere Schwierigkeit. Nach meiner Kenntniß der mannigfaltigsten Vögel aus dieser Familie bin ich nicht abgeneigt, anzunehmen, daß jeder Starvogel überhaupt dazu befähigt sein werde, menschliche Worte nachsprechen zu lernen, natürlich in sehr verschiednem, mehr oder minder bedeutendem Grade; manche ganze Sätze, die meisten vielleicht nur ein oder einige Worte. Aehnliches habe ich ja auch im ersten Band dieses Werks inbetreff der Papageien ausgesprochen und es scheint sich zu bestätigen, indem, wennschon nur allmählich, eine Art nach der andern als Sprecher festgestellt wird: Wellensittich, Lori von den blauen Bergen, Pflaumenkopfsittich u. a. m. Mit den meisten Starvögeln hat es nun freilich noch ein andres Bewenden. Während wir sie in sehr vielen und unter einander mannigfaltig verschiedenen Arten aus mehreren Geschlechtern wol als lebhafte, bewegliche, in vieler Hinsicht interessante Vögel vor uns sehen, so muß der Kenner, welcher sie nicht blos nach den Bälgen, sondern nach ihrer Lebensweise und ihrem ganzen Wesen zu erforschen strebt, zugeben, daß sie (Stärlinge, Hordenvögel, Kuhstare, Reisstare, Lerchenstare, Trupiale, Stirnvögel, Grakeln, Glanzstare) doch keineswegs zu den hervorragend geistig begabten Vögeln gehören. Auf Grund dieser Thatsache werden wir sodann in der Entscheidung der Frage, ob sie wirklich sprachbegabt seien oder nicht, bedenklich unsicher sein. Ein Stärling, der die seltsamsten, nichts weniger als harmonischen, dem Kuhgebrüll u. a. ähnelnden Naturlaute hervorbringt, dürfte, so müssen wir meinen, wol kaum dazu befähigt sein, ein menschliches Wort nachsprechen zu lernen. Damit würde dann also die ganze Gruppe dieser Stärlinge als Nichtsprecher hier fortfallen

— und dennoch durfte und mußte ich sie in diesem Buch wenig=
stens erwähnen, denn neuerdings haben sich bereits zwei Fälle
von solchen Sprechern bei verschiedenen Arten feststellen lassen.

So melodienreich uns auch die Drosseln in ihrer
Gesammtheit als Sänger gegenüber stehen — an eine Sprach=
begabung würde man bei ihnen am wenigsten denken
können, denn einerseits sind sie ja keineswegs geistig reich
begabte Vögel und andrerseits könnte man meinen, daß
das menschliche Wort für ihre zarten Singmuskeln viel zu
rauh und schwer wäre. Dennoch haben wir, wenigstens
nach den Behauptungen älterer Schriftsteller, auch aus
dieser Familie (im weitesten Sinn) zwei Arten als
Sprecher vor uns. Was wollen wir denn aber? Wir sind ja
von vornherein im Irrthum befangen, wenn wir meinen, das
menschliche Wort stimme nicht zum Singvogelgesang. Einer
der am höchsten stehenden gefiederten Sänger überhaupt,
aus der Familie der Finkenvögel, dessen klang= wie
kunstvolle Melodien sogar zu staunenswerth hoher Veredlung
sich ausgebildet haben, der Kanarienvogel nämlich,
steht gleichfalls als Sprecher vor uns. Doch eben, weil seine
Begabung eine so unendlich reiche und hohe ist, sodaß sie
der menschlichen Kunst in bewundernswerther Ausbildung
zugänglich geworden, ist er auch fähig, das klangvolle
Menschenwort singend, d. h. in den Gesang verflochten,
nachzuahmen. Ihm zur Seite tritt schließlich noch ein ver=
wandter gefiederter Gesangskünstler, welcher sich gleichfalls
der Ausbildung durch Menschenkunst in bedeutendem Grade
fähig zeigt, der Gimpel oder Dompfaff, indem auch er
ein menschliches Wort nachzuahmen lernt.

Bei diesen letzteren Gesangs=Sprachkünstlern kann aller=
dings von einem Verständniß für den Sinn der menschlichen
Worte, welche sie nachzuahmen und in ihren Gesang, bzl.
ihre Töne einzuflechten lernen, keine Rede sein.

Die raben- oder krähenartigen Vögel [Corvidae].

Bekanntlich haben wir nächst den Papageien als die am reichsten begabten gefiederten Sprecher die Angehörigen dieser großen und über alle Welttheile verbreiteten Vogel= familie vor uns. Sie treten uns in folgenden Kennzeichen entgegen.

Von kräftigem, gedrungnen Körperbau, haben sie einen mittel= großen Kopf mit gewölbter Stirn und verhältnißmäßig kurzem Hals, nicht auffallend großen, aber ausdrucksvollen, bei fast allen klug, bei manchen verschmitzt blickenden Augen. Der starke, gerade und dicke, zuweilen leicht gekrümmte Schnabel hat einen flachen Ausschnitt vor der Spitze, welche mehr oder minder gebogen ist, der Oberschnabel ist gerundet, seitlich zusammengedrückt, mit ziemlich scharfen Schneiden= rändern; der Schnabelgrund, die kreisrunden Nasenlöcher, nebst den Zügeln sind mit langen und starken Borstenfederchen bedeckt. Die mittellangen, spitz zugerundeten Flügel haben zehn große Schwingen und bis vierzehn mittlere und letzte Schwingen, die erste Schwinge ist verkürzt, und die dritte bis vierte, zuweilen die fünfte, sind am längsten. Der aus zwölf Federn bestehende Schwanz ist gerade abgeschnitten und kurz zugerundet, selten stufenmäßig zugespitzt. Die kräftigen Füße haben kurze Zehen, mit starken, aber nicht sehr scharfen Krallen. Das Gefieder ist derb und dicht. Die Farbe ist fast immer dunkel, vorwaltend schwarz, bei vielen metallglänzend und nur bei manchen auffallend bunt. Die Geschlechter sind meistens überein= stimmend gefärbt; das Jugendkleid ist nur matter und düsterer in den Farben. Raben=, Krähen= und Dohlengröße ist bekannt, doch werde ich selbstverständlich bei jeder Art die Maße angeben. Bei allen

Rabenvögeln kommen verschiedene Farbenspielarten vor: blasser oder sonstwie absonderlich gefärbte Vögel, sowie auch verschiedene Schecken, sodann Kakerlaken oder Albinos, gelbliche oder reinweiße Vögel mit schwarzen Schnäbeln und Füßen und rothen Augen. Von weißen Raben wurde bereits im hohen Alterthum gesprochen. Ovid u. A. berichten von solchen. Man glaubte, der Vogel sei nicht von Jugend auf schwarz, sondern anfangs weiß, da er von Himmelsthau genährt werde. In wunderlicher Weise gibt Konrad Eßner Anleitung zur Erzüchtung, indem er vorschreibt, daß man ein Ei mit Rabenschmalz oder Katzenhirn bestreiche und es von einer weißen Henne ausbrüten lasse. Uebrigens ist ein weißer Rabe bis zum heutigen Tage eine sprichwörtliche Seltenheit.

Während die Krähenartigen in den wärmeren Himmels= strichen am häufigsten sind, kommen sie doch auch in den gemäßigten ziemlich mannigfaltig und in beträchtlicher Kopfzahl vor. Als eigentliche Baumvögel, welche sich vornehmlich im Walde und sowol tief im Hochwald, als im Vor= und Feldgehölz, in Hainen, Gärten, auf Baumreihen an den Landstraßen, sowie auch in Feldern und Wiesen, wenn dort nur einzelne Bäume stehen, umhertummeln, gehen die meisten doch am Erdboden ihrer Nahrung nach. Einige leben im Gebirge, wo ihren Aufenthalt Felsenwände und =Spitzen bilden. Mit wenigen Ausnahmen sind alle Rabenvögel gesellig, zuweilen auch zu mehreren Arten miteinander, manche nur zur Zug=, andere auch in der Brutzeit, nur einige leben einsam und unverträglich. In der beiweitem größten Mehrzahl sind sie Standvögel, welche nur zeitweise streichen; unsere einheimischen Arten sammeln sich zur Herbstzeit zu mehr oder weniger großen, manchmal außerordentlich viel= köpfigen Schwärmen an, welche gemeinsame Flugübungen ausführen und nahrungsuchend von einer Gegend in die andre, niemals aber weithin, umherschweifen. Die auf Gebirgen wohnenden kommen zur kältesten Zeit und bei hohem Schnee in niedriger gelegene Striche herab. Fast alle Rabenvögel sind geistig hochbegabt, wie körperlich mit

scharfen Sinnen, Gesicht, Gehör und namentlich Geruch,
ausgestattet, und infolge dessen klug, vorsichtig, scheu und
mißtrauisch, dabei jedoch gelegentlich dreist und keck. Darin
liegt es begründet, daß sie verhältnißmäßig leicht zu er=
legen sind, obwol sie den Jäger mit dem Gewehr, selbst
wenn er unter allerlei Schutz und Verkleidung sich heran=
schleichen will, schon in der weitesten Entfernung vom harmlosen
Landmann oder Wanderer sicher zu unterscheiden wissen. Rauhe
und krächzende, weithin schallende Laute bilden ihre Lockrufe
und dazu lassen sie ein plauderndes Gegrakel hören; von
einem Gesang kann natürlich nicht die Rede sein — während
sie nach veralteter systematischer Aufstellung noch immer
unter die ‚Singvögel' eingereiht werden. Viele Rabenvögel
sind vortreffliche Flugkünstler, welche hoch oben in der
Bläue stundenlang in malerischen Windungen kreisen, auch
mancherlei Flugspiele ausführen, sodaß sie sich z. B. aus
der Höhe plötzlich tief herabfallen lassen und dann all=
mählich wieder emporsteigen; andere dagegen fliegen nur
auf kurze Strecken hin mit raschen Flügelschlägen. Einige
gehen schrittweise, andere hüpfen, alle aber bewegen sich
geschickt auf dem Erdboden. Ihre Nahrung besteht in
allerlei lebenden Thieren, welche sie zu überwältigen ver=
mögen, bei den kleineren in Insekten, Weichthieren, Lurchen,
auch Fischen, soweit sie solche erlangen können, bei den
größeren zugleich in jungen und alten Vögeln und Vier=
füßlern, sodann in todten Thieren (Aas); fast alle fressen
auch Beren und andere Früchte, sowie Sämereien, Getreide
u. a. Alle Arten leben in Einehe. Die meisten nisten
sehr früh im Jahr, manche nur einmal, andere zwei= und
nur selten dreimal; auch jene machen gewöhnlich noch eine
Brut, wenn die erste zerstört worden. Das Nest ist in
der Regel eine offne Schale oder Mulde, welche aus Reisern,
Wurzeln und Fasern geformt, mit Thier= und Pflanzen=

wolle und Federn ausgerundet, meistens sehr hoch im Gipfel
eines alten Baums, seltner etwa mannshoch im Kiefern=
dickicht steht und dann auch wol mit Reisern überwölbt ist;
einige Arten nisten auf Thürmen, in Baumlöchern oder
Felsenspalten; nur bei wenigen werden die Nester zu
mehreren beisammen errichtet. Das Gelege von vier bis
sechs bunten Eiern wird vom Weibchen allein in 14 bis
21 Tagen erbrütet. Uebrigens ist die Bezeichnung Raben=
eltern durchaus unzutreffend, denn alle hierher gehörenden
Vögel überwachen und verpflegen ihre Jungen mit außer=
ordentlicher Sorgfalt und Zärtlichkeit. Namentlich beim ge=
meinen oder Kolkraben hat man es mehrfach beobachtet, daß
beim Ausrauben des Horsts beide Alten lange oberhalb
desselben kreisen, und daß der eine, wahrscheinlich das Weibchen,
auf weite Strecken hin hinter den Räubern der Jungen her
mit Klagegeschrei fliegt.   In der ersten Zeit wird die
Brut ausschließlich mit fleischlicher Nahrung von erbeuteten
Thieren ernährt, und erst wenn die Jungen selbständig
werden, fangen sie an, auch Pflanzenstoffe zu fressen.
Bei mehreren Arten ist die Nützlichkeit für den Natur=
haushalt und die menschlichen Kulturen überwiegend, indem
sie schädliche Kerbthiere und Nager, wie Feldmäuse bis zum
Hamster u. a., vertilgen.   Schon seit dem Alterthum her
kennt man die Eigenthümlichkeit, daß sie hinter dem Pfluge
hergehen, um das bloßgelegte Ungeziefer, Engerlinge u. a.,
zu fressen.   Andere aber verursachen durch Räuberei an
jungen Nutzthieren und Wild, sowie auch an Getreide,
Sämereien, Obst u. drgl., insbesondre aber durch das
Zerstören von Vogelnestern, Schaden.   Nicht am mindesten
groß ist der letztre dadurch, daß sie den schlimmsten ge=
fiederten Räubern, selbst den stärksten und schnell fliegenden
Raubvögeln, namentlich aber den langsam fliegenden
Arten, wie auch den Möven, meistens zu mehreren vereint,

die Beute abjagen und jene daher zu immer neuen Räubereien
nöthigen. So werden manche hier geschützt und gehegt,
andernorts verfolgt man dieselben Vögel und sucht sie aus=
zurotten; hier sieht man sie als durchaus nützlich an, dort
als schädlich oder doch durch ihr Geschrei, ihre Schmutzerei
u. a. als lästig*). Jäger und Jagdberechtigte schießen die
Krähen beiläufig in Feld und Wald, wo immer sie ihnen
begegnen, am zahlreichsten aber auf der sog. Krähenhütte
vor dem Uhu. Am wirksamsten zu ihrer Vertilgung oder
besser gesagt zur Verhinderung ihrer zu großen Vermehrung
wird natürlich immer das Ausrauben und Zerstören ihrer
Nester sein. Schon vor vielen Jahren hatte ich vor=
geschlagen**), daß man die jungen Dohlen zur rechten Zeit
aus den Nestern rauben und gleich jungen Tauben für den
Küchengebrauch verwenden solle; Gleiches empfiehlt Edm.
Pfannenschmid inbetreff der jungen Raben=, Nebel= und Sat=
krähen, Elstern, Heher, sowie auch der Würger. Sie alle sind,
wenn unmittelbar vor oder sogleich nach dem Flüggewerden
geraubt, überaus wohlschmeckend. In der Thierwelt haben
die Krähenvögel nur an den großen, schnell fliegenden ge=
fiederten Räubern, insbesondre allen Falken und sodann
dem Uhu, Feinde, welche ihnen wirklich Abbruch thun können;
außerdem überlistet sie hin und wieder der Fuchs und
plündern Marder und Katzen ihre Nester. Eine eigen=
thümliche Erscheinung ergeben manche Krähenartigen —
wie übrigens auch andere Vögel — in einer förmlich
rührenden Anhänglichkeit an Ihresgleichen, wenn z. B. eine

---

*) Nach dem neuen Vogelschutz=Gesetz für das deutsche Reich
sind alle Krähenvögel ohne Schonzeit freigegeben, d. h. sie dürfen von
Jagdberechtigten zu jeder Zeit geschossen oder sonstwie erlegt werden,
auch wenn sie Eier oder Junge in den Nestern haben.

**) Vrgl. Dr. Karl Ruß, „In der freien Natur" und „Handbuch
für Vogelliebhaber" II.

Nebelkrähe von einem Jäger heruntergeschossen wird und auf ihr Geschrei hin alle Genossen von weit und breit herbeieilen und unter lauten Klagerufen oberhalb in der Luft hin und her schwärmen, sodaß der Schütze noch eine oder wol gar mehrere herabschmettern kann, bevor der Schwarm voll Entsetzen davonflüchtet und sich vertheilt. Auch wenn ein gefiederter Störenfried, ein Raubvogel, ja selbst ein andrer großer Vogel, z. B. ein Reiher, im Frühjahr in die Nähe der Niststätten kommt, greifen ihn sogleich zahlreiche Krähen vereint an, und dies blindwüthende Losstürzen auf den Uhu wird für sie bekanntlich auf der sog. Krähenhütte nur zu leicht verhängnißvoll. Den furcht= baren, schnellfliegenden Raubvögeln, Wanderfalk u. a., gegenüber äußert sich ihre Klugheit indessen in ganz andrer Weise; denn bei deren Nahen ergreifen sie schleunigst die Flucht. Auch Füchse, Hunde, Katzen u. a. verfolgen sie, wenn sie letztere im Freien aufstöbern, stets mit großem Geschrei.

Für die Stubenvogelliebhaberei haben sie im allgemeinen geringen Werth; manche werden allerdings um ihres hübschen Aussehens und drolligen Wesens willen gern gehalten, ihre hauptsächlichste Bedeutung liegt indessen zweifellos darin, daß sie zu den gefiederten Sprechern gehören. Die An= gehörigen der beiweitem meisten Arten lernen unschwer menschliche Worte nachsprechen, doch ist ihre Begabung überaus wechselvoll verschieden und zwar nicht allein bei den Arten, sondern auch bei den einzelnen Vögeln von einund= derselben Art. Abrichtungsfähigkeit zum Nachsingen von Liederweisen ist bisjetzt noch nicht bei ihnen festgestellt, da= gegen lernen sie wol Melodien nachflöten, manche sogar mit großer Kunstfertigkeit. Alle werden, zumal jung aus den Nestern genommen und aufgezogen, ungemein zahm, und selbst die alt eingefangenen zeigen sich nach kurzer Zeit

furchtlos und wol gar frech. Der Abrichtung zu Kunst=
stücken sind sie nicht leicht zugänglich. Als Stubenvögel
findet man sie nur wenig, viel mehr dagegen auf dem Hof
unter allerlei Geflügel, sowie auch im Garten oder Park.
Falls dies nicht angängig ist, hat man einen solchen Gast
allenfalls im Vorzimmer, lieber auf einem Balkon oder
am allerbesten bringt man den Käfig von außen an der
Wand neben einem Fenster an; immer aber muß der
Wohnort so eingerichtet sein, daß der Vogel durch Ver=
unreinigung nicht Schaden oder Belästigung verursachen kann.
Die Haltung der Rabenvögel im Zimmer birgt mancherlei
Unzuträglichkeiten, denn zunächst pflegt man sie als Allesfresser
mit Fleisch und Pflanzenstoffen möglichst mannigfaltig, vor=
waltend aber mit dem erstern und zwar die meisten am
besten mit Abfällen von der menschlichen Nahrung zu ver=
sorgen; infolgedessen verursachen ihre Entlerungen bei dem
sehr reichlichen Futterverbrauch nur zu arge Unreinlichkeit,
durch welche die Freude an ihnen selbst dem eifrigen Lieb=
haber bald verleidet wird. Wo man einen solchen Vogel
für die Dauer im Zimmer haben muß und ihn garnicht
auf einen Hof u. a. hinauslassen kann, ist die Schwierig=
keit, eine Bedrohung der menschlichen Gesundheit abzuwenden,
sehr groß; selbst die täglich mehrmalige Ausräumung
nebst Ausbrühen der Metallschublade kann nicht verhindern,
daß sich übler Geruch entwickelt. Kein Krähenvogel ist
beim Freiherumlaufen daran zu gewöhnen, daß er an
einunddemselben Ort sich entlere, ebenso verunreinigt er
durch Hinauswerfen und Umherschleppen des Futters
Alles rings umher. Weiter ist wohl zu beachten, daß
alle krähenartigen Vögel und je größer und kräftiger
sie sind, um so eher, unter Umständen gefährlich werden
können, indem sie Kindern und sogar Erwachsenen nach den
Augen hacken. Jede unvorsichtige Annäherung muß daher

vermieden werden und wo ein Rabe (selbst eine Elster u. a.)
frei umhergeht, müssen jene kleinen Leute ganz besonders
behütet werden. Auch Hunden, Katzen u. a. kann er schwere
Verletzungen zufügen. Bekanntlich haben die Rabenvögel
sodann die Unart, daß sie auffallende, namentlich blanke
Gegenstände gern stehlen und verschleppen, woher die Redens=
arten „diebisch wie eine Elster," „stiehlt wie ein Rabe"
u. a. m. herstammen. Auf dem Geflügelhof u. a. zeigen sie
sich ebenfalls als schlimme Gäste, da sie alle schwächeren
und kleineren Hausthiere überfallen und tödten oder doch
verletzen; ein Rabe, selbst eine Dohle und vorzugsweise die
Elster, müssen, wenn sie auch den Herbst und Winter hin=
durch neben dem Federvieh ganz gutartig gewesen, doch
während des Frühlings und Frühsommers durchaus im
besondern Käfig abgesperrt werden, weil sie sonst an allerlei
Junggeflügel, Kücheln u. a. nur zu argen Schaden machen;
im Garten und Hain, wo sie dann frei umherlaufen, zer=
stören sie sämmtliche Vogelnester. Ebensowenig darf man
sie im Gesellschaftskäfig mit anderen, schwächeren Vögeln
zusammen beherbergen; nur wenn jene mindestens ebenso
stark und wehrhaft sind wie sie, ist es thunlich.

Manche von den kleineren Rabenvögeln werden mit
Schlingen, Leimruten, Schlagnetzen, die größeren mit Tellereisen
oder Fallen, wie schon erwähnt meistens unschwer, gefangen;
alle aber, welche häufiger mit den Menschen in Berührung
kommen, bzl. in seiner Nähe wohnen, zeigen sich bald so
klug, daß sie nur selten zu überlisten sind. Ihre Ein=
gewöhnung und Erhaltung im Käfig verursacht im übrigen
kaum bei irgend einer Art große Schwierigkeit. Züchtungs=
versuche hat man mit ihnen, gleichviel welchen, bis jetzt
wol noch nicht angestellt. Im Vogelhandel sind sie fast
alle eigentlich nur zufällig zu haben, und ihre Preise stehen
daher verhältnißmäßig hoch.

Aus alter Zeit her haben die Raben im Volksleben eine unheimliche Bedeutung, als Aasvögel, Racker= oder Galgenvögel. Ihr Krächzen gilt noch wol heute nach dem Volksmund als un= glückverheißend. Mit mehr Recht betrachtet man sie im allge= meinen als Spitzbubengelichter, um ihrer Räubereien an allerlei Nutzthieren u. a. willen. Theils abergläubische und dann wol schon aus dem Alterthum herstammende Vorstellungen, theils neuere naturgeschichtliche Beobachtung ihrer mannigfaltigen Flugbewegungen, ihres verschiedenartigen wechselvollen Krächzens u. s. w. lassen sie im Volksglauben auch als Wetterpropheten gelten. Bis zu unsrer Zeit her haben sie sodann Anlaß zum mannigfaltigsten Aberglauben gegeben, und insbesondre wurden und werden leider bis zur Gegen= wart her Rabenvögel, bzl. Theile von ihnen in mancherlei Form als Heilmittel gebraucht, z. B. das Pulver eines verbrannten Raben oder einer Elster bei fallender Sucht oder Krämpfen.

Die **eigentlichen Raben oder Krähen** [Corvinae] entsprechen der gegebenen Beschreibung am meisten und ich habe daher nur noch folgende Merkmale anzufügen: Ihr Körperbau ist kräftig, die Gestalt schlank und die Haltung bei den meisten aufrecht. Der Kopf ist mittelgroß, gewöhnlich mit flacher Stirn. Der etwa kopflange, dicke und starke, unterwärts gewölbte, an der Oberseite gerundete und nach der Spitze hin schwach gebogene Schnabel ohne Haken ist am Grunde mit Borstenfederchen bedeckt, ebenso wie die kreisrunden Nasenlöcher und die Zügel. Die ver= hältnißmäßig großen, spitzen Flügel erreichen zusammengelegt ungefähr das Ende des Schwanzes, welcher letztere verschieden lang, gerade abgeschnitten oder gerundet, seltener stufig ist. Die Füße sind kräftig, mittelhoch, mit scharf, aber nicht stark gekrallten Zehen. Das Gefieder ist voll und straff. Die Farbe ist vorwaltend schwarz, an bestimmten Stellen metallglänzend. Dazu gilt alles inbetreff der Raben= und Krähenvögel überhaupt Gesagte für die Angehörigen dieser Unterfamilie vornehmlich, und zugleich treten sie uns als die hervorragendsten Sprecher unter allen Krähenartigen

entgegen. Außer mehr oder minder bedeutender Sprach=
begabung, zum Theil mit nicht geringem Verständniß, zeigen
sie auch die übrigen gerühmten Eigenthümlichkeiten: Klug=
heit, komisches Wesen, Zähmbarkeit u. a., in vorzugsweise
hohem Grade. Aber sie ergeben auch mehr als die Ver=
wandten die S. 15 hervorgehobenen Schattenseiten im Umgang
als Stubenvögel. Da sie recht bedeutsam von einander
abweichen, so werde ich auf das eigenartige Wesen in der
Schilderung jeder einzelnen Art näher zurückkommen.

Der gemeine Rabe
[Corvus corax, *L.*].

Aas=, Edel=, eigentlicher, Gold=, großer, Kiel=, Kohl=, Kolk=, Stein= und Volkrabe, großer
Galgenvogel, Golker, Kielkrapp, Kolkrave, große und rauhe Krähe, Raab, Rab,
Rapp, Raue, Rave. — Raven. — Grand Corbeau. — Raaf.

Als der größte unter unseren Krähenvögeln zeigt sich
der Rabe auch absonderlich im ganzen Wesen und in der
Lebensweise; von Bedeutung ist er aber hier für uns als
der gelehrigste und zugleich in geistiger Begabung am
höchsten stehende Sprecher.

Er ist am ganzen Körper einfarbig tiefschwarz, mehr oder minder
metallisch glänzend, an Hals und Rücken stahlblau, an den Flügeln
grün; auch der Schnabel und die Füße sind schwarz, die Augen
braun. Das Gefieder ist glatt anliegend, aus harten, straffen Federn,
die nur in großer Erregung an Kopf und Hals gesträubt werden, be=
stehend. Rabengröße ist bekannt (Länge 64—66 cm; Flügelbreite
125 cm; Schwanz 25—26 cm). Das Weibchen ist fast unbemerk=
bar kleiner und hat etwas schwächern Metallglanz; im höhern Alter
aber erscheinen beide fast völlig übereinstimmend. Das Jugendkleid
ist am ganzen Körper glanzlos, einfarbig düster grauschwarz; die
Augen sind blauschwarz.

Ueber ganz Europa verbreitet, ist er ebenso in Asien,
wie Theilen von Afrika und Nordamerika, im letztern
südlich bis Mexiko, heimisch. Bei uns in Deutschland ist
er, da er hart verfolgt wird, überall schon recht selten ge=

worden. In manchen Gegenden findet man ihn allerdings noch hier und da in einem Pärchen, anderwärts aber gar= nicht mehr. Nur noch in nordischen Ländern, Rußland, zumal Sibirien, haust er, wie bei uns die Dohle auf den Kirchthürmen u. a. und kommt, wie unsere Krähen, auf die Straßen. Jedes Par bewohnt ein bestimmtes, ausgedehntes Gebiet, vornehmlich im hochstämmigen Gebirgs= oder auch im Küstenwald, niemals in waldloser Gegend, dagegen mit Vorliebe dort, wo Felder und Wiesen an den Hochwald grenzen oder mit Waldstrecken wechseln. Als Standvogel weilt der Rabe jahrein und =aus immer in derselben Gegend; nicht aber gesellig, sondern jeder einzeln oder das Pärchen, welches in lebenslanger Ehe lebt, gemeinsam, selten zwei Pärchen zusammen, gehen sie ihrer Nahrung nach. Im malerischen Fluge sehen wir das Par hoch oben in der Bläue kreisen und daran ist der Rabe schon in der Ferne zu erkennen. Sein Gang ist aufrecht, kopfnickend und den Körper wiegend, gleichsam würdevoll. Rauhe Rufe: rab, kolk, kork, kruk oder klong läßt er für gewöhnlich, zur Parungszeit am Nest aber ein sehr mannigfaltiges und wechselvolles Geschwätz oder Plaudern hören.

Der Horst steht im Wipfel eines der höchsten Bäume oder auch an einer schwer zugänglichen Stelle, auf einem Felsen; derselbe bildet einen großen, aus starken Aesten geschichteten Unterbau, auf welchem die außen von Reisern geformte und innen mit Halmen, Fasern, Flechten, Mos, Thierwolle u. a. ausgerundete Mulde ruht. Wenn nicht besondre Beunruhigung eintritt, die Raben also nicht harte Verfolgung erleiden, wird der Horst alljährlich von demselben Pärchen bezogen. Bereits sehr früh im Jahr, wol schon zu Ende Januar, im Februar oder spätestens zu Anfang März beginnt die Brut, und das Gelege be= steht in 4—6 Eiern, welche veränderlich: grünlich, braun

2*

und grau gefleckt, auch gestrichelt sind und in 21 Tagen
vom Weibchen allein erbrütet werden. In der Regel sind
die Jungen zu Anfang des Monats Juni flügge, doch über=
nachten sie noch lange Zeit in der Nähe des Horsts, aber
nicht in demselben. Nur, wenn die erste Brut zerstört
worden, legt das Weibchen noch zum zweitenmal. Die
Familie hält bis zum Herbst zusammen.

Allerlei lebende und todte Thiere, welche er überlisten,
überwältigen, bzl. erlangen kann, von der Maus bis zum
Hasen, vom Nest des kleinen Sängers bis zum brütenden
Auerhuhn, vom Maikäfer und Regenwurm bis zur aus=
gewachsenen Schlange, sind die Nahrung des Raben; wo
er Fische u. a. Wasserthiere zu erhaschen vermag, frißt er diese
gleichfalls und bei Gelegenheit ebenso Aas. Aber auch
Früchte, mancherlei Sämereien u. a. Pflanzenstoffe verschmäht
er zeitweise nicht. Zur Auffütterung der Jungen sucht das Par
vornehmlich allerlei kleine und weiche Thiere zusammen, doch
zehrt es dann auch besonders von todten Thierkörpern. Während
der Rabe durch Vertilgung von schädlichen Nagern, vor=
nehmlich Mäusen, Ratten, Hamstern u. a., sodann vielerlei
Kerbthieren, für die menschlichen Kulturen Nutzen bringt,
wird er durch das Ausrauben von Vogelnestern, das Ver=
folgen von jungem und altem Wild und auch Hausthieren,
welche er vermittelst seiner ungemein scharfen Sinne, Ge=
sicht und Geruch, auf weite Entfernungen hin zu erspähen,
bzl. zu wittern vermag und mit staunenswerthem Muth,
großer Kraft und Frechheit angreift und tödtet, so überaus
schädlich, daß man ihn zu den wenigen unter unseren ein=
heimischen Vögeln zählen muß, deren rücksichtslose, unnach=
sichtliche Verfolgung durchaus nothwendig ist. Aber er
zeigt sich so scheu und vorsichtig, daß ihn weder der Jäger
mit dem weitestreichenden Schuß zu erlegen, noch der Fänger
mit irgend einer Vorrichtung, Eisen, Falle u. a., leicht zu

verlocken vermag; kaum jemals wird er aus der Krähen=
hütte oder vom Horst geschossen. Bei sehr starker Ver=
folgung entwickelt er bewundernswerthe List und Schlauheit,
und so soll er, wenn das Nest von Jägern lange überwacht
wird, hoch oben außer Schußweite kreisend, den Fraß für
die Jungen in den Horst hinabwerfen. Von seiner reichen
geistigen Begabung wissen die Vogelkundigen überhaupt
viel zu berichten. Schon Plinius führt als Zeichen der=
selben an, daß ein zahmer Rabe, um zum Wasser in einem
hohen und engen, nur halbgefüllten Gefäß zu gelangen,
Steine hineingeworfen habe. Bemerkenswerther ist die
mehrfach bestätigte Angabe, daß er Knochen oder Muscheln
mit harten Schalen hoch emporträgt, um sie auf Felsen oder
Steine hinabfallen zu lassen, sodaß durch das Zerschmettern
ihr Inhalt ihm zugänglich wird. Namentlich zur Winter=
zeit, wenn der Hunger ihn treibt, ist er ein ebenso listiger
wie kühner Räuber und schon ältere Schriftsteller stellten
ihn dem Fuchs in dieser Hinsicht gleich. Bei Ueberfluß
verscharrt er den übrig gebliebnen Raub, um denselben
späterhin wieder hervorzuholen; oder er ruft, nachdem er
sich selber sattgefressen, seine Genossen herbei. Letztres ge=
schieht auch, wenn Raben vereint ein krankes Thier über=
fallen oder jagen wollen.

Bereits bei den alten Kulturvölkern war die Natur=
geschichte des Raben, wenigstens im allgemeinen, bekannt;
Aristoteles berichtet über mancherlei Lebensäußerungen des=
selben in einer Weise, welche die neuere Forschung im
wesentlichen als richtig bestätigt hat. Dagegen fabelten die
Alten aber auch außerordentlich viel gerade von diesem
Vogel. Uebrigens wurde er im Alterthum als heilig ver=
ehrt; er war dem Apoll geweiht und man schwur bei seinem
Namen. Raben gehörten sodann zu den sprechenden und
abgerichteten Vögeln, mit deren Gehirn nebst Nachtigalen=

zungen der schwelgerische Römer Heliogabal seine Gäste
bewirthete. Schon im alten Rom richtete man Raben dazu
ab, einen siegreichen Fürsten bei seiner Heimkehr zu begrüßen,
ihm ein Lebehoch zuzurufen u. s. w. — gerade so wie es
heutzutage noch mit derartigen Vögeln geschieht.

Alle neueren Vogelwirthe sind darin einstimmig, daß
der Kolkrabe, wie schon eingangs erwähnt, eine weit be=
deutendere Sprachbegabung als die sämmtlichen übrigen
Krähenartigen habe. Und in der That, er dürfte unter
allen anderen Vögeln überhaupt den hervorragendsten
sprechenden Papageien am nächsten stehen.

Wer ihn mit starker Baßstimme menschliche Worte
klar und deutlich nachsprechen hört und außerdem mancherlei
andere Laute, wie menschliches Lachen, Hundegebell, Hahnen=
krähen, Hennengackern, den schrillen Ton einer Wetterfahne,
das Schlagen einer Uhr u. s. w. von ihm vernimmt, alles
in einer gewissen komischen Würde nachgeahmt und vor=
getragen, wird zugeben müssen, daß er die Beachtung und
unter Umständen auch die Zuneigung eines jeden Vogel=
freunds in hohem Grade verdient.

Gerade wie bei den sprachbegabten Papageien gehen
auch inbetreff des Raben die Meinungen und Urtheile der
Beobachter und Kenner überaus weit aus einander. Im
Nachstehenden werde ich daher zunächst eine Uebersicht der
Aussprüche geben, welche am bedeutungsvollsten ins Ge=
wicht fallen.

A. E. Brehm sagt Folgendes: „Der Verstand des Raben
schärft sich im Umgang mit dem Menschen in bewundernswürdiger
Weise. Er läßt sich abrichten wie ein Hund, sogar auf Thiere und
Menschen hetzen, führt die drolligsten und lustigsten Streiche aus, er=
sinnt sich fortwährend Neues und nimmt zu wie an Alter, so an
Weisheit, dagegen nicht immer auch an Gnade vor den Augen des
Menschen..... Er lernt trefflich sprechen, ahmt die Worte in rich=
tiger Betonung nach und wendet sie mit Verstand an, bellt wie ein

Hund, lacht wie ein Mensch, kurrt wie die Haustaube u. s. w. . . . Dieser Vogel beweist ‚wahren Menschenverstand‘ und weiß seinen Gebieter ebenso zu erfreuen, als andere Menschen zu ärgern. Wer Thieren den Verstand abschwatzen will, braucht nur längere Zeit einen Raben zu beobachten: Derselbe wird ihm beweisen, daß die abgeschmackten Redensarten von Instinkt, unbewußtem Treiben und dergleichen nicht einmal (?) für die Klasse der Vögel Giltigkeit haben können"*).

Wenn ich selbstverständlich diesen viel zu überschwenglichen Worten keineswegs völlig beistimmen kann, so muß ich doch einräumen, daß ich meine frühere Angabe: es sei mir nicht gelungen, mich davon zu überzeugen, daß von den sprachbegabten Rabenvögeln manche mit Verständniß Worte sprechen lernen, jetzt nicht mehr aufrecht zu erhalten vermag**). Mit großer Freude darf ich vielmehr sagen, daß ich seitdem durch eignes Hören und Sehen von außerordentlich hoher Begabung mehrerer Rabenvögel Kenntniß nehmen konnte. Ebenso wie der erstgenannte Forscher spricht auch Edmund Pfannenschmid eine offenbar viel zu hohe Meinung von den Fähigkeiten des Kolkraben aus: „Unter allen Vögeln, welche Worte nachsprechen lernen, steht der Rabe unübertroffen da; kein Papagei ist imstande, die menschliche Stimme nur annähernd so wiederzugeben. Es bleibt stets ein Geleier und Geplapper, bald weniger, bald mehr verständlich***). Der Rabe aber spricht wie ein Mensch, und da er die Worte aus der Brust hervorholt und in der Weise eines Bauchredners hervorbringt, so wird die Wirkung eine große und wohl gar Entsetzen einflößende. Seine Stimme

---

*) A. E. Brehm, „Illustrirtes Thierleben" (Leipzig 1879), zweite Aufl., V.

**) Karl Ruß, „Lehrbuch der Stubenvogelpflege, -Abrichtung und -Zucht" (Magdeburg 1888).

***) Welch' bedeutsamer Irrthum in diesen Worten liegt, werden die Liebhaber beim Nachlesen über den Graupapagei, die großen Amazonenpapageien, die Alexandersittiche u. a. in dem ersten Bande dieses Werks, „Die sprechenden Papageien" (zweite Auflage, Magdeburg, 1887) ersehen können.

macht einen schauerlichen Eindruck, denn seine tiefen Brusttöne scheinen aus der Unterwelt herzukommen. Der Rabe ist sich seiner Macht aber auch bewußt; ihm unliebsame Personen weiß er durch die Mo= dulation seiner Stimme bei passenden Veranlassungen in Furcht und Schrecken zu versetzen. Im übrigen entgeht ihm nichts, er beobachtet Alles, er zieht seine Schlüsse und handelt mit vollster Ueberlegung und — Bosheit. Ich hatte früher einen Raben, einen selten bean= lagten Vogel, der mir sehr zugethan war und auf das Wort ge= horchte. Er verstand genau meine Stimme wiederzugeben und die Mißverständnisse, welche er gelegentlich dadurch herbeiführte, waren oft urkomisch." Von einem andern Raben berichtet derselbe Beobachter: „Er kennt jeden Familienangehörigen beim Namen, merkt gleich, wenn einer fehlt und verfügt über den bedeutenden Reich= thum von 75 Worten, welche er mit einer viel Verständniß verrathen= den Zusammenstellung zu gebrauchen versteht."

Am zutreffendsten das Wesen eines hoch begabten sprechenden Raben bezeichnend dürfte die Schilderung vom Amtsgerichtsrath Paske sein*): „Der Rabe war im Alter von 3—4 Wochen aus dem Nest gehoben und vorzugsweise mit Fischen aufgefüttert worden. Unerträglich war sein fortwährendes Schreien nach Nahrung; er wurde aber ruhiger, sobald er selber fressen ge= lernt hatte. Alsbald begann er auch mit Flugversuchen, die ich in der ersten Zeit überwachte, bis ich mich schließlich nicht mehr um ihn zu kümmern brauchte, da er immer von selbst wieder zurückkam. Ich hielt ihn auf dem mit einer hohen Mauer umgebnen Gefängnißhof, wo ich ihn vom Fenster meines Amtszimmers aus beobachten konnte. Auf meinen Ruf kam er an dasselbe geflogen, ließ sich hier füttern und hielt hier auch regelmäßig seine Nachtruhe. Nach und nach ver= übte er mancherlei lose Streiche. So flog er mit Vorliebe durch offenstehende Fenster in die Zimmer hinein, richtete hier nicht allein allerlei Unfug an, sondern ließ sich auch kaum vertreiben. Eines Tags gerieth er durch das Fenster in den Saal, in welchem gerade eine Militärgerichtssitzung abgehalten wurde, setzte sich auf den mit Schreibzeug und Akten bedeckten Tisch und war zum Verlassen des= selben durchaus nicht zu bewegen, bedrohte vielmehr Jeden, der ihn angreifen wollte, mit dem Schnabel, bis man schließlich zu mir schickte, worauf ich ihn ohne Widerstand entfernte. Ein andermal zertrümmerte

---

*) „Die gefiederte Welt" 1881 (Magdeburg, seit 1872).

er einem im gegenüberliegenden Hause wohnenden Herrn, der von der Pariser Weltausstellung eine Anzahl Andenken mitgebracht und diese auf einem Spind aufgestellt hatte, den größten Theil derselben. Wiederholt nahm er auf der Straße spielenden Kindern Bälle u. dergl. fort und trug sie im Fluge nach Hause, wo er alles in hierzu auf= gesuchten oder mit dem Schnabel hergerichteten Schlupfwinkeln, die er durch Verstopfen mit Papier u. dergl. spähenden Blicken zu ent= ziehen suchte, versteckte, um es gelegentlich, wenn er sich langweilte, wieder hervorzuholen. Dies that er namentlich auch mit der ihm ge= reichten Nahrung bei Ueberfluß. Da sich schließlich von allen Seiten Klagen über ihn erhoben, so sah ich mich genöthigt, ihm einen Flügel zu stutzen. Von nun an begann er gewissermaßen ein ganz andres Leben; er fühlte Langeweile und vertrieb sich diese durch Nachahmen von allerlei Tönen. Bald bellte er wie ein Hund, bald krähte er wie ein Hahn und in diesen Uebungen gefiel er sich stundenlang. Eines Tags überraschte er mich, indem er seinen Namen ‚Jakob' deutlich aussprach; später lernte er noch eine große Zahl anderer Worte, ja, ganze Redewendungen hinzu. Oft hat er den Gefangenwärter in Verlegenheit gebracht, indem er ihn laut bei Namen rief, während dieser dann nicht wußte, zu wem er kommen sollte. Bei meinen täg= lichen Besichtigungen begleitete er mich regelmäßig in die nach dem Hofe mündenden Gefängnißzellen, und hier hielt er unter den In= sassen strenge Musterung. Gegen zerlumpt aussehende Kerle hatte er Widerwillen, den er dadurch äußerte, daß er ihnen in die Beine biß. Es dauerte immer einige Tage, bis er sich mit neu hinzugekommenen Gefangenen befreundete, und die letzteren kannte er stets sogleich aus den übrigen heraus. Auf demselben Hof, den er bewohnte, wurden auch Hühner und eine Katze gehalten und mit diesen sowol als jener lebte er fortwährend in Unfrieden. Er nahm die Eier aus den Hühnernestern fort, trug sie, wenn er dabei ertappt wurde, im Schnabel, ohne sie zu zertrümmern oder fallen zu lassen, davon und öffnete sie erst, wenn er sich unbeobachtet glaubte. Schließlich folgte er den Hühnern, wenn sie zum Nest gingen und zog ihnen das gelegte Ei unter dem Leibe fort; eine Henne, welche sich zur Wehr setzte, tödtete er durch Schnabelhiebe und begann sie zu fressen. So mußten die Hühner also abgeschafft werden. Die Katze peinigte er und zwickte sie mit Vorliebe am Schwanz, was er namentlich auch bei den zu= fällig auf den Hof kommenden Hunden that, denen er, wenn sie nach ihm schnappten, immer sorgfältig auszuweichen vermochte. Als die Katze Junge hatte, benutzte er eine kurze Zeit ihrer Abwesenheit, um

eins nach dem andern aufzufressen. Auch war er ein eifriger Ratten=
fänger; diesen lauerte er vor ihren Löchern auf und nie habe ich be=
merkt, daß ihm eine einmal gepackte Ratte noch entkommen wäre;
selbst wenn die Katze eine solche gefangen hatte, jagte er ihr dieselbe
ab. Mittlerweile waren ihm die Flügel wieder nachgewachsen, er
machte wie früher seine Ausflüge auf die Straßen, neckte
Kinder und Erwachsene, entwendete alle möglichen Gegenstände und
verübte die verschiedensten losen Streiche, die ihm jedoch mit Rücksicht
auf seine Drolligkeit und da er allbekannt war, immer verziehen
wurden. Eines Morgens war er verschwunden; dem Vernehmen nach
ist er auf einem englischen Dampfer ausgeführt worden."

Als Kenner sprechender Vögel überhaupt gibt Dr.
Lazarus sein Urtheil über den Raben in Folgendem ab:
„Im ganzen halte ich ihn für den am höchsten sprachbegabten unter
unseren einheimischen Vögeln und stelle ihn sogar dem Star voran.
Meine beiden Raben sprechen viel, deutlich und so laut, daß man
sie oft zwei= bis dreihundert Schritte weit hört. Besonders der eine
spricht ganze Sätze mit solcher Deutlichkeit, daß die anderen Haus=
bewohner oft meine Stimme zu hören glauben, wenn der Vogel Jemand
von den Dienstboten beim Namen ruft oder die Redensart ‚Konstantin,
den Vögeln Essen geben' sagt. Weil dieser Rabe sehr oft von allerlei
Leuten, welche den Hofraum betreten, geneckt wird, so lehrte ich ihn
den Ausspruch: ‚O, was für ein Esel bist Du!', welchen er auch oft
und dazu bei richtiger Gelegenheit anwendet. Außerdem spricht er
noch vieles Andre in deutscher und polnischer Sprache, hustet, bellt,
kräht u. drgl. und besonders läßt er sich des Abends hören".

Von einer liebevollen Vogelfreundin, einem Fräulein, dessen
Namen ich leider nicht zu nennen vermag, will ich eine hübsche
Schilderung wenigstens im Auszuge anfügen*): „Durch Zufall
gelangte ich in den Besitz einer Brut junger Edelraben. Die beiden
alten Vögel waren todt unter dem Horst gefunden (wahrscheinlich
vergiftet) und da das Geschrei der hungernden Jungen wahrhaft herz=
zerreißend erschallte, so ließ mein Vater einen jungen Bauer zu dem
auf einer mächtigen Espe stehenden Horst emporklettern; die vier jungen
Vögel wurden vermittelst eines Korbs herabgelassen. Von den Jungen,
denen an Schwanz und Flügeln bereits die Federn zu sprießen be=
gannen, waren nur zwei noch imstande zu schreien und die Schnäbel

*) „Gefiederte Welt", Magdeburg, 1882.

zu sperren; die beiden anderen erschienen bereits halbtodt vor Hunger. Durch Einflößen von Milch, sowie Stopfen mit hartgekochtem Ei und Brot erhielt ich aber auch sie am Leben und brachte alle vier unter Zugabe von rohem Fleisch, gekochten Kartoffeln, Ei u. a. zu vortrefflichem Gedeihen. Es scheint, daß beim Auffüttern möglichst häufiger Wechsel der Nahrungsmittel eine Hauptbedingung des Wohlgedeihens ist. Nachdem ich drei von den jungen Raben verschenkt und der in meinem Besitz befindliche nach etwa 4 Wochen bereits allein fressen und gut fliegen gelernt, begann ich ihn nach Dr. Ruß' „Handbuch für Vogelliebhaber" abzurichten. Er entwickelte sich als ein schöner, kräftiger Vogel, mit glänzendem, glatt anliegendem Gefieder, der uns, d. h. meinen Angehörigen und mir, stets wie ein treuer Hund nach=folgte, theils hüpfend, theils fliegend, und uns durch seine ergötzlichen Streiche viel Vergnügen bereitete. Allerliebst sah es aus, wenn ein kleiner Hund, ein weißes Kätzchen und der Rabe unsre Begleitung bildeten, letzrer gewöhnlich bemüht, die Katze am Schwanz zu er=greifen, was er zuweilen auch bei dem Dachshund versuchte, der dann um sich schnappte, aber so verständig war, daß er niemals ernsthaft nach dem Raben biß. Am tollsten trieb der letzte es mit dem großen Kettenhund, einem Bernhardiner, und ich habe oft die Langmuth des guten treuen Thiers bewundert. Gleich von vornherein hatte ich den Raben daran gewöhnt, auf meinen vorgehaltnen Arm zu klettern, auf welchem er sich forttragen ließ, ohne daß ich es nöthig hatte, ihn festzuhalten. Dies Verfahren ist insofern empfehlenswerth, als man dann den Vogel nicht zu fangen und zu greifen braucht. Uebrigens ließ er sich besonders von Frauen, wenn sie freundlich zu ihm sprachen, anfassen und streicheln, falls sie sich ihm langsam näherten, während ein andrer zahmer Rabe, den ich bei einer befreundeten Familie sah, wüthend um sich biß, selbst wenn Angehörige des Hauses, außer dem Hausherrn, sich ihm näherten, um ihn zu streicheln. Sobald mein Rabe fliegen konnte, wurde für ihn in einer Ecke des Hausflurs, hoch oben nahe der Decke, eine Sitzstange angebracht, welche er bereitwillig bestieg, wenn ich ihn auf dem Arm daranhielt; später brauchte ich nur, wenn ich ihn von außen hereinbrachte, mit der Hand nach der Stange zu zeigen und ein par ermunternde Worte zu sprechen, so flog er sogleich auf seinen Sitz. Seine vielen Streiche zu beschreiben vermag ich nicht. Bei meinen Spaziergängen, wenn er mich begleitete, wurde er nicht selten von mehreren Krähen vereint angegriffen und arg zerzaust. Einst hatten sie ihm einen Flügel verstaucht, sodaß ich ihm mit vieler Mühe den Verband, welchen er stets losriß, immer

wieder anlegen mußte, wobei er mich aber troß heftiger Gegenwehr
und entseßlichen Schreiens doch niemals empfindlich biß; der Flügel
heilte gut wieder ein. In der Zeit seiner Krankheit hörte ich ihn zum
erstenmal unsern Familiennamen aussprechen, den ich ihm seit Wochen
täglich mehrmals vorgesagt. Es macht übrigens, nebenbei bemerkt,
natürlicherweise große Schwierigkeit, einen Vogel in der Freiheit, auch
wenn er sehr zahm ist, mit Erfolg zu unterrichten. Erblickte ich z. B.
meinen Raben zufällig draußen irgendwo sißend und hörte sein un=
artifulirtes Geplapper, so benußte ich die gute Gelegenheit, ihm ein
Wort, welches er lernen sollte, vorzusprechen, und es machte mir vielen
Spaß, wenn ‚Hans‘ sich sichtlich bemühte, es nachzuahmen. Aber
während ich ihn in seine Aufgabe ganz vertieft glaubte, erregte plöß=
lich meine Uhrkette, der Besaß meines Kleides oder irgend ein andrer
Gegenstand seine Aufmerksamkeit, und mit der schönen Unterrichtsstunde
war es vorbei. Sobald er gut fliegen konnte, begann er allein, be=
sonders wenn niemand von uns draußen war, auf den benachbarten
Feldern umherzufliegen und ging auf die Höfe, selbst in die Stuben
der Bauern, ohne sich jedoch von einem Unbekannten fangen zu lassen.
Jeden fremden Hund griff er heftig an, und ich fürchtete immer, daß
er dabei einmal seinen Tod finden könne. Sodann drang er einst
bei uns in den Taubenschlag und tödtete mehrere junge und selbst
alte Tauben. Endschließlich war er eines Tags plößlich verschwunden
und wir haben nie wieder etwas von ihm gehört. Es läßt sich wol
annehmen, daß er auf einem Nachbarhof von Hunden erwürgt oder
bösartigen Jungen erschlagen ist; daß er sich verirrt haben oder ab=
sichtlich fortgeflogen sein könne, erscheint doch keinenfalls glaublich“.

Einen hübschen Zug theilt E. Pfannenschmid noch von
seinem Raben mit, welcher von Emden aus nach Berlin
zur Ausstellung des Vereins „Ornis“ und sodann wieder
heimgeschickt worden: „Kaum hatte ich den Kasten geöffnet, so war
auch der Vogel schon draußen. Mit aufgehobenen Flügeln, aufgeblähten
Kopf= und Halsfedern kam er mir entgegengehüpft; mit wunderlich
schnalzenden Lauten schmiegte er sich an mich, legte seinen gewaltigen
Schnabel bald an diese, bald an jene Seite von meinem Knie, strich
damit über meine Hand und meinen Rockärmel, während ich mit der
andern Hand ihn liebkoste und versuchte, mit weit geöffnetem Schnabel
mir seine Erlebnisse zu erzählen. Später sah ich, nachdem er
sein Gefieder wieder in Ordnung gebracht hatte, daß er einem
großen Hahn, mit welchem er früher auf Kriegsfuß stand, die gleiche

Freundschaft erzeigte. Dieser Vorgang war urkomisch. „Jakob· er=
zählte, genau so wie ein Mensch sich gebehrdet, mit aufgehobenen
Flügeln und aufgeblähten Kopf= und Halsfedern. Der Hahn war
dicht an ein trennendes Drahtgitter getreten und hörte mit gesenktem
Kopf anscheinend höchst aufmerksam und verwundert zu. Dies dauerte
ungefähr 10 Minuten. Jetzt begrüßt mich der Rabe an jedem Morgen
in der geschilderten Weise".

In meiner Sammlung habe ich einen ausgestopften Raben,
welcher zu den größten gehören dürfte, die es jemals gegeben hat.
Er wurde mir von Herrn Dr. Lazarus zur Untersuchung zugeschickt,
mit der Angabe, daß er ein vorzüglicher Sprecher und viele Jahre
im Besitz einer befreundeten Familie gewesen und dann plötzlich ge=
storben sei. Die Untersuchung ergab, daß er einen Cigarrenstummel
hinuntergeschluckt hatte.

Allbekannt sind die zahllosen Geschichten und Scherze,
welche der Volksmund von gezähmten Raben erzählt, und
jede Naturgeschichte hat sicherlich eine oder einige derartige
Anekdoten aufzuweisen. So löst der neckische Vogel eilig
die Zügel, mit denen ein Bauer sein Roß am Zaunpfahl
festgebunden, fliegt dem Pferde dann auf den Kopf und
scheucht es durch Flügel= und Schnabelhiebe in die Flucht.
Ein andermal sieht er zu, wie Gemüse gepflanzt wird, und
nachdem die Leute fort sind, zieht er jede Pflanze heraus
und steckt sie mit den Blättern nach unten und den Wurzeln
nach oben wieder in die Erde. Noch ein andermal sitzt
er dabei, als ein junges Mädchen Klavier spielt und leidet
es nicht, daß sie aufhört, sondern treibt sie mit wüthenden
Schnabelhieben immer wieder an, bis endlich Jemand kommt
und das geängstigte Fräulein durch Verscheuchen des ge=
fiederten Unholds erlöst.

Seit altersher spricht der Volksmund dem Raben
(und der Elster) gegenüber von Diebereien, die sie an
goldenen Ringen und anderen Kleinoden ausüben, und es
gibt bekanntlich schauerliche Geschichten von unschuldig hin=
gerichteten Dienern, welche durch den Diebstahl eines Raben

in Verdacht gekommen waren. Noch jetzt sehen wir, gleich=
falls in den meisten Naturgeschichten, die Angabe, daß man
in den Horsten dieser Vögel silberne Löffel u. drgl. nicht
selten finden könne; aber mindestens liegt dabei stets eine
nur zu arge Uebertreibung vor. Wol ist es richtig, daß
die Krähenvögel auffallende, zumal glänzende Dinge umher=
schleppen, in einen Schlupfwinkel oder in ihren Horst
tragen; durch ihre Verfolgung aber sind sie im Freien
doch schon so verringert oder scheu geworden, daß wol
kaum irgendwo noch ein derartiger Diebstahl vorkommen
kann, und wer einen solchen Krähenvogel gezähmt in seiner
Umgebung hält, wird ihn sicherlich so zu überwachen ver=
mögen, daß er kein derartiges „schweres Verbrechen" be=
gehen kann.

Alles über das Gefangenleben der Rabenvögel im
allgemeinen S. 14 Gesagte bezieht sich wiederum im guten
wie im schlimmen Sinn vorzugsweise auf den Raben;
trotzdem muß ich es hier noch besonders hervorheben, daß
Vorsicht im Umgang mit ihm, und zwar nicht blos bei
einem frisch angeschafften, sondern auch bei dem am besten
gezähmten, lange Jahre in unserm Besitz befindlichen Kolk=
raben durchaus nothwendig ist. Kinder und selbst Erwachsene
sind vor plötzlichem Hacken nach dem Gesicht und besonders
den Augen bei unbedachtem Nahen niemals sicher. Sehr
lästig wird ein zahmer, frei umherlaufender Rabe auch
insofern, als er barfüßig gehenden Dienstleuten u. A. leicht
schlimme Verwundungen beibringen kann. Daß dieser Vogel
für alle kleineren Hausthiere, vom Hofgeflügel bis zu
Katzen und Hunden, nur zu gefährlich werden kann, will
ich noch beiläufig, aber mit Nachdruck wiederholen. Gerade
der Rabe ist als Stubenvogel, abgesehen von seinen er=
wähnten Schattenseiten, auch um deswillen durchaus nicht
zu halten, weil er nicht allein nur zu arg schmutzt, sondern

auch an sich einen sehr üblen Geruch verbreitet, zumal,
wenn er, was zu seinem Wohlsein erforderlich ist, oft und
viel mit rohem Fleisch gefüttert wird.

Neuerdings ist die bereits aus früher Zeit her all=
gemein verbreitete Angabe, daß der Rabe ein sehr hohes
Alter erreichen kann, bezweifelt worden; aber dieselbe beruht
im wesentlichen durchaus auf Thatsächlichkeit. Pfannenschmid
berichtet, daß eine ihm befreundete Familie einen solchen
Vogel habe, der „bei allen Kindern Pathe gestanden und
die ganze Geschlechtsreihe hat heranwachsen sehen". Er
steht gegenwärtig im 92. Lebensjahr, hält außerordentlich
auf sein Aussehen und macht bei seiner bedeutenden Stärke
einen sehr würdigen Eindruck. Dr. Lazarus erzählt von
einem Raben, welcher im Alter von 55 Jahren noch durch=
aus gesund, frisch und kräftig war. Ein leider ungenannter
Berichterstatter schildert in glaubwürdiger Weise einen noch
viel älteren Raben*). „Auf dem Landhause meines im Alter von
98 Jahren 1851 verstorbenen Vaters befand sich auf dem durch hohes
Gatter abgeschlossenen Federviehhof auch ein Kolkrabe. Natürlich hatte
derselbe größere Freiheit als seine gefiederten Genossen, mit Ausnahme
der Tauben. Alljährlich wurden unserm ,Jakob' die Flügel gestutzt,
aber nur soweit, daß er an einem hohen und weiten Fluge gehindert
war; Haus, Hof, der große Garten, selbst die nahe Dorfstraße blieben
ihm zugänglich. Niemals mißbrauchte er diese Freiheit zu weiteren
Ausflügen, sondern regelmäßig kehrte er abends in seine Nachtherberge,
je nach dem Wetter auf oder in der Hundehütte, zurück. Mit dem
Hofhund lebte er in besonderer Freundschaft, doch führte er die Herr=
schaft, und auch sämmtliche Dorfhunde hatten Furcht vor ihm. Aus
meiner Kindheit her erinnere ich mich noch, wie er eines Tags ge=
legentlich des Besuchs eines benachbarten Gutsbesitzers, der einen
großen und bösen Wolfshund mit sich führte, diesem, als er ihn an=
greifen wollte, im Augenblick auf dem Kopf saß und ihn mit seinem
starken und spitzen Schnabel derartig bearbeitete und zauste, daß der
Gärtner den Hund von seinem Peiniger befreien mußte, welcher letz=

---

*) „Gefiederte Welt", Magdeburg, 1883.

tere darauf ein Triumphgekrächz erhob. Da ‚Jakob‘, abweichend von seinen Artgenossen, von jeher wenig Diebsneigungen gezeigt, so war es ihm auch vergönnt, die Küche im Erdgeschoß des Hauses zu be= suchen; regelmäßig zur Mittagszeit, wenn die Glocke die Dienstleute zum Essen herbeirief, stellte auch er sich ein und empfing seine reich= liche Atzung. Dieser Rabe war nun bereits seit den frühesten Kinder= jahren meines hochbetagten Vaters, also etwa seit 1753—1759 auf dem Gut und der Papa erzählte mir oft, wie es ihn ergötzt, wenn ich über 60 Jahre später gerade so wie er, mit dem zudringlichen Vogel das Frühstücksbrot getheilt. Alle Kriegsstürme, welche über das Besitzthum meiner Eltern hereingebrochen und manche Zerstörungen und Veränderungen auf demselben herbeigeführt, hat der Rabe über= dauert und wenn ich, nachdem ich i. J. 1823 das elterliche Haus verlassen, dasselbe in Zwischenräumen von 2—3 Jahren besuchte, wurde ich von ‚Jakob‘ wiedererkannt und mit Flügelschlagen und markerschütterndem frohen Gekrächz begrüßt, während er gegen fremde Besucher äußerst zurückhaltend sich zeigte. Im Jahre 1848 brachte ich meine ältesten Söhne von 8 und 5 Jahren mit, und in wenigen Tagen hatte der alte Rabe sich mit diesen befreundet, wie vor länger als 90 Jahren mit dem Großvater und vor 40 Jahren mit dem Vater. Nach dem Tode meines Vaters ging das Besitzthum in andere Hände über und ‚Jakob‘ wurde dem neuen Besitzer über= wiesen und empfohlen. Wie lange er nun noch gelebt, weiß ich nicht, er zeigte sich aber bei der Uebergabe noch ebenso munter wie in früheren Jahren und sein Gefieder war voll und glänzend schwarz“.

Die Rabenkrähe [Corvus corone, *Lath.*] und die Nebelkrähe [Corvus cornix, *L.*].

Aas=, Feld=, gemeine, Raub=, schwarze Krähe, schwarze Hauskrähe, Kräge, Kropp, Cnake, Feld=, gemeiner, Krähen= und Mittelrabe. — Carrion Crow. — Corneille noire. — Witte Kraae.

Aas=, gemeine, graue, Krah=, Luder=, Mantel=, Sattel=, Schild=, Schnee=, Todten= und Winterkrähe, Graumantel, Graurücken, Gacke, Nebelkrapp, grauer Kräh= und Nebel= rabe. — Hooded Crow. — Corneille mantelée. — Bonte Kraac.

In der äußern Erscheinung sowol als im ganzen Wesen und in allen Eigenthümlichkeiten sind diese beiden Krähen dem Raben überaus ähnlich und namentlich die erstre unterscheidet sich von ihm eigentlich nur durch die bedeutend geringre Größe. Sodann sind beide aber mit

einander so sehr übereinstimmend, daß man sie für Farben=
spielarten von einundderselben Art ansehen kann, umsomehr
da sie sich auch nicht selten mit einander paren und fort=
pflanzen. Die meisten Vogelkundigen halten sie indessen
noch für selbständige neben einander stehende Arten.

Die **Rabenkrähe** ist am ganzen Körper einfarbig tiefschwarz,
stahlblau glänzend, Schnabel und Füße sind ebenso schwarz und die
Augen dunkelbraun. Krähengröße (Länge 48 cm, Flügelbreite 100 cm,
Schwanz 20 cm). Das Weibchen ist kaum bemerkbar kleiner, sonst
durchaus übereinstimmend. Das Jugendkleid ist matt graulich=
schwarz. — Die **Nebelkrähe** ist nur an Kopf, Nacken, Vorderhals,
Brustschild, Flügeln und Schwanz schwarz, am ganzen übrigen Körper
aber hellaschgrau. Auch bei ihr ist das Weibchen in der Färbung
nicht verschieden. Das Jugendkleid ist düstrer und matter gefärbt.
Reinweiße und gescheckte Vögel kommen bei beiden Arten, aber selten,
vor. Pfannenschmid berichtet von einer bunten Nebelkrähe, welche er
erlegt: Gesicht um die Augen, Schwingen und Schwanzfedern am
Grund reinweiß, Spitzen der Schwingen und Schwanzfedern schwarz.

Die Verbreitung der Rabenkrähe erstreckt sich über
Westeuropa; auch kommt sie in Nordafrika, Nord= und
Mittelasien vor. Die Heimat der Nebelkrähe dagegen ist
der Norden, das ganze östliche Europa, sowie ein Theil
von Kleinasien und Nordostafrika. Als die Grenzscheide
zwischen den Wohngebieten beider ist in Deutschland die
Elbe anzusehen. Wo beide Krähen neben einander leben,
kommen Mischbruten nicht selten vor, in denen die Jungen
fast immer theils die Färbung der Raben=, theils die der
Nebelkrähe zeigen. Schon hieraus erhellt nach meiner
Ueberzeugung, daß beide nur Oertlichkeitsformen einund=
derselben Art sind; denn wären sie zwei verschiedene Arten,
so würden die Jungen stets ein Mischlingsgefieder zeigen.
Im Süden lebt die Rabenkrähe als Standvogel, in nörd=
licheren Gegenden als Strichvogel; die Nebelkrähe dagegen
ist überhaupt mehr Standvogel, welcher zur kalten Jahres=
zeit zwar auch umherstreicht, aber nicht weit westwärts oder

südwärts geht. Bei Wintersnoth kommen sie beide, doch
die letztre mehr als die erstre, in die Ortschaften, auf
Straßen und Höfe, um hier auf Dunghaufen u. a. Abfälle
zu suchen. Beide bewohnen lichtere Gehölze, Vor= und
Feldwald, sowie auch Baumgärten; nur selten sind sie tief
inmitten des Waldes zu finden. Wo sie nicht verfolgt
werden, halten sie sich immer gern in der Nähe des Menschen
auf und übernachten auf Baumreihen an den Landwegen,
selbst auf hohen Bäumen inmitten der Ortschaften oder
sogar auf dem Kirchthurmdach.

Die Krähen führen eine sehr regelmäßige Lebensweise.
Abends kommen sie in einem großen Schwarm oder in
einzelnen Flügen herbei, um sich an den erwähnten Orten
festzusetzen. Mit dem anbrechenden Morgen vertheilen sie
sich nahrungsuchend in kleineren Scharen oder pärchenweise;
mittags fliegen sie zur Ruhe auf Bäume mit dichten
Kronen, um dann nachmittags wieder nach Nahrung auszu=
ziehen. In ihren Bewegungen sind die Krähen, wenn
auch nicht anmuthig, so doch gewandt und ausdauernd zu=
gleich. Auf der Erde gehen sie schrittweise, kopfnickend
und dann abwechselnd hüpfend. Der Flug ist anscheinend
unbeholfen mit raschen Flügelschlägen, bei Verfolgung und
Neckerei aber vermag die Krähe geschickte Schwenkungen
auszuführen und hoch oben in der Luft in ähnlicher Weise
malerisch zu kreisen wie der Rabe, wenn auch freilich bei=
weitem nicht so anhaltend und schön. Krähenschwärme
unternehmen, zumal im Herbst, häufige Flugübungen und
vergnügen sich mit solchen wol stundenlang; so steigen sie
allmählich immer höher, lassen sich dann einzeln schnur=
gerade herabfallen und kreisen weiter. Bei den großen
Versammlungen auf Bäumen oder im Fluge erheben sie
weithin schallendes Geschrei und ihre Laute sind überhaupt
recht mannigfaltig. Für gewöhnlich hören wir die rauhen

Rufe: schwart, grab, hoch krüh, und wenn sie auf einen
Raubvogel stoßen oder einander jagen, ein absonderliches
Knarren: krrr; Gloger bezeichnet ihre Laute: krah oder
kräh, im Wohlbehagen gedehnt krähorr, dann ein hohes
tlack oder kluck, ein tiefes kolk, talk, dralk und korrak.

Während sich das Krähenpar das ganze Jahr hindurch,
auch im großen Schwarm, immer beisammen hält, sodaß
beide wenigstens unfern von einander ihrer Nahrung nach=
gehen u. s. w., sondern sie sich gegen das Frühjahr hin
parweise ab. Jetzt führt das Männchen einen seltsamen
Liebestanz auf oder es zeigt doch sonderbare Bewegungen
unter Verneigungen, Ausbreiten des Schwanzes und der
Schwingen und mit krakelndem Geschwätz. Das Nest wird
auf einem Unterbau von Zweigen aus Halmen, Fasern,
Wurzeln, namentlich Quecken, Gräsern als eine Mulde errichtet
und mit weicheren Halmen, Bast, Mos, Pferde= u. a. Thierharen
ausgerundet. Bei Verfolgung bringt auch die Krähe, gleich
der Elster, eine Lage von Lehm oder thoniger Erde auf
den Reiserbau, um darauf das Nest zu vollenden. Das
Gelege besteht in 3—7, im Durchschnitt aber 4 Eiern,
welche blaugrün, sehr veränderlich, olivengrünlichbraun,
dunkelgrün, aschgrau und schwarz gepunktet und gefleckt
sind und vom Weibchen allein in 20 Tagen erbrütet werden.
Meistens wird nur eine Brut zu Ende März oder im
April und nur wenn die erste zerstört worden, noch eine
zweite im Juni gemacht. Ohne eigentlich gesellig zu nisten,
bauen die Krähen doch nicht selten ihre Nester unfern von
einander und die dann nachbarlich wohnenden Pärchen be=
fehden oder vertreiben sich gegenseitig nicht aus einem
bestimmten Brutbezirk. Nach beendeter Nistzeit schlagen sie
sich in mehr oder minder vielköpfige Scharen zusammen,
welche umherstreichen.

Die Nahrung der Krähen besteht eigentlich in allem,

3*

was eßbar ist, zunächst in lebenden Thieren, Insekten und
Gewürm, auch Vögeln und Vogelbruten, sowie Vierfüßlern,
Mäusen und allen übrigen Nagern, welche sie nur über=
wältigen können; am Flußufer und Meeresstrand suchen sie
auch eifrig todte Fische und andere ausgeworfene Thiere,
aber zur Laichzeit, wenn Fische in flaches Wasser am Ufer
kommen, können sie hier bedeutsam schaden. Sodann
fressen sie begierig Aas, und ferner mancherlei Sämereien
und Früchte. In neuerer Zeit will man festgestellt haben,
daß diese beiden Krähen beiweitem überwiegend schädlich
seien. Wenn solch' ein Urtheilsspruch auch hauptsächlich
nur von der Jägerei ausgeht, da sie in der That für junges
Wild, vornehmlich Hasen und Rebhühner, sehr verderblich
werden und bei Wintersnoth sogar die Alten erfolgreich
angreifen, so läßt es sich andrerseits allerdings nicht über=
sehen, daß sie ebenso die Nester aller in Feld und Wald,
Hain und Garten lebenden Singvögel arg bedrohen. So
holen sie nur zu häufig die jungen Stare aus den Nist=
kästen hervor. Selbst dem Landmann fügen sie schweren
Aerger zu, indem sie sein junges Geflügel in Gärten und
Triften, ja sogar vom Hof rauben, Hühner= und besonders
Enteneier stehlen, wie sie auch die schlimmsten Zerstörer
der Gelege von Wildenten, Rebhühnern, Fasanen u. a.
sind. Bei der Aussat des Getreides, sowie im reifenden
Korn verursachen sie ebenfalls manchmal erheblichen Schaden;
dem Forstmann sind sie dadurch lästig, daß sie durch Auf=
sitzen die Spitzenschößlinge junger Nadelholzbäume, insbesondre
der Kiefern, abbrechen und dem Obstgärtner durch gleiche
Beschädigung der veredelten Bäumchen. In Anbetracht
dessen aber, daß alle Krähen zugleich eine bedeutsame Nützlich=
keit durch Vertilgung der genannten Nagethiere, sowie
von mancherlei schädlichen Kerfen und Gewürm entwickeln
— wir brauchen ja nur die Vögel, welche sich hinter dem

Pfluge des Landmanns im Herbst oder Frühjahr einfinden, zu beobachten, um uns davon zu überzeugen — muß das Endurtheil gerade über sie im allgemeinen doch außerordentlich schwanken. Am zutreffendsten dürfte Professor Altum's Ausspruch sein: Als Pflanzen=, bzl. Körnerfresser sind sie für die Landwirthschaft kaum schädlich; vielmehr dürfte sich für die letztre und auch für die Forstwirthschaft ihr Nutzen und Schaden ausgleichen. Den größten Schaden bringen sie der Jagd. Meinerseits füge ich hinzu, daß sie für den Obstbau und die Gartenwirthschaft überhaupt als entschieden vorwiegend nützlich gelten müssen. Eine unnachsichtliche Ausrottung dieser beiden Krähen ist keinenfalls rathsam; man möge sie allenthalben verringern, sie mindestens nirgens in der Weise gewähren lassen, daß in den Vor- und Feldgehölzen eine erhebliche Anzahl ihrer Nester steht; aber man sollte doch wenigstens hier und da ein nistendes Pärchen dulden und namentlich darf man die Krähen, welche im Herbst und Frühjahr auf den Wiesen und Triften umherschwärmen und noch weniger die, welche hinter dem Pfluge herschreiten, fortschießen. Wo man Krähen fernhalten muß, sind sie übrigens unschwer zu vertreiben; man braucht nur eine geschoßne mit einem Bein oder Flügel an einer Stange so zu befestigen, daß sie frei schwebend vom Luftzug hin und her bewegt wird, und weithin sichtbar ist, ferner einzelne Krähenfedern aufrecht in den Boden zu stecken, werthvolle Früchte mit einem alten Netz zu überdecken, weiße Fäden darüber hinzuziehen, Knistergold anzubringen oder Spiegelglasstücke an Zwirnfäden aufzuhängen u. s. w. Zur Verringerung der Krähen, wo sie zu zahlreich werden, dürfte der Hinweis am wirksamsten beitragen, daß die Kräheneier sehr wohlschmeckend sind; sie werden häufig als Kibitzeier verkauft und von Nichtkennern auch als Leckerei gegessen. Nicht minder verzehrt man junge

Krähen in großen Städten ohne es zu wissen keineswegs
selten als gebratene Tauben, und sie sollen sehr schmack=
haft sein. Am gründlichsten werden alle Krähenvögel ver=
tilgt, wenn die Landleute, um sich der Mäuseplage zu
erwehren, Gift auslegen. Dies sollte aber von Menschlich=
keits= und Nützlichkeitsrücksichten aus zugleich durchaus ver=
boten sein.

Wie alle Krähen überhaupt, so sind vorzugsweise
diese beiden muthvoll gegen ihre Feinde, von denen
sie sogar große Raubvögel aus der Nähe ihres Nests zu
vertreiben vermögen, indem auf den Ruf einer einzelnen
alle rings umher wohnenden sogleich herbeistürzen und den
Eindringling nun unter fortwährendem Geschrei so bedrängen,
daß er schließlich das Weite sucht. Manche der gefiederten
Räuber lassen sich dadurch freilich nicht stören, sondern
ziehen erst von dannen, wenn sie eine der zudringlichen
Krähen als Beute in den Krallen haben. Während die
letzteren alle eigentlichen Räuber heftig angreifen und ver=
folgen, nisten sie mit dem Thurmfalk friedlich unfern von
einander. Ebenso wie die Tagraubvögel verfolgen sie
namentlich hitzig jede Eule, sodann auch andere große
Vögel, einen Reiher, den schwarzen Storch und selbst ihren
nächsten Verwandten, den Kolkraben, gleicherweise aber einen
Fuchs, eine Hauskatze u. a.

An geistiger Begabung stehen beide Krähen hinter
dem Raben offenbar nicht weit zurück. Ihre Sinne sind
scharf entwickelt; ebenso wie sie junge Thiere in deren Ver=
stecken leider nur zu leicht erspähen, schreibt man es ihnen
zu, daß sie gefallenes Wild oder Aas auf beträchtliche Ent=
fernung hin zu wittern vermögen. Gleich der Amsel inmitten
des Waldes ist die Krähe im Vorholz, auf Feldbäumen
u. a. ein ungemein aufmerksamer Wächter, zumal dort, wo sie
selbst verfolgt wird. Schon von weitem nimmt sie den Jäger

wahr, unterscheidet ihn sicher vom Ackerer, Hirten, Holz-
fäller u. A. und warnt mit dem Ruf schwart sogleich sämmtliche Genossen in der Umgebung. Als Beweis für ihre
Klugheit dürfte noch die Art und Weise zu erwähnen sein,
wie die räuberische Krähe ein Ei nach dem andern aus
dem Reiherhorst zu erlangen weiß, indem sie den brütenden
Vogel von hinten angreift und behelligt, bis er vom Nest
abstreicht und sie ein Ei rauben kann, wodurch sie, nebenbei
erwähnt, recht nützlich wird, indem sie jenen schädlichen
Fischräuber wol gar von seinem Niststand zu verscheuchen,
mindestens aber seine Brut erheblich zu verringern vermag. Sodann verhält sie sich beim Füttern der Jungen
in ihrem Nest, sowie beim Plündern von Nutzgewächsen
und beim Uebernachten in den hohen und dichten Wipfeln
der italienischen Pappeln an der Landstraße, zu denen sie
spät, nach schon eingetretner Dämmerung, lautlos geflogen
kommt, ganz still.

Schon die alten Schriftsteller, wenigstens seit Geßner
her, wußten es bestimmt, daß auch die Krähen dazu begabt sind, menschliche Worte nachsprechen zu lernen. Freilich
ist dies bei einer alt eingefangnen Krähe, auch wenn sie,
zumal im Winter, überaus zahm wird, nur ausnahmsweise
der Fall. Junge Krähen dagegen, welche sich, aus den
Nestern geraubt, ungemein leicht auffüttern lassen, zeigen
sich der Sprachabrichtung mehr zugänglich. Sie gleichen
dann auch hierin dem Kolkraben, sind wie er in der Gefangenschaft leicht zu halten und sehr ausdauernd, aber
nicht oder doch nur kaum als Stubenvögel geeignet, werden
außerordentlich zahm, lassen sich zum freien Umherfliegen
gewöhnen, indem sie selbst bei weitem Umherschweifen abends
regelmäßig zurückkehren; beide bleiben jedoch an Begabung
beiweitem hinter dem großen Verwandten zurück. Buffon,
Bechstein, Lenz u. A. führen einzelne Beispiele von sprechen-

den Krähen an. Ich persönlich kann ein solches gleichfalls erzählen. Vor nahezu 20 Jahren sah ich in einem Biergarten in der Leipziger Straße zu Berlin eine Nebelkrähe, welche frei umher= lief, sich gegen die Gäste, also ganz fremde Leute, sehr zutraulich benahm und, wenn man sie nicht fortjagte, aus den offenen Biergläsern trank. Dann aber, wenn sie ziemlich viel vom edlen Gerstensaft genossen, gerieth sie nicht, wie es sonst bei Vögeln der Fall zu sein pflegt, in dumpfe Betäubung, sondern sie wurde, wie ein echter Zecher, lustig und aufgeräumt. Sie begann nun das oben erwähnte natürliche Liebesspiel, indem sie die Flügelfedern aus= spreizte, den Kopf mit den aufgeblasenen Halsfedern abwechselnd rechts und links zur Erde bückte und wunderliche krächzende, schnar= rende und plaudernde Laute, anscheinend mit großer Anstrengung, aber sehr eifrig erschallen ließ. Sobald dann die Zuschauer in Ge= lächter ausbrachen, richtete sie sich plötzlich empor, klappte nach Krähen= art einigemal mit den Flügeln und sagte gleichsam würdevoll: „Kurt hat genug‘, „Kurt hat genug‘, „Kurrrt!‘ Darauf hüpfte sie fort, um am nächsten Tisch nach den Weißbrotstückchen u. a., die ihr zugeworfen wurden, umherzulungern. So habe ich die Krähe mehrere Sommer in dem Biergarten gefunden und den Winter soll sie immer in einem Taubenschlag mit den Bewohnern desselben friedlich zusammen ver= bracht haben.

Die Satkrähe
[Corvus frugilegus, *L.*].

Acker=, Feld=, Gesellschafts=, Hafer=, schwarze und weißschnäbelige Krähe, Krähenveitel Kranveil, Kurock, Altenburgischer, Pommer'scher und Sächsischer Rabe, Root= und Satrabe (fälschlich Rocke), Rauchvogel, Ruck, Nack= und Grünschnabel. — Rook. — Corbeau freux.

Auf den ersten Blick erscheint diese wenig abweichend von den beiden vorigen Krähen. Sie ist am ganzen Körper einfarbig schwarz, purpurblau oder violett glänzend; der Schnabel ist schwarz, die Augen sind braun und die Füße schwarz. In der Größe ist sie etwas geringer (Länge 47 cm, Flügelbreite 98 cm, Schwanz 19 cm). Außerdem ist sie verschieden durch vorzugsweise schlanke Gestalt, sowie, wenigstens im Alter, durch ein bis zu den Augen kahles Gesicht, indem am Schnabelgrund und um die Nasen= löcher die Borsten und Federchen beim Tiefhineinhacken in den Erd= boden abgerieben worden. Je älter der Vogel, desto kahler das Ge=

ſicht, auch ſehen jene Stellen dann wie mit Grind überzogen aus.
Ferner iſt der Schnabel dünner und ſchwächer, der Schwanz mehr
gerundet als bei den anderen Krähen. An den ſpißeren Flügeln iſt
ſie auch im Fluge von den leßteren zu unterſcheiden. Das Weib=
chen iſt übereinſtimmend; allenfalls dürfte ſein Gefieder etwas
weniger glänzend ſein. Es gibt reinweiße, grauweiße, weiß geſchecte und
hellbraune Farbenſpielarten, auch eine ſolche blos mit weißem Nacken
hat man beobachtet. Das Jugendkleid iſt einfarbig mattſchwarz,
und an dem vollbefiederten Geſicht iſt die junge Satkrähe noch lange
zu erkennen. Gloger gibt als Unterſcheidungszeichen der jungen Sat=
krähe von den anderen an, daß ihre Halsfedern zerſchliſſen und nicht
pfeilförmig ſpiß ſind. Weitere Unterſchiede ſind nicht zu finden, ſo=
daß man die Arten leicht verwechſeln kann.

Ihre Heimat erſtreckt ſich über das mittlere Europa,
von Südſchweden bis über Süddeutſchland hinaus; auch in
Mittelaſien iſt ſie heimiſch. Als Zugvogel kommt ſie bereits
im Februar oder März vor. An Waldrändern, in Feld=
gehölzen und auf Baumreihen an den Landwegen, auch wol
in weiten Baumgärten, immer in der Nähe von Wieſen,
Triften und Feldern und ausſchließlich in ebenen Gegenden
hält ſie ſich ſtets geſellig in mehr oder minder großen
Schwärmen, bis zu Tauſenden von Köpfen. Ebenſo ſtehen
ihre Neſter an den genannten Oertlichkeiten und zwar in
Brutanſiedelungen wol bis zu 20 Stück auf einem Baum
oder doch in der Nähe beiſammen. Das Neſt iſt leichter
gebaut und nicht ſo ſorgfältig ausgerundet, im übrigen dem
der beiden nächſtverwandten gleich; zuweilen iſt es auch mit
einer Lage von Lehm oder Erde verdichtet. Troß der Ge=
ſelligkeit leben die Satkrähen aber, namentlich während des
Neſterbauens, in immerwährendem Zank und Streit. Zu=
nächſt hadert jedes Pärchen mit dem andern um den Niſt=
plaß, ſodann ſtehlen ſie ſich gegenſeitig die Neſtbauſtoffe
fort, und dies Alles geſchieht unter fortwährendem Geſchrei
und Gekrächze, ſodaß die ganze Schar einen gewaltigen
weithin ſchallenden Lärm hervorbringt. Die 4—6 Eier des

Gelegs sind grünlichweiß ober hellgrün, rothbraun und
aschgrau gepunktet und gefleckt. Im März findet die erste
Brut und im Juni die zweite statt. Nach der letztern
schlagen sich diese Krähen zu immer größer werdenden
Scharen zusammen, welche nahrungsuchend umherschwärmen
auch wol mit Dohlen, Staren u. a. Vögeln, doch niemals
mit den anderen beiden Krähen gemeinsam, weithin umher=
schweifend. Im Oktober ober erst im November ziehen
sie südwärts, bis Südeuropa oder Nordafrika wandernd,
doch überwintern sie auch in kleinen Flügen nicht selten,
in welchem Fall sie, aber nur bei sehr starker Kälte und
tiefem Schnee, also im Gegensatz zu den beiden verwandten
Krähen und der Elster, auf die Straßen und Höfe nahrung=
suchend kommen.

Diese Krähe ist ruhiger, furchtsamer und weniger schlau,
auch wol überhaupt geistig geringer begabt als die anderen;
an körperlicher Gewandheit dürfte sie ihnen indessen gleich=
stehen, ja im Fluge sie übertreffen, denn ein Satkrähenschwarm
fliegt manchmal sehr hoch, sodaß sie fast den Blicken ent=
schwinden, und indem sie malerisch kreisen, lassen sie sich
eine nach der andern plötzlich senkrecht tief hinabfallen; ein
schönes Flugspiel, welches sie wieder emporkreisend mehr=
mals wiederholen.

In den allerschädlichsten Kerbthieren und allerlei Ge=
würm, vornehmlich Maikäfern und Engerlingen, Rüssel=
käfern, Heuschrecken, allerlei Raupen u. a., ferner Schnecken,
Regenwürmern u. drgl., auch kleinen Vierfüßlern, wie
Mäusen, besteht ihre Nahrung. Um das Gethier aus dem
weichen Erdboden hervorzuholen, arbeitet sie mit dem Schnabel
tief hinein, und dabei eben werden die kurzen Federchen
rings um denselben abgestoßen. Außerdem verzehrt sie allerlei
Sämereien, besonders gern keimendes, sowie halbreifes Ge=
treide und Hülsenfrüchte, wie Erbsen, sodann auch Beren,

und allerlei Baumfrüchte, niemals aber oder doch nur im
Nothfall Aas; selbst wenn sie an das letztre geht, frißt
sie blos die Maden und das Gewürm davon. Von einem
großen Baum, auf welchem zahlreiche Maikäfer fressen,
schütteln eine Anzahl Krähen die Maikäfer herab, indem
sie flügelschlagend sich auf die dünnen Zweige setzen oder
daran hinunterflattern, während andere unten die Beute
aufsammeln; dann fliegen die letzteren hinauf und schütteln
ebenso in den Zweigen, während die ersteren unten fressen.
Obwol auch diese Krähe junge Thiere raubt, hier und da
ein Vogelnest zerstört, sowie den Junghäschen und Reb=
hühnerbruten gefährlich wird, ja trotzdem zugegeben werden
muß, daß sie zeitweise am Getreide und zwar sowol an
der Aussat, wie dem reifenden Korn argen Schaden ver=
ursacht, kann der letztre doch ihrer nützlichen Thätigkeit
gegenüber, in der sie für die Landwirthschaft, Forstwirth=
schaft und den Gartenbau überaus wichtig ist, nicht im ent=
ferntesten zur Geltung kommen. Umsomehr ist es daher
zu bedauern, daß sie in neuerer Zeit, insbesondre seitens
der Jägerei, gleich den anderen Krähen beschuldigt und
leider auch unnachsichtlich verfolgt wird. Wol ist es richtig,
daß die Satkrähen an ihren Brutplätzen einen unausfteh=
lichen Lärm verursachen. Durch ihr heiseres kraa, kreischen=
des kurr oder kürr (kirr, girr, auch quer), karr und kroja,
seltener jack, dann auch durch ihr unablässiges Grackeln
und Plaudern, noch vielmehr aber durch ihre fürchterliche
Schmutzerei können sie allerdings ungemein lästig fallen.
Dennoch würde man nach meiner Ueberzeugung ein schweres
Unrecht begehen, wenn man sie arg verfolgen oder wol gar
ausrotten wollte. Die rücksichtslosen Feinde der Satkrähe
seien daran erinnert, daß schon Naumann, der größte un=
serer Vogelkundigen, mit voller Entschiedenheit für ihren
Schutz eingetreten ist. Sodann gehört diese Krähe zu den

Vögeln des Pflügers, welche der Volksmund gleichsam
heilig spricht, und den Ruſſen ſind ſie dies thatſächlich,
nach Pallas' Angabe, als Heuſchreckenvertilger. Allenfalls
möge man ihre größeren Anſiedlungen auf fernab liegende
Feldgehölze beſchränken und anderweitig nur einzelne wenige
Neſter dulden. Ohne alle Frage iſt die maſſenhafte Ver=
tilgung von Satkrähen, ſodaß ſie nach Tauſenden abge=
ſchoſſen werden*), nicht blos vom humanen, ſondern auch
vom wirthſchaftlichen Geſichtspunkt aus verdammenswerth.
Uebrigens macht ſchon Buffon darauf aufmerkſam, daß junge
Satkrähen ſehr wohlſchmeckend ſein ſollen und in Italien
werden ſie bekanntlich allgemein gegeſſen. Auch ihre Eier
ſtehen an Wohlgeſchmack hinter den Kibitzeiern nicht zurück,
wie ſie denn als ſolche häufig in den Handel kommen.
Wollten die Feinſchmecker ſich dies geſagt ſein laſſen —
ſo hätten wir ja die Löſung der großen ſocialen Frage der
angeblichen Schädlichkeit und Läſtigkeit der Satkrähe in
beſter Weiſe vor uns.

Ganz ebenſo wie die anderen verfolgen auch die Sat=
krähen gemeinſam jeden Raubvogel, jedoch nur dann, wenn
er ihrem Brutgebiet naht; gleicherweiſe ſtoßen ſie mit
großem Eifer auf den Uhu. Den Kolkraben dagegen
fürchten ſie ſehr und verlaſſen ſogar ihre Brutanſiedlung,
wenn ein Rabenpar in der Nähe ſeinen Horſt errichtet.

Als Stubenvogel hat die Satkrähe, wenn ſie auch in
Aufzucht, Ernährung, Zähmbarkeit und allem übrigen den
anderen gleich iſt und ſelbſt darin einen Vorzug zeigt, daß
man ſie für viel harmloſer halten darf, trotzdem einen noch
geringern Werth, weil ſie als weniger begabt und lernfähig
ſich ergibt. Alte werden daher niemals gefangen und Junge
auch nur dann aufgezogen, wenn man ſie gelegentlich er=

---

*) Vrgl. „Gefiederte Welt" 1884 und 1887.

langt; sie aus den Nestern zu rauben und aufzuziehen, liegt kaum eine Veranlassung vor. Ihre Sprachabrichtung erstreckt sich, soweit bis jetzt festgestellt worden, nur auf ein oder zwei Worte. A. E. Brehm sagt, daß sie „in gewissem Grade singen lernen solle"; aber ich kann nirgends eine Bestätigung dieser Behauptung finden, und mir selbst fehlt in dieser Hinsicht die Erfahrung.

Von einer gezähmten Satkrähe erzählt Herr N. Prinsler in Sommerfeld: „In der hiesigen Tuchfabrik von F. Sternberg wurde vor zwei Jahren eine junge Krähe gefangen und von einigen Arbeitern großgezogen. Dann wurde ihr mit verstutzten Flügeln die Freiheit in dem großen Hofraum gegeben, wo sie sich natürlich tüchtig herumtummelte und häufige Versuche zum Entfliehen machte; schließlich gewöhnte sie sich aber ein, und trotzdem sie nach wiedererlangter Flugfähigkeit die höchsten Dächer und Bäume absuchte, blieb sie doch ihrem Herrn und einem Freund, den sie in dem Hofhund gefunden und sehr ins Herz geschlossen hatte, treu. Die Krähe und der Hund theilen nicht blos ihr Futter, sondern auch die Hundehütte. Was aber am wunderlichsten bei der ganzen Geschichte erscheint, ist, daß die Krähe, wenn der Hund schläft und ein Fremder ankommt, ihren Freund im Wächteramt vertritt und fast ganz natürlich wie er bellt. Sie können sich denken, wie komisch das ist".

Von einer weißen Satkrähe berichtet sodann Herr Dr. Mühlböck, Arzt in Villach: „Der prächtige Albino ist schön weiß, ohne eine andere Farbenschattirung, mit blaßrosa gefärbtem Schnabel und ebensolchen Füßen mit weißen Krallen. Die Regenbogenhaut der Augen ist blaßbläulichroth, die Pupille lebhaft blutroth. Diese Krähe wurde im Frühjahr als halbflügger Vogel gefangen und ohne Mühe aufgefüttert; sie ist sehr zahm, klug und zutraulich, auch läßt sie bei guter Laune einen komischen grackelnden Gesang hören; im übrigen ist besonders ihre Lebhaftigkeit auffallend." — Gerade bei den Satkrähen kommen Schnabelverkrüppelungen häufig vor; so habe ich eine solche in meiner Sammlung, bei welcher Ober- und Unterschnabel weithin kreuzförmig über einander stehen. Sie ist im besten Körperzustande, wohlgenährt geschossen worden, und da sie nicht wie ihre Genossen den Kreuzschnabel bis an die Augen in die Erde stoßen konnte, so zeigt sie nicht das nackte Gesicht, sondern die Nasenlöcher und die ganze Schnabelumgebung sind mit Borstenfederchen besetzt.

Die Dohle
[Corvus monedula, *L.*].

Aelke, Elk, Oelke, Dachlicke oder Dachlücke, Tahle, Dole, Schnee= und sibirische Dohle, Duhle, Gacke, Gäcke, Geile, Kayke, Klaas, Dohlen=, Stadt=, Schnee= und Thurm= krähe, Dohlenrabe, Schneegäcke, Schneegöcke oder Schneejäcke, Tahe, Tahle, Talk, Taperl, Thale, Thalke, Thalicke, Tschockerle, Tschöckerle, Thule, Tuhl oder Tuhle, Zichockerl. — Jackdaw. — Choucas.

Als ein lebhafter, immer heiterer und muthwilliger, dabei aber auch schlauer und gelegentlich sehr listig sich zeigender Vogel tritt uns die Dohle entgegen — freilich nur wenn wir sie genau kennen und mit ihr gleichsam im regen Verkehr stehen. Dies können wir allerdings eigentlich blos an der gezähmten oder als Hofvogel gehaltenen Dohle wahrnehmen. Außerdem ist sie hübscher gefärbt als die meisten anderen Krähenvögel.

Das alte Männchen erscheint an der Oberseite tief und glän= zend schwarz; während Stirn und Oberkopf schwarz, sind aber Hinter= kopf, Nacken und Wangen schön aschgrau; an jeder Halsseite ist ein grauweißer Fleck; Brust und Bauch und die ganze übrige Unterseite sind schwarzgrau; der verhältnißmäßig kurze, schwachgebogne Schnabel ist schwarz; die Augen sind grell silberweiß oder perlfarben und die Füße schwarz; der Schwanz ist wenig gerundet. Das Weibchen ist kaum verschieden, am Kopf dunkler grau. Auch das Jugendkleid ist matter und einfarbig düster schwarz; das Grau am Kopf fehlt noch; die Augen sind grauschwarz, später blau. Als der kleinste von allen unseren Rabenartigen mißt sie: Länge 33 cm, Flügelbreite 66 cm, Schwanz 13,5 cm. Es gibt reinweiße, weißgefleckte, gelbliche oder bräunliche, auch ganz schwarze Farbenspielarten; die ersterwähnten sind natürlich Kakerlaten mit rothen Augen.

Ihre Verbreitung erstreckt sich über ganz Europa und ebenso ist sie auf den kanarischen Inseln, sowie in einem großen Theil von Asien heimisch. Als Zugvogel kommt

sie im Beginn des Monats März an ihren Nistorten, auf
Thürmen und allerlei anderen hohen Gebäuden innerhalb
der Ortschaften an, und sie bewohnt ebensowol das Kirchen=
dach im kleinsten Dorf, als jeden Thurm u. a. inmitten
der größten Stadt. Gleich denen der Satkrähe werden die
Dohlennester stets gesellig zu mehreren beisammen in irgend=
welchen Höhlungen an den erwähnten Gebäuden, seltner
in steilen Felswänden, noch weniger in hohlen Bäumen und
nur ausnahmsweise innerhalb einer Satkrähen=Ansiedlung
in einem Feldgehölz, angelegt. Aus Reisern und Halmen
geschichtet und mit trocknem Gras, Thierharen und Federn
ausgerundet, ist das Nest nicht so sorgfältig wie das der
größeren Krähen gebaut. Obwol die Pärchen stets in Ge=
sellschaft neben einander nisten, leben sie doch in fortwähren=
dem Zank und Streit; sobald aber ein Feind oder Stören=
fried naht, ein Bussard, ja selbst ein schnell fliegender
Raubvogel, scharen sie sich sogleich zusammen, greifen den=
selben im großen Schwarm unter Geschrei an und jagen
ihn meistens in die Flucht. Vom Wanderfalk und Habicht
werden freilich viele geschlagen; der Thurmfalk dagegen
nistet unbekümmert und auch unbehelligt neben ihnen. Vier
bis sechs hellbläulichgrüne, aschgrau und schwarzbraun ge=
fleckte Eier bilden das Gelege, welches von beiden Gatten
des Pärchens abwechselnd in 18 Tagen erbrütet wird;
ebenso gemeinsam füttern sie die Jungen auf und vertheidigen
sie muthvoll gegen Feinde. Nach dem Flüggewerden der
Jungen, welche noch lange Zeit abends zum Nest zurück=
kehren, streichen die Dohlen in Flügen, die sich zu immer
größer werdenden Scharen ansammeln, umher, mischen sich
auch unter die Schwärme der anderen Krähen, während
die Stare sich ihnen gern anschließen. So schwärmen sie
oft bis tief in die Dämmerung hinein umher, bis sie auf
einem dicht belaubten Baum oder einem Dach zur Ruhe

kommen. Während eine Anzahl von ihnen im November
nach Süddeutschland oder bis nach Nordafrika wandert,
bleiben viele, manchmal die meisten, über Winter hier und
dann kommen sie wol, in großer Noth, bei starker Kälte
und hohem Schnee auf die Straßen, jedoch nur in kleinen
Ortschaften oder den Vorstädten, nicht aber in der Großstadt.

   Ueberaus gewandt in allen ihren Bewegungen, fliegt
die Dohle hurtig und geschickt, fängt im Fluge größere
Kerbthiere, besonders Käfer, erhebt sich oft bis zu beträcht=
licher Höhe weit kreisend, steht selbst bei starkem Winde
wie spielend in der Luft still oder rüttelt ähnlich wie ein
kleiner Falk über einer Beute und streicht dann wiederum
dicht über der Erde dahin. Auch der Gang ist nicht un=
geschickt, schreitend, seltner hüpfend. Ebenso wie die anderen
Krähen ist sie immer laut und läßt ihre mannigfaltigen
Rufe: kräh, jäck, jäck, bjär und anhaltend dah oder kiah,
häufig erschallen. Nach Gloger ertönen ihre Laute als ein
hohes kräh und ein höheres jack, jäck, jäcke, kja, jaah und
krichäh. Das jack wird gackernd, wenn sie es beim un=
willigen Locken und Zanken im Frühling oft schnell, häufig
und fein wiederholen. Die Jungen schreien um die Zeit
des Ausfliegens tief quarrend grraaak. Einander rufen die
Gatten des Pärchens mit lautem, hohem skata, skata, wobei
sich die Dohle vorn niederbückt, die Flügel halb ausbreitet
und sie vorwärts schlägt."

   Wie die Nahrung der Saatkrähe, so besteht die der
Dohle in allerlei schädlichen Kerbthieren, vornehmlich Mai=
käfern, ferner Würmern, Weichthieren, namentlich Schnecken,
sodann in Mäusen, aber auch zeitweise in Sämereien, vor=
zugsweise in keimendem und reifendem Getreide, schließlich
in Kirschen u. a. Früchten. Auf den Triften setzt sie sich
oft den Rindern, Schafen, Schweinen u. a. auf den Rücken,
um ihnen das Ungeziefer abzulesen. Selbstverständlich ge=

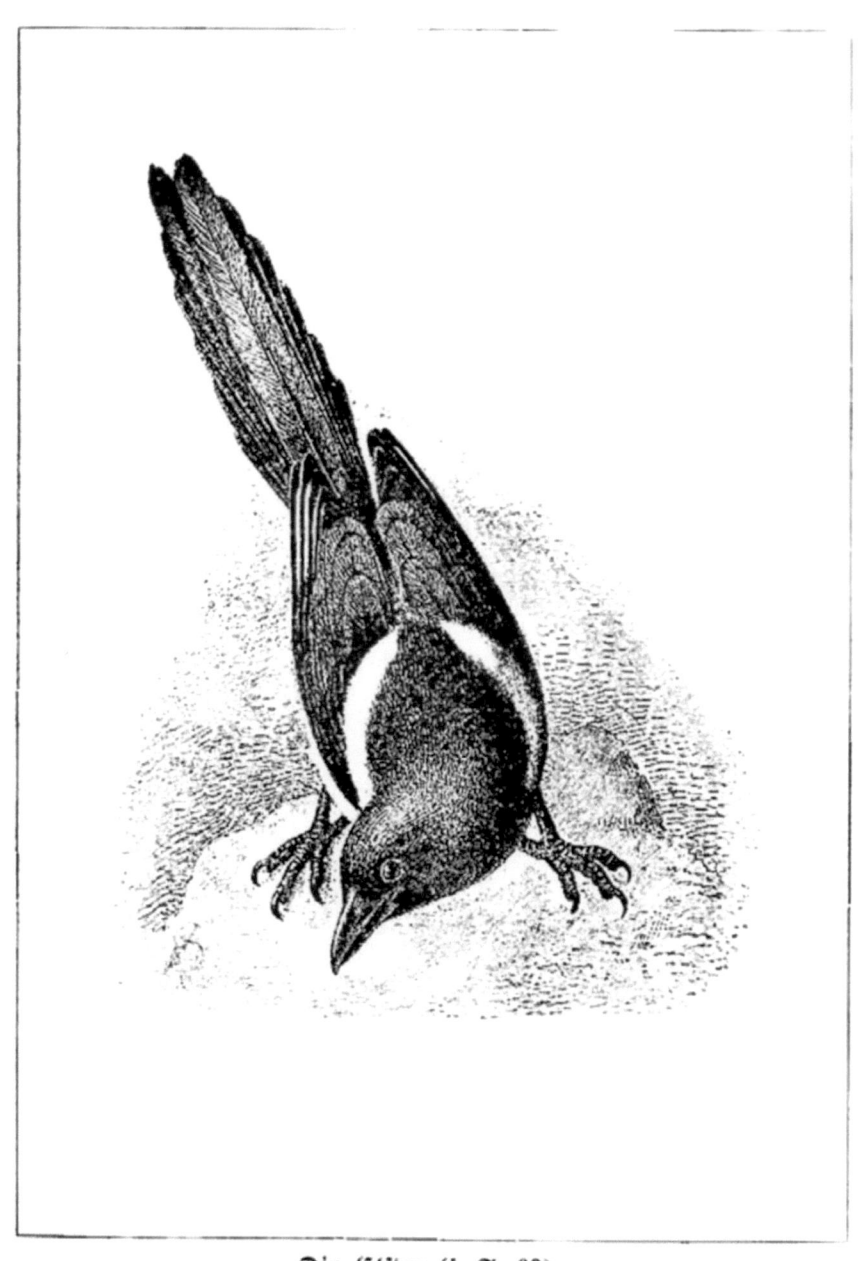

Die Elster (j. S. 68).
¹⁄₃ der natürlichen Größe.

hört sie zu den Vögeln des Pflügers, obwol man sie nicht
so häufig wie die Verwandten in den frischen Furchen sieht.
Aas frißt sie selten, eigentlich nur die darin hausenden
Maden u. a. In ihrer Bedeutung für den Naturhaushalt
und die menschlichen Kulturen dürfte sie mit der Saatkrähe
auf gleicher Stufe stehen. Der Schaden, welchen sie am
Getreide und an Früchten zuweilen verursacht, kann wol
kaum inbetracht kommen; eine bedeutsame Schädlichkeit ent=
wickelt sie dagegen durch das Ausrauben von Vogelnestern.
So holt sie gern die noch nicht flüggen jungen Stare aus
den Nistkästen; doch hat man auch beobachtet, daß Stare
und Dohlen friedlich neben einander in Baumlöchern nisten.
Herr H. Struve in Dresden hält sie für einen der schlimm=
sten Nesträuber, denn er zählt nach eigner Erfahrung eine
erstaunliche Anzahl von allerlei durch sie zerstörten Vogel=
nestern und zwar nicht allein Sperlings=, sondern besonders
Star= und sodann Schwarzdrossel=, Wildtauben=, Gras=
mücken= u. a. Bruten auf, welche durch sie vernichtet werden.
Wo ein großer Dohlenschwarm bei Nahrungsmangel einen
bestimmten Vogelnistbezirk absucht, kann er allerdings nur
zu argen Schaden hervorbringen. Obwol in manchen Vogel=
schutzschriften vorgeschlagen ist, daß man auf allen Thürmen
u. a. Nistvorrichtungen für sie anbringen soll, dürfte eine
solche unbedingte Hegung doch nicht rathsam sein. Herr
General Crusius empfahl, daß man, um die Dohlen ab=
zuhalten, alle Vogelnistkästen ohne Anflug= oder Spring=
hölzer herstellen lassen möge; die Stare ebensowol, als auch
andere Höhlenbrüter würden trotzdem gut ein= und aus=
fliegen können. Schon die alten Schriftsteller berichten, daß
junge Dohlen schmackhaft sind, und bis zum heutigen Tage
kommen solche in den Speisehäusern, zumal in großen
Städten, vielfach als gebratene Tauben auf den Tisch;
warum will man dies Beispiel, welches das tägliche Leben

uns gibt, nicht dahin benutzen, daß man durch derartigen
Verbrauch dieser Vögel als Nahrungsmittel ihre übermäßige
Vermehrung verhindre! Uebrigens ist die Dohle seit dem
Alterthum als Heuschrecken=, bzl. Ungeziefervertilger geschätzt;
auch wußte man es bereits zu Aristoteles Zeit, daß sie sich
ebenso wie alle anderen krähenartigen Vögel verscheuchen
lasse, wo sie Schaden macht oder sonst unliebsam sei, da=
durch, daß man einen todten Vogel ihrer Art aufhänge.
Außer dem Menschen und den erwähnten Raubvögeln hat
sie nur an Hauskatzen, beiden Mardern, weniger am Iltis,
Feinde, welche ihr erheblichen Abbruch thun, indem sie ihre
Nester ausrauben.

Auch die Dohle wurde im Alterthum schon als Käfig=
vogel gern gehalten, und sowol um ihrer Zahmheit als
Sprachbegabung willen war sie beliebt. Bei Aristoteles
bereits finden wir Angaben inbetreff ihrer und späterhin
Konrad Geßner gibt schon die Anweisung, daß man sie
namentlich morgens früh im Sprechen unterrichten soll. Sie
ist harmloser und dreister als die anderen Krähenvögel und
daher leichter in Schlingen, Netzen, Fallen u. a. zu fangen,
zugleich ohne alle Mühe einzugewöhnen oder aus dem Nest
gehoben, aufzufüttern. Zur Zugzeit kann man sie zahlreich
überlisten, wenn man auf einem Dunghaufen im Freien
Schlingen oder Schlagnetze anbringt und eine gezähmte als
Lockvogel hält. Jung aufgezogen, aber auch als Wildfang
wird sie ungemein zahm, läßt sich zum Ein= und Aus=
fliegen gewöhnen und kommt regelmäßig zurück, selbst bei
sehr weitem Umherschweifen. Häufiger als die Verwandten
sehen wir sie daher als Sprecher und auch als Stuben=
vogel vor uns. Man hält sie sowol im Zimmer als auf
dem Hof, lieber als die größeren Krähen, weil sie viel
mehr zahm und, im Gegensatz zu fast allen, wenigstens
einigermaßen zutraulich wird, weil sie andrerseits auch sanf=

ter sich zeigt und nicht so leicht Unfug an anderen Thieren anrichtet. Ihr Diebsgelüst nach allerlei glänzenden und auffallenden Dingen kommt jedoch fast noch mehr zur Geltung als bei den größeren Verwandten. An Klugheit und Begabung steht sie hinter dem Raben weit zurück. Ihr Sprachschatz erstreckt sich selbst bei der begabtesten nur auf einige Worte. Aber auch sie lernt mancherlei andere Laute nachahmen, so das Krähen des Hahns und das Gackern der Hennen, Hundegebell u. a. Friderich erzählt von einer zahmen Dohle auf dem Geflügelhof, welche besondre Freundschaft mit dem Hahn geschlossen hatte, nachts neben ihm auf der Stange saß, indessen abgeschafft werden mußte, weil sie die Hühnereier stahl und fraß.

Eine ‚wunderbare Historie‘ von einer Dohle wird aus Friderici Lucae „Schlesischer Chronik" von Tentzel in der „Monathl. Unterred. de Anno 1689" Mens. Maj. 569 berichtet: „Zu Schweidnitz hat ein Rathsmann dieser Stadt recht gegen den Raths-Keller über gewohnet, welcher mehr das Gold als GOtt geliebet. Dieser, damit er seinen Geldhunger stillen möchte, unterrichtete dermaßen eine Dole, daß sie alle Abend aus- und durch eine ausgebrochene Glas-Scheibe in die alte Raths-Stuben einflog, und also täglich von denen auf dem Tische liegenden Ducaten und andern silbernen Münz-Sorten ein Stück abgeholet und ihrem Herrn zubrachte. So bald die andern Raths-Bedienten die Verminderung des Geldes verspürten, deliberirten sie, wie man den heimlichen Dieb ertappen möchte und verordneten, daß einer aus ihrem Collegio des Nachts in den Raths-Stuben verbleiben, den Dieb ablauren und demselben eine Falle stellen solte. Solcher Vorsatz wurde ins Werk gerichtet und stellte sich darauf nach der Sonnen Untergang die Dole ein, ergriff mit dem Schnabel ein Stück Goldes und flohe damit nach ihres Herrn Behausung. Sothane List zu überweisen legten sie etliche bezeichnete Stücke Goldes auf den Tisch, welche nachgehends die Dole gleich den vorigen abholete. Worauf der sämmtliche Rath sich versammlete und den Schluß machte, daß, im Fall man erfahren würde, wer der heimliche Dieb sey, man denselben nöthigen wolte, entweder von dem Krantz des sehr hohen Raths-Thurmes biß auf die Erden ohne Leiter herunterzusteigen oder auf demselben zu erhungern. Inzwischen schickten sie einige Personen in des verdächtigen Raths-Herrn Haus, ließen visitiren und funden die gezeichneten Gold-Stücke, wie auch den künstlichen Dieb. Sobald nun der Rath den sonst alten Collegam überzeugte, gestund er sein Verbrechen und unterwarf sich der beschlossenen Strafe willig. Er stieg dann anhero in Gegenwart vieler Tausenden auf den Krantz des Thurmes mit Angst und Zittern und von da auf ein steinern Geländer unterwerts, also, daß er weder vor noch hinter sich mehr kommen konnte. Auf welchem jämmerlichen Schaugerüste er 10 gantzer Tage ohne Speise und Tranck stehen blieb, nagete sein Fleisch an Händen und Armen ab vor großen Hungers, biß er in herzlicher Reue und Buße durch diesen grausamen und unerhörten Tod sein Leben endigte. Nachgehends ist anstatt des entselten Cörpers dessen steinernes

Bild zu einem unverwelklichen Gedächtniß begangener Missethat auf das steinerne Thurm=
gebäude eingesetzet, aber Anno 1642 durch einen hefftigen Sturm=Wind heruntergeworffen
worden, davon auf dem Rathhause der Kopff desselben noch soll vorhanden seyn."

*

Obwol Raben und Krähen in fremden Welttheilen artenreich
und in mehr oder minder großer Kopfzahl vorkommen, gelangen solche
doch verhältnißmäßig selten und fast immer nur einzeln in den Vogel=
handel. Wir müssen dies bedauern, denn in ihren Reihen gibt es
fraglos nicht wenige für die Liebhaberei nach verschiedenen Seiten
hin sehr werthvolle Vögel. Am meisten ist es zu beklagen, daß die=
selben für den nicht gerade sehr wohlhabenden Liebhaber bis jetzt fast
garnicht zugänglich sind. Denn wenn sie auch eingeführt werden,
so haben sie stets so hohe Preise, daß sie nur von den öffentlichen
zoologischen Anstalten angeschafft werden können, und selbst wenn ein
Liebhaber einmal den einen oder andern kaufen wollte, so wird er
z. B. auf der Antwerpener Versteigerung, als absonderliches Schau=
stück für einen zoologischen Garten immer vorweg genommen.
Angesichts dieser leidigen Thatsache hätte ich also die fremd=
ländischen Raben und Krähen hier ganz übergehen dürfen
und zwar umsomehr, da ich inbetreff der beiweitem meisten
Arten meiner Sache keineswegs durchaus sicher sein kann, ob wir in
ihnen bereits festgestellte wirkliche Sprecher oder wenigstens sprach=
begabte Vögel vor uns haben. Trotzdem würde ich es für ein Un=
recht halten und besonders es keinenfalls auf den Vorwurf ankommen
lassen, den man mir machen könnte, wenn demnächst die eine oder
andre Art so häufig in den Handel gebracht werden sollte, daß sie
einem weitern Liebhaberkreise zugänglich wäre, in welchem Fall sie
sich dann auch sicherlich als Sprecher ergeben dürfte. Unbedingt
können wir doch annehmen, daß alle fremdländischen Rabenvögel
ebenso fähig sein werden zum Sprechenlernen wie die unserigen.

Der **Geier= oder Erzrabe** [Corvus crassirostris,
Rüpp.]. Für den Fall, daß der in den Gebirgen Ost=
und Mittelafrikas bis zu den Somaliländern heimische und
in Abessinien häufige Riese unter den Raben gelegentlich
eingeführt werden sollte, will ich ihn wenigstens beiläufig
erwähnen. Er ist tiefschwarz, purpurn und blauschwarz schillernd,
am Hinterkopf und Nacken mit je einem weißen Fleck gezeichnet; an
Halsseiten, Oberkehle und Zügel deutlich dunkelbraun; Flügelbug
und oberseitige Flügeldecken sind dunkelbraun und schwarz gefleckt;

der überaus große dicke, aber kurze, oberseits ein wenig gebogene Schnabel ist schwarz mit weißlicher Spitze, die Augen sind braun, die Füße schwarz. In der Größe übertrifft er unsern Kolkraben beiweitem (Länge 72—74 cm, Flügel 46—47 cm, Schwanz 23,5—24 cm). Ueber die Lebensweise ist wenig bekannt. Th. von Heuglin*) sagt, daß er vorzugsweise Fleischfresser sei, und in allem übrigen wird er gleichfalls von unserm Raben nicht ab= weichen. — Uebereinstimmend mit ihm dürfte der südafri= kanische Geierrabe [Corvus albicollis, *Lath.*] sein, welcher im Gebiet der Kapkolonie häufig und auch in Ost= afrika nachgewiesen ist. Nach der Beschreibung, welche Finsch und Hartlaub**) geben, ist er dem vorigen durchaus gleich und nur durch geringere Größe verschieden.

Der Schildrabe
[Corvus scapulatus, *Daud.*].
Schildkrähe. — White-necked. Crow. — Corneille à scapulaire blanc.

Zu den am häufigsten zu uns gelangenden fremd= ländischen Arten gehört dieser, wiederum ein sehr naher Verwandter unseres Kolkraben. Er ist tiefschwarz, violettblau und grünlich schillernd; ein breites Querband über den Oberrücken, welches sich jederseits bis zu den Brustseiten hinabzieht, sowie Brust, Bauch und Seiten sind reinweiß; der Schnabel ist schwarz, die Augen sind dunkelbraun, die Füße schwarz. In der Größe steht er hinter dem Raben erheblich zurück, doch übertrifft er etwas die Rabenkrähe (Länge 48 cm, Flügel 32,5 cm, Schwanz 16,5—17 cm). Beschreibung nach Finsch und Hartlaub. Im Jugendkleid ist der weiße Nackenfleck bereits vorhanden und die Gesammtfärbung mehr bräunlichschwarz; Schnabel bläulichschwarz, Winkel und Rachen fleischfarben (v. Heuglin). Von allen afrikanischen Arten hat er die weiteste Verbreitung, denn dieselbe erstreckt sich wahrscheinlich über ganz Mittel= und Südafrika nebst Madagaskar. Auf den Hochebenen

*) „Ornithologie Nordost=Afrika's" I (Kassel, Fischer).
**) Baron Karl Klaus v. d. Decken's „Reisen in Ost=Afrika" IV (Leipzig und Heidelberg, Winter).

fand ihn Heuglin bis zu 4000 Meter über Mereshöhe. Häufig ist er im Sudan und in Abessinien. Hartmann sagt, daß er im lebhaften Wesen an die Elster erinnere, A. E. Brehm dagegen, daß er unserm Raben gleiche. Seine Stimme ist ein sanftes kurr. „Er lebt niemals in größeren Gesellschaften, sondern einzeln und parweise, im Herbst in Familien, sowol in der eigentlichen Wüste, als in den von Menschen bewohnten Gegenden und in der Nähe der Woh= nungen. Nicht mißtrauisch gegen Menschen, ist er aber rauflustig gegen seinesgleichen; lebhaft und munter, fliegt er hoch und gewandt und sitzt vorzugsweise auf Felsen und an der Erde, selten auf einem Baum. Ein gefallenes Thier entdeckt er von allen Aasvögeln zuerst und umkreist es mit lautem, hellem Geschrei, welches dem der Rabenkrähe ähn= lich ist. Dadurch lockt er nicht blos andere Raben, sondern auch Geier und Marabus herbei. Der Horst stand im Juni nach dem Beginn der Regenzeit in der Steppe von Ostsenar auf einem Akazienbusch, welcher in etwa 4 Meter Höhe auf einem einzelnen Granitblock wurzelte, und enthielt drei halbflügge Junge" (v. Heuglin). Das Gelege soll in 3—4 Eiern bestehen, welche denen der Rabenkrähe gleichen. R. Hartmann fand das Nest am 3. Mai auf einem Bala= nites=Baum, aus Reisern und Wüstengras geformt, und das Weibchen brütete. Nach A. E. Brehm's Angabe gleicht er auch in der Gefangenschaft dem Kolkraben. Nähere Mittheilungen aus irgend einem zoologischen Garten liegen leider nicht vor. Für die Liebhaberei ist er bisher nicht zugänglich gewesen. — Die vier oder fünf verschiedenen Arten, welche von Reisenden und Museum=Ornithologen aufgestellt worden, haben Finsch und Hartlaub umgestoßen, sodaß nur eine Art bestehen geblieben ist.

Der **kurzschwänzige Rabe** [Corvus affinis, *Rüpp.*] ist schwarz, mit violett=stahlblauem Schein, an Kopf und Hals mehr

glänzend rauchschwarz. Sehr bezeichnend sind für diese Art die auf=
wärts gerichteten Federborsten, welche die Nasenlöcher bedecken und
der kurze, stark zugerundete Schwanz, der von den langen Flügeln
um 5—7,5 cm überragt wird. Dadurch ist die Art schon im Fluge
leicht kenntlich (Finsch und Hartlaub). Die Größe ist bedeutend geringer
als die des einheimischen Raben (Länge 45 cm; Flügel 37,5 cm;
Schwanz 15 cm). Das Weibchen ist nach Heuglin an den Zügeln
und der Oberkehle aschgrau überlaufen. Heimat: Nordostafrika.
Nach Angaben des letztgenannten Forschers soll er geselliger
als andere Arten sein und sowol in der Steppe als auch
im Gebirge (bis zu 12,000 Fuß über Mereshöhe) und
am Meeresstrand, nicht selten in der Nähe von menschlichen
Wohnungen, leben, auf Klippen zu mehreren Paren bei=
sammen nisten, dagegen im Flachland und in der Wüste
um Karawanenlager und Brunnengruben parweise vor=
kommen. In den Londoner zoologischen Garten ist er lebend
gelangt; ob er auch anderweitig vorhanden gewesen, vermag
ich nicht zu sagen. Ebensowenig kann ich mit Sicherheit
behaupten, daß er bei häufigerer Einführung sich sprachbegabt
zeigen würde. Jedenfalls aber läßt sich dies annehmen.
— Abessinische Krähe; Abyssinian Crow; Tukka im Somalilande.

Der **dünnschnäbelige Rabe** [Corvus carnivorus,
Bartr.] ist glänzend schwarz mit violettem Schiller. Länge 60 bis
62,5 cm; Flügel etwa 42 cm; Schwanz 25 cm. Seine Heimat
erstreckt sich über ganz Nordamerika. Nach Angaben des
Prinzen Max von Neuwied liegt der einzige bedeutende
Unterschied zwischen diesem amerikanischen und dem euro=
päischen Raben in dem dünnern Schnabel des erstern.
„Ich habe kein Stück des europäischen Raben zur Vergleichung mit
dem unsrigen zur Hand, aber die meisten neueren Ornithologen stim=
men darin überein, daß beide Arten verschieden sind, obgleich Audubon
entgegengesetzter Ansicht ist" (Baird). Bisher dürfte dieser Rabe
erst wenig lebend eingeführt sein. — American Raven.

Die **amerikanische Rabenkrähe** [Corvus americanus,
Aud.] ist glänzend schwarz, violett schillernd, selbst an der Unterseite.

Größe: Länge 47—50 cm; Flügel 32,5—34 cm; Schwanz 20 cm.
Heimat: Nordamerika, insbesondre das Missourigebiet, auch
die Küste von Kalifornien. Manche Vogelkundigen halten
sie nur für eine Spielart unserer Rabenkrähe. „Nach Audubon
liegt der hauptsächlichste Unterschied in der geringern Größe der ameri=
kanischen Krähe, doch ist diese Annahme nicht durchaus zutreffend, da
dieser Vogel (gleich vielen anderen) in dieser Hinsicht sehr abweichend
sich zeigt. Die bedeutsamste Verschiedenheit dürfte in der Gestalt der
Federn an Kopf und Hals liegen, welche bei der europäischen Raben=
krähe spitz und deutlich sich abheben, bei der amerikanischen aber viel
breiter und rund sind und sich nicht unterscheiden lassen. Audubon
bemerkt ferner, daß die Federn am Hals der erstern grün und blau
schillern, bei der letztern dagegen entschieden purpurbraun glänzen.
Der Prinz von Wied gibt auch an, daß die Laute beider Krähen ver=
schieden seien" (Baird). In den zoologischen Garten von Lon=
don ist sie mehrfach gelangt; im Vogelhandel dagegen ist
sie bisher noch kaum zu haben. — Common Crow and American
Crow (Baird).

Die **australische Rabenkrähe** [Corvus australis,
Gml.] steht nach Gould in der Größe, auch in der Gestaltung
der Halsfedern, sowie in der Lebensweise, der Stimme
u. a., so genau in der Mitte zwischen der europäischen
Rabenkrähe und dem Kolkraben, daß es schwer ist, anzu=
geben, welcher von beiden Arten sie am nächsten verwandt
sei. Der Forscher stellt sie jedoch zu den eigentlichen Krähen.
Ihr ganzes Gefieder ist schwarz, purpurn glänzend, mit Ausnahme
der Halsfedern, welche grün schillern; Schnabel und Füße sind schwarz;
Augen im Alter weiß, in der Jugend dunkel. Obwol sie sich aber
inhinsicht der Größe und Färbung recht abweichend zeigt, so sind die
Unterschiede doch nicht so bedeutend, daß sie zur Spaltung in ver=
schiedene Arten berechtigten. Ihre Heimat ist Australien, wo
sie in allen bisher durchforschten Gegenden gefunden worden.
Sie lebt parweise oder in Flügen von 20 bis 50 Köpfen,
und dann sind sie den Ansiedlern sehr verhaßt, weil sie
Schaden an Nutzfrüchten verursachen. Im übrigen ist ihre
Nahrung mit der unserer Krähen übereinstimmend; auch

fressen sie Aas. Ihr Krächzen ist dem der Rabenkrähe sehr ähnlich, doch im letzten Laut abweichend. Das große Nest steht in der Spitze der höchsten Gummibäume und enthält 3—4 Eier, welche mattgrün, braun gefleckt und gesprenkelt sind. Auch sie ist schon mehrfach in die zoologischen Gärten gelangt und von den bedeutenderen Händlern, besonders J. Abrahams, eingeführt. — Australischer Rabe (Abrahams); White-eyed Crow (Gld.); Australian Crow; Crow der Kolonisten; Wur-dang der Eingeborenen von Westaustralien; Om-bo-lah der Eingeborenen von Port Essington.

Die **dickschnäblige Rabenkrähe** [Corvus culminatus, *Syk.*] ist mit der europäischen Art wiederum fast übereinstimmend; aber der Schnabel ist stärker und höher; der Schwanz ist gerundet. Hinsichtlich der Größe steht sie zwischen dem Kolkraben und der Rabenkrähe in der Mitte und im Wesen soll sie beiden gleichen. Ihre Heimat ist Asien: Indien, China, Japan. Die Reisenden berichten, daß sie überall sehr häufig sei und sich vorzugsweise von Aas ernähre, auch sucht sie an den Flußufern nach Fischen u. a. In der Nähe menschlicher Wohnungen hält sie sich nicht soviel wie andere Arten. Ruf: rauhklingend krah, etwas heiserer und kürzer als bei den europäischen Krähen. Die Brut erfolgt im Mai und Juni und gleicht wiederum der aller Verwandten. In den zoologischen Garten von London ist sie einigemal gelangt; sonst dürfte sie wol kaum eingeführt sein. — Large-billed Crow; Indian Carrion Crow (Horsf. et Moore); Raven der Europäer in Indien; Dharkowa, Dheri-kowa, Kurrial, in Hindostan (Blyth, Jerd.); Dand-kag in Bengalen (Blth.); Pahari-kowa, Deyra Doon (Phill., Blth.); Goyegamma-caca (d. h. High-caste Crow) auf Zeylon (Layard); Andang (d. h. Grave Crow) der Malayen (Lrd.); Burong-gaga-gaga der Malayen (Blth.).

Die **glänzende Krähe** [Corvus splendens, *Vieill.*] ist an Vorderkopf nebst Kehle, Flügeln und Schwanz schwarz, an Hinterkopf, Nacken und Brust fahlbraun, an Rücken, Bürzel und Bauch schiefergrau. In der Größe kommt sie nur der gemeinen Dohle gleich. Ihre Heimat ist Indien und sie wird daher auch ausschließlich indische Krähe genannt. Nach den Berichten der Reisenden ist sie im wesentlichen hinsichtlich der ganzen

Lebensweise mit unseren Krähen übereinstimmend: allenthalben häufig, in Flügen gesellig, aber nicht in größeren Schwärmen, zeigt sie sich von früh bis spät lebendig und lärmend, selbst in mondscheinheller Nacht. Vorzugsweise dreist und frech, bringt sie sogar bis in die menschlichen Wohnungen; wo sie aber verfolgt wird, erscheint sie mißtrauisch, vorsichtig und sehr schlau. Noch heutzutage gilt sie bei den Hindus als heiliger Vogel und wird bei gewissen feierlichen Gelegen= heiten gefüttert, trotzdem aber von Fängern überlistet und für den Zweck, als Heil=, bzl. Stärkungsmittel in mancherlei Krankheiten verwendet zu werden, vielfach gefangen. Sie wird häufiger als andere fremdländische Arten lebend eingeführt, doch ist auch sie wol nur in zoologischen Gärten zu finden. — Indische Krähe, Glanzkrähe, Glanzdohle; Indian Crow; Common Indian Crow (Blth., Jerd.), Indian Hooded Crow; Kowa, Pati-kowa (d. h. Common Crow) in Hindostan (Jerd., Blth.), Kay, Kak in Bengalen (Hamilt., Blth.), Dasi Kowa, Deyra Doon (Blth., Royle), Caravy-caca auf Zeylon (Lrd.), Gagum der Malayen (Lrd.).

Die **Mönchskrähe** [Corvus capellanus, *Sclat.*] ist an Kopf, Brustschild, Flügeln und Schwanz schwarz, am ganzen übrigen Körper weiß. Heimat: Persien und Mesopotamien. Sie gleicht so sehr unserer Nebelkrähe, daß man sie nur als Abart oder örtliche Rasse derselben gelten lassen will; inanbetracht dessen aber, daß sämmtliche Krähen einander überaus ähnlich sind und daß man namentlich alle schwarzen Krähen auf der ganzen Erde füglich wol als eine Art zusammenfassen könnte, dürfen wir dieser die Berechtigung, gleichfalls aufgeführt zu werden, nicht absprechen. Sie ist mehr= fach lebend in den zoologischen Garten von London gelangt. — Chaplain Crow.

*   *

Die Alpendohle
[Corvus pyrrhocorax, *L.*].

Alpenamsel, Alpkachel, Alprapp, Berghule, Amsel=, Berg=, Schnee= und Steindohle, Dohlendrossel, Alpen=, Bergs, Schnee= und gelbschnäblige Steinkrähe, Chächty, Däll, Flütesie, Gächty, Küster, Mildetnl, Berens und Feuerrabe und Ryestern. — Alpine Chough. — Choucas des Alpes.

Die Alpenkrähe
[Corvus graculus, *L.*].

Alpen=, Krähen, Schnee= und Steindohle, Eremit, Klausrapp, rothbeinige, Schweizer=, Stein= und rothschnäblige Steinkrähe, Alpen=, Eremit=, Feuer=, Gebirgs=, Klaus=, Stein= und Waldrabe, Schweizer=Eremit und Thurm=Wiedehopf. — Chough. — Crave.

Die meisten Vogelkundigen trennen diese beiden Arten, obwol sie in der Gestalt, Färbung, Lebensweise u. a. den anderen Krähen gleichen, als Felsen= oder Alpenkrähen [Pyrrhocorax, *Cuv.*] ab. Sie haben folgende besondere Kennzeichen: Ihr Schnabel ist verhältnißmäßig lang und dünn, mehr oder minder gebogen, auffallend hell gefärbt und nur wenig mit Borsten bedeckt. Die Flügel sind lang und spitz mit dritter bis fünfter längster Schwinge und reichen zusammengelegt bis zum Ende des Schwanzes, welcher verhältnißmäßig kurz und gerade abgeschnitten ist. Die Füße sind schwächer als bei den verwandten Krähen und gleichfalls hell gefärbt. Die Geschlechter sind kaum verschieden und das Jugendkleid ist nur glanzlos. In der Größe gehören sie zu den geringsten Krähenvögeln. Sie sind ausschließlich Gebirgsvögel. Beide Felsenkrähen sind schön und anmuthig und gewähren bis zu den höchsten und einsamsten Bergspitzen hinauf dem Reisenden einen angenehmen Anblick.

Die Alpendohle ist einfarbig sammtschwarz mit nur schwachem Metallschimmer, schön orangegelbem Schnabel, welcher kürzer als der Kopf ist, dunkelbraunen Augen und rothen Füßen. Das Weibchen soll völlig glanzlos sein, mit mehr bräunlichen Füßen. Das Jugendkleid ist mattschwarz, mit anfangs schwarzem, dann düstergelbem, zuletzt nur an der Spitze schwärzlichem Schnabel und anfangs schwarzen, dann röthlichbraunen Füßen. In der Größe ist sie etwas bedeutender als die gemeine Dohle (Länge 40 cm, Flügelbreite 82 cm, Schwanz 15 cm).

Ihre Verbreitung erstreckt sich auf alle Hochgebirge Europas und zwar ist sie auf denen von England, Schottland, sowie von ganz Südeuropa, ferner den kanarischen Inseln, Nordostafrika und eines Theils von Asien heimisch, als Standvogel, welcher kaum einmal im Winter tiefer hinabgeht. Zu jeder Zeit ruhelos umherschwärmend, munter

und gesellig, auch zur Nistzeit, doch keineswegs mit ein=
ander verträglich, vielmehr fortwährend schreiend und zankend,
zeigen sie sich gegen Menschen nicht scheu, sondern ziemlich
dreist und zutraulich. In allen Bewegungen sind sie ge=
wandter, rascher und zierlicher als die anderen Krähen.
Ihre Laute erllingen schrill pfeifend krüh, krüh und jack,
jack oder jäck, wechselnd mit krähenartigem Krächzen und
Geplauder. Gloger nennt das letztre einen theils krähen=
den, theils volltönig und amselartig pfeifenden Gesang.
„Als beständige Schwätzer pflegen sie auch beim Futter=
suchen nicht zu schweigen. Sie rufen fast wie die Dohlen
krüh, krüh und kli, kiri, kiri oder jarick oder jaik". Allerlei
lebende kleine und todte größere Thiere, sowie auch Beren,
u. a. Früchte und Sämereien bilden ihre Nahrung. Löcher
an steilen Felsenwänden und Klippen, meistens sehr hoch,
enthalten im April das Nest, welches aus Reisern, Halmen,
Wurzeln und Stengeln geformt und mit Thierwolle und
Haren ausgerundet ist; vier bis fünf hellaschgraue, dunkler
olivengrün gefleckte Eier bilden das Gelege, welches vom
Weibchen allein in 18 Tagen erbrütet wird. Der Thurm=
falk soll sie zuweilen aus den Nestern vertreiben. Außer=
dem sind ihre Feinde: Wanderfalk, Habicht, Sperber, doch
weiß die gesunde, kräftige Alpendohle einem solchen Räuber
meistens gut zu entgehen, und nur wenn er einen Schwarm
plötzlich überrascht, vermag er eine zu schlagen. Obwol
sie unschwer mit Leimruten, Schlingen oder Schlagnetz an
den Stellen, welche ein Schwarm regelmäßig besucht, zu
fangen ist und sich auch gleicherweise als Nestvogel leicht
aufziehen läßt, so gelangt sie doch nur selten und einzeln
in den Handel und nur ausnahmsweise auf die Aus=
stellungen. Um ihrer Schönheit willen hält man sie gern
in der Gefangenschaft, weniger aber alt eingefangene als
aus dem Nest geraubte und aufgefütterte. Diese werden

dann ſehr zahm und zutraulich, laſſen ſich zum Ein= und Ausfliegen gewöhnen, ſind ungemein pfiffig und haben alle anderen Eigenthümlichkeiten der übrigen gezähmten Krähen (ſ. S. 14); aber ſie ſind nur wenig gelehrig und lernen kaum ein oder einige Worte nachſprechen.

A. E. Brehm gibt im „Thierleben" eine Schilderung von Savi, welche ich im Folgenden hier anfüge: „Die Alpen= dohle gehört zu den Vögeln, welche ſich am leichteſten zähmen laſſen und die innigſte Anhänglichkeit an ihren Pfleger zeigen. Man kann ſie jahrelang halten, frei herumlaufen und fliegen laſſen. Sie ſpringt auf den Tiſch und frißt Fleiſch, Früchte, beſonders Trauben, Feigen, Kirſchen, Schwarzbrot, trocknen Käſe und Ei, liebt die Milch und zieht bisweilen Wein dem Waſſer vor. Wie die Raben hält ſie die Nahrungsmittel, welche ſie zerreißen will, mit den Klauen feſt, ver= ſteckt das übrig bleibende, deckt es mit Papier u. a. zu, ſetzt ſich auch wol daneben und vertheidigt den Vorrath gegen Hunde und Menſchen. Sie hat ein ſeltſames Gelüſt zum Feuer, zieht oft den brennenden Docht aus den Lampen und verſchluckt denſelben, holt ebenſo des Winters kleine Kohlen aus dem Kamin, ohne daß es ihr im gering= ſten ſchadet*). Sie hat eine beſondre Freude daran, den Rauch auf= ſteigen zu ſehen, und ſo oft ſie ein Kohlenbecken wahrnimmt, ſucht ſie ein Stück Papier, einen Lumpen oder Span, wirft dies hinein und ſtellt ſich davor, um den Rauch anzuſehen. Sollte man daher wol nicht vermuthen, daß dieſer der ‚brandſtiftende Vogel' (Avis in= cendiaria) der Alten ſei? Vor einer Schlange oder einem Krebs u. drgl. ſchlägt ſie die Flügel und den Schwanz und krächzt ganz wie die Raben; kommt ein Fremder ins Zimmer, ſo ſchreit ſie, daß man faſt taub wird, ruft aber ein Bekannter, ſo gackert ſie ganz freundlich. In der Ruhe ſingt ſie manchmal und iſt ſie ausgeſchloſſen, ſo pfeift ſie faſt wie eine Amſel; ſie hat ſelbſt einen kleinen Marſch pfeifen gelernt. War jemand lange abweſend und kommt zurück, ſo geht ſie ihm mit halbgeöffneten Flügeln entgegen, begrüßt ihn mit Geſchrei, fliegt ihm auf den Arm und beſieht ihn von allen Seiten. Findet ſie nach Sonnenaufgang die Thür geſchloſſen, ſo läuft ſie in ein Schlafzimmer, ruft einigemal, ſetzt ſich unbeweglich aufs Kopf= kiſſen und wartet bis ihr Freund anwacht. Dann hat ſie keine Ruhe

*) Es iſt verwunderlich, daß A. Brehm dieſe fantaſtiſchen An= gaben von Savi ohne jede Anmerkung ſeinerſeits nachgeſchrieben hat.

mehr, schreit aus allen Kräften, läuft von einem Ort zum andern
und bezeugt auf alle Art ihr Vergnügen an der Gesellschaft ihres
Herrn. Ihre Zuneigung setzt wirklich in Erstaunen; aber dennoch
macht sie sich nicht zum Sklaven, läßt sich nicht gern in die Hand
nehmen und hat immer einige Personen, die sie nicht leiden mag
und nach denen sie pickt." Meine Leser werden auch ohne wei=
tere Bemerkungen meinerseits sicherlich wissen, was sie aus
dieser Schilderung als wahr und richtig oder übertrieben
und auf Einbildung beruhend aufzunehmen haben. Ungleich
werthvoller ist die nachstehende Mittheilung des leider zu
früh verstorbenen Gelehrten Dr. Karl Stölker in St. Fiden
bei St. Gallen.

„Gegen Ende des Juli 1874 bekam ich eine junge Alpendohle,
welche in den Appenzeller Bergen außerhalb des Nests gefangen wor=
den, weil sie nämlich an einem Vorderarmknochen ein Knötchen hatte
und infolgedessen am Fliegen gehindert war. Dies heilte in kurzer
Zeit aus. Ich setzte die Dohle frei auf einen Dachbalkon, der von
zwei Seiten mit Hausmauern umgeben ist; nur über Nacht sperrte
ich sie in einen Käfig. Als ich sie erhielt, wollte sie weder selbst
fressen, noch sich ätzen lassen, bis sie nach zweitägigem Hungern ver=
ständiger wurde. In kurzer Zeit fraß sie selbst und zwar rohes
Fleisch, Käsequark und Milchbrot, später den Abfall von der Fütterung
meiner Kerbthierfresser mit Käsequark versetzt; eine todte Maus zer=
riß sie und fraß sie nur theilweise und mit wenig Begierde, sodaß
ich glaube, die Alpendohle wird sich in der Freiheit nicht viel mit
Mäusejang beschäftigen. Auf dem Balkon trieb sie sich umher, ohne
herunterzuflattern und zwar auf dicken Aesten, Blumentöpfen und
einer Kiste. Oeffnete man das daraufgehende Fenster, so kam sie
gleich herbeigesprungen, nahm das dargebotne Futter aus der Hand
und ließ sich krauen. Im Hause folgte sie mir auf dem Fuße. All=
mählich machte sie Flugübungen, und eines Tags flog sie wirklich
um die Hausecke und hing draußen an der Mauer, doch kehrte sie
sogleich wieder zurück. In kurzer Zeit lernte sie jetzt gut fliegen und
nun flog sie hin und wieder mit den Tauben, die sie des Futters
wegen besuchten, um die Wette. Ein einziges Mal blieb sie einen
halben Tag fort, dann entfernte sie sich aber niemals wieder auf
längere Zeit. Unter dem Balkon waren zwei Stockwerke, und darüber
im Querhaus hatte sie sich ihre Nachtherberge gesucht, in welche sie

sich, sobald sie gut fliegen konnte, allabendlich durch das nach dem
Balkon gehende Fenster, im Sommer zwischen 6 und 7 Uhr, im Winter
zwischen 4½ und 5½ Uhr, zur Ruhe begab. War das Fenster ge=
schlossen, so gerieth sie in große Noth, sie umkreiste dann unter lärmen=
dem Pfeifen das Haus, um sich bemerkbar zu machen und kam auf
den Ruf sogleich herein. Morgens und abends ließ sie eine Zeit lang
ihren geschwätzigen Gesang hören. Gar gern drang sie in die Zim=
mer, denn da gab es immer viel zu schaffen für sie: Schuhwerk
u. drgl. wurde untersucht, dies und das aufgelesen, Pflanzen wurden
angepickt u. s. w. So suchte sie durch ein offnes Fenster sich immer
einzuschleichen, und dann ließ sie sich nicht leicht wieder entfernen;
bloßes Aufscheuchen nützte garnichts und mit der Hand war sie kaum
zu erhaschen. War ich endlich ihrer habhaft geworden und warf sie
vorn zum Fenster hinaus, so kam sie wol gar von der hintern Seite
schleunigst wieder herein. Komisch anzusehen war es, als sie sich einst
in meinem Arbeitszimmer mitten unter die ausgestopften Vögel setzte,
so ruhig, daß ich sie selbst für eine Mumie hätte halten können. In
den Zimmern konnte sie nicht geduldet werden, ihrer Schmutzerei
wegen. Uebrigens flog sie niemals tiefer hinab in die unteren Stock=
werke, wie sie sich auch nicht auf den Erdboden, in den Garten oder
auf die umliegenden Wiesen niederließ, ebensowenig sah ich sie auf
einem Baum sitzen; der Balkon, das Hausdach, der Thurm, ver=
schiedene Vorsprünge und Borden waren ihre Tummelplätze. Hier
jagte sie den Insekten nach. Häufig sah ich sie spechtartig an der
Mauer kleben, um etwas abzulesen. Das Zerstören von Pflanzen in
den Blumentöpfen und die erwähnte Schmutzerei waren ihre einzigen
Schattenseiten. Mit den Spatzen und Tauben, die ihr Futter theilten,
lebte sie in bester Eintracht; auch vor der Katze zeigte sie keine Scheu,
sondern spielte mit ihr und jene that ihr niemals etwas zu leibe,
denn sie wußte wol, daß die Dohle und die Reitpeitsche in einer ge=
wissen Wechselbeziehung standen. Zu Ende des Oktober verschwand sie
plötzlich spurlos. Durchgegangen ist sie gewiß nicht, dazu war sie
zu anhänglich an Haus und Leute; es muß ihr also wol ein Unglück
zugestoßen sein. Für jeden Vogelfreund, der über entsprechenden Raum
zu verfügen hat, dürfte die Schneedohle als ein muntres unterhalten=
des Hausthier zu empfehlen sein, dessen schöne Erscheinung und Zu=
traulichkeit sicherlich unsere Zuneigung verdienen." Dr. Stölker
empfiehlt sodann Versuche zu machen, aus dem Nest ge=
hobene und aufgezogene Alpendohlen so zu gewöhnen, daß
sie sich in geeigneter Oertlichkeit an einem Hause ansiedeln

und nisten. Ihre Fortpflanzung in der Gefangenschaft
dürfte nicht zu schwierig sein, denn im Berliner Aquarium
hat ein Pärchen wenigstens bereits Eier gelegt.

Die Alpenkrähe ist gleichfalls einfarbig schwarz, mit grü=
nem, blauem, violettem Metallglanz im ganzen Gefieder. Ihr vor=
zugsweise dünner, spitzer und gebogener Schnabel ist korallroth und
länger als der Kopf; die Augen sind dunkelbraun und die Füße
glänzendroth. Sie ist ein klein wenig größer als die vorige (Länge
41 cm, Flügelbreite 83 cm, Schwanz 15 cm). Das Weibchen
unterscheidet sich nicht oder doch nur durch kaum bemerkbar geringre
Größe. Das Jugendkleid ist einfarbig mattschwarz, ohne jeden
Glanz; der Schnabel und die Füße sind schwärzlichbraun. Auch ganz
weiße Alpenkrähen mit rothen Augen kommen vor.

In der Verbreitung und im Aufenthalt ist diese Krähe
mit der Verwandten übereinstimmend, doch ist sie nur in
südlichen Gegenden Standvogel, während sie in den nörd=
lichen mit dem Herbst sich nach der Südseite der Gebirge
hinzieht und im strengen Winter in die Thäler hinabstreicht.
Das Nest steht immer in steilen, meist unzugänglichen
Felsen, auch in alten Ruinen und selbst in den Kirchthürmen
der höchsten Gebirgsdörfer; im übrigen ist es dem der
vorigen gleich und enthält ein Gelege von ebensovielen
bräunlichweißen, olivenbraun gepunkteten und gefleckten
Eiern. Sie ruft kräh, kräh und bla, bla und läßt ein
zwitscherndes Schwatzen hören. Gloger sagt: „sie schreit
viel und laut krähen= oder rabenartig, sowol sitzend als
fliegend, aber feiner, entweder wie kria, kria oder kruhü,
kruhü, auch kräh, krähä und bla. Letztres sind die Laute
der zahmen, wenn sie hungern. Auch schwatzende Töne,
dem Gesang des Stars nicht unähnlich, vernimmt man zu=
weilen, elsterartige Laute bei Schreck und Verwunderung.
Gefangene gackern leise, wenn sie vergnügt sind und gelieb=
kost werden; auch lassen sie, zumal morgens, ihr kreischen=
des Geschwätz hören". Obwol sie im ganzen Wesen der

vorigen sehr ähnlich ist, ihr auch in der Ernährung gleicht,
während sie freilich eher an das Aas von gefallenen Thieren
geht, zeigt sie sich doch viel mehr scheu und vorsichtig, läßt
sich nur schwierig fangen, ist dann aber anmuthiger und
zierlicher, zutraulicher und schlauer. Sie läßt sich anfassen,
streicheln, Köpfchen krauen, ist sehr drollig, läuft oder fliegt
hinter ihrem Gebieter her. Nach Angabe des Herrn Apotheker
Zimmermann in Königsberg i. Pr. soll sie sehr gut Musik=
stücke nachpfeifen lernen. Auch sie soll schon und zwar in
einem großen Käfig, gezüchtet sein.

Bereits Buffon sagt, sie lasse sich in gewissem Grade zähmen.
Anfangs ernähre man sie mit einer Art Teig von Milch, Brot,
Samen u. drgl., bald aber bequeme sie sich dazu, Alles anzu=
nehmen, was auf die menschliche Tafel kommt. Aldrovandi hat
eine zu Bologna in Italien gesehen, welche die besondre
Gewohnheit hatte, die Fensterscheiben von außen oder innen
zu zerbrechen, ums ins Haus oder hinaus zu gelangen.
Im übrigen finden wir bei den alten Schriftstellern, welche
sich viel mit diesem Vogel beschäftigen, inbetreff seiner wie
der vorigen Art die Angabe, daß er nicht allein wie die
Krähen, Dohlen, Elstern Metallstücke und alles Blanke
stehle, sondern auch Stückchen brennenden Holzes vom Feuer=
herde nehme und damit Unheil anstifte. Man könne, sagt
noch Buffon, diese böse Gewohnheit gegen den Uebelthäter
selbst richten und zu seinem eignen Verderben anwenden,
wenn man ihn nämlich durch einen Spiegel in Fallstricke
zu ziehen suche, wie man sich eines solchen auch bediene
um Lerchen anzulocken. Olina gibt an, er lasse sich be=
ständig hören, wenn er sich erhebe, nicht seiner Stimme
wegen, sondern um die Aufmerksamkeit auf sein schönes
Gefieder zu lenken. Uebrigens war es seit altersher be=
kannt, daß diese Art sprechen lerne. Freilich mußten
Aristoteles und Plinius noch nicht sicher zu unterscheiden,

welcher von den Vögeln der ‚Pyrrhocorax‘ oder der ‚Coracias‘ sei.

Die **australische Alpendohle** [Corvus melanorhamphus, *Vieill.*] ist im ganzen Gefieder grünglänzend schwarz mit Ausnahme der Innenfahnen der Schwingen erster Ordnung, welche zu Dreivierteln ihrer Länge vom Grunde an weiß sind. Schnabel und Füße sind schwarz, die Augen aber scharlachroth. Ihre Verbreitung erstreckt sich über ganz Neusüdwales und Südaustralien, und sie kommt stets in kleinen Flügen von 6 bis 10 Köpfen vor. Wenig scheu, läßt sie sich nahe ankommen, indem sie auf dem Boden nahrungsuchend hinundher läuft und dann auf einen niedrigen Zweig des nächsten Baums fliegt. Im Fluge sieht man deutlich die weiße Flügelzeichnung. Sonderbar sieht es aus, wenn sie hurtig von Zweig zu Zweig hüpft, den Schwanz spreizend und auf und nieder schnellend. Beim Verjagen stößt sie rauhe, knirschende und scharfe Töne aus; im Geäst sitzend läßt sie dagegen ein eigenthümliches, leises, weich und klagend, aber angenehm lautendes Pfeifen hören. In der Parungszeit wird das Männchen sehr erregt und dann zeigt es seltsame Geberden und nimmt wunderliche Stellungen an. Einen Vogel dieser Art im Fluge zu erlegen, machte mir größre Schwierigkeit als die aller anderen. In die Monate August und September, Oktober und November fällt die Nistzeit und es werden mehr als eine Brut gemacht. Das Nest steht in der Regel in der Nähe eines Bachs auf einem wagerechten Zweige, ist außen aus schlammiger Erde mit Strohhalmen geformt und hat eine aus weichen Stoffen gerundete Mulde. Vier bis sieben gelblichweiße, olivengrünlich und purpurbraun gefleckte Eier bilden das Gelege. Die Nester stehen zuweilen unfern von einander, auch legen, wie es scheint, manchmal mehrere Weibchen zusammen in ein Nest. Im allgemeinen bevorzugt der Vogel offnes

Waldland, während der Brutzeit aber die Nähe von Bächen und Lagunen, jedenfalls weil das Par in derartigen Oert= lichkeiten den zum Neſtbau nöthigen Schlamm ſowie auch reichliche Inſektennahrung findet (Gould). Lebend iſt dieſer Vogel mehrmals im zoologiſchen Garten von London vor= handen geweſen und ſodann auch im Hamburger; Dr. Bolau hat ihm den deutſchen Namen gegeben. White-winged Chough; White-winged Corcorax *(Gld.)*; Waybung der Eingeborenen von Neuſübwales.

* *

Die **Elſtern** [Picainae] oder langſchwänzigen Krähen ſind von allen übrigen Krähen= oder Rabenvögeln auffallend verſchieden. Sie haben folgende Merkmale: Der Schnabel iſt dem der eigentlichen Krähen gleich, doch an der Firſt ein wenig höher gebogen; die Füße ſind etwas höher, die Flügel kürzer und mehr ge= rundet, mit vierter oder fünfter längſter Schwinge, während die erſte bedeutend verkürzt und verſchmälert iſt. Als Hauptkennzeichen er= ſcheint aber der ſehr lange, ſtufenförmig geſteigerte Schwanz. Die Geſchlechter ſind kaum zu unterſcheiden; das Jugendkleid iſt nur düſterer gefärbt. Ihre Verbreitung erſtreckt ſich auf alle Welttheile mit Ausnahme Auſtraliens, immer jedoch nur über nörd= liche Gegenden. Da die Elſtern ſowol in der äußern Er= ſcheinung als auch in der Lebensweiſe, insbeſondre im Niſten überaus abweichend von einander ſind, ſo muß ich mir vorbehalten, nähere Angaben bei den einzelnen Arten zu machen. In der Ernährung ſtimmen ſie im weſentlichen mit den eigentlichen Krähen überein, nur dürfen ſie, zumal die einheimiſche Elſter, beiweitem mehr als Neſtplünderer gelten und daher kann ihre überwiegende Schädlichkeit gar= nicht fraglich ſein. Auch in ihnen haben wir Vögel vor uns, welche ſämmtlich gelehrig und, wenn auch nicht in hohem Grade, ſprachbegabt ſind.

Die gemeine Elster
[Corvus (Pica) europaea, *Cuv.*].

Acholaster, Abelster, Aegerst, Agelaster, Alaster, Algarde, Alster, Argerst, Aster, Atzel,
Azel, Egester, bunte, Garten= und Kriekelster, Elsterrabe, Gartenkrähe und =Rabe,
Gräck= oder Grückelster, Häster, Hätze, Heister, Hester, Hetze, Hutsche und Scholaster.
— Common Magpie. — Pie ordinaire.

Als einen der allerbekanntesten Krähenvögel haben wir
die Elster vor uns. An Kopf, Hals, Oberbrust, Rücken, Flügeln,
oberseitigen und unterseitigen Schwanzdecken und Schenkeln ist sie
schwarz, an Kopf und Kehle tiefschwarz, wenig glänzend, an Hals
und Rücken mit blauem, an den Flügeln mit grünem Metallglanz;
der Schwanz ist goldgrün und purpurn metallschillernd schwarz; die
Schulterdecken, Innenfahnen der ersten Schwingen bis fast zur Spitze,
ein mehr oder minder deutlicher Fleck am Unterrücken und ein Fleck
auf dem Bürzel sind graulich= bis reinweiß; Unterbrust und Bauch
sind weiß; der Schnabel ist schwarz; die Augen sind dunkelbraun und
die Füße schwarz. Von geringer Krähengröße, erscheint sie durch ihren
langen, beweglichen Schwanz und das dichte, volle Gefieder bedeutender
als sie in Wirklichkeit ist (Länge 45—50 cm, Flügelbreite 55—58 cm,
Schwanz 24—26 cm). Das Weibchen sieht nur etwas matter in
den Farben aus und sein Schwanz ist kaum bemerkbar kürzer. Das
Jugendkleid ist dem der alten Vögel gleich, doch am ganzen Körper ohne Glanz. Es kommen weiß und schwarz unregelmäßig gescheckte Elstern vor, bei anderen ist das Weiß nicht rein, sondern aschgrau, bei noch anderen sind die sonst schwarzen Körpertheile rostfarben
oder hellbraun oder isabellfarben; auch eine beinahe ganz schwarze
und eine reinweiße (Albino) Farbenspielart gibt es.

In ganz Europa und einem großen Theil Asiens, sowie in Nordamerika ist sie als Standvogel heimisch und
bei uns fast allenthalben noch ziemlich häufig, während sie
in manchen Strichen, selbst in günstiger Oertlichkeit, ganz
fehlt. Ihren hauptsächlichsten Aufenthalt bilden Feldgehölze
und der lichte Vorwald, die Baumreihen an den Landstraßen
und Gärten mit vielem und großem Baumwuchs, vorzugsweise in der Nähe menschlicher Wohnungen; tief inmitten
des Hochwalds, wie auf weiten Getreidefeldern ohne Bäume,
in weiten Brüchern und Moren, ebenso im Hochgebirge ist

sie niemals zu finden. Immer regsam und munter, flügel=
klappend und schwanzwippend, zeigt sie sich gewandt in
allen Bewegungen.

Obwol sie nur fliegt wenn sie muß und also niemals
wie die anderen Krähenvögel hoch oben kreist, so geht ihr
Flug doch trotz der kurzen runden Flügel geschickt durchs
dichteste Gezweige und über eine Blöße mit vielen Flügel=
schlägen rasch dahin. Gleich den übrigen Krähen schreitet
sie auf dem Boden, nur selten hüpfend. Von fernher hören
wir auf den hohen Pappeln das schack, schack des Elster=
pärchens mehrmals schnell hintereinander wiederholt, da=
zwischen ihr singendes Schwatzen und bei jeder geringsten
Erregung ihr entrüstetes Keckern. Gloger gibt ihre Laute
in folgender Weise an: „Sie schreit gewöhnlich rauh schack
oder krack, schackerack und schakerakkak, in Furcht und Schreck
sehr heftig und oft, zuweilen kreischend schääk oder krääk.
Eine Art gesangähnlichen Geschwätzes, öfter mit einigen
pfeifenden Tönen läßt sie besonders bei der Begattung und
überhaupt im Frühling erschallen, die jungen Männchen
manchmal auch im Herbst." Wie die Verwandten hört und
sieht sie vortrefflich, und infolgedessen läßt sie sich
schwierig anschleichen, zumal dort, wo sie viel verfolgt wird.
Hier warnt sie auch andere Vögel beim Nahen des Jägers
oder vor sonstiger Gefahr. In ihrem Wesen ist sie un=
gemein vorsichtig und bei Gelegenheit überaus listig, dann
aber wiederum dreist und frech. Mit anderen Krähen und
selbst den größeren Würgern zankt sie sich viel herum.
Ihren Feinden, vornehmlich dem Hühnerhabicht und Sperber,
weiß sie meistens gut zu entgehen, ein Wanderfalk schlägt
sie nur selten, und ebenso überlistet sie der Fuchs höchstens
beiläufig einmal. Allerlei Thiere, welche sie nur zu über=
wältigen vermag, daneben auch Beren und andere Früchte,
sowie gelegentlich Aas, sind ihre Nahrung. Durch Ver=

tilgung von jungen und alten Mäusen, sowie aller übrigen
schädlichen Nager, ferner dergleichen Weichthiere, Kerbthiere
und Gewürm wird sie nützlich, aber dadurch, daß sie sämmt=
liche Vogelnester in weitem Umkreis ausplündert, gleicher=
weise junges Wild raubt, namentlich auch aus den Reb=
hühner= und selbst Fasanennestern die Eier stiehlt, schließlich
junges Geflügel von den Höfen holt, ergibt sie sich als so
beiweitem überwiegend schädlich, daß sie keine Schonung
verdient, sondern vielmehr in unnachsichtlicher Weise fort=
geschossen werden muß.

Ihr Nest ist versteckt im höchsten und dichtesten Wipfel
eines schlanken Baums, am häufigsten einer italienischen
Pappel oder auch tief im etwas über mannshohen Kiefern=
dickicht, nur selten noch niedriger in einem sehr dichten
Dornstrauch angebracht. Es ist aus Reisern, schmiegsamen
Dornzweigen u. a. geflochten, hat überall, wo die Elster
verfolgt wird, einen dicken Boden von Lehm oder thoniger
Erde, auf welchem die aus Würzelchen, Federn, Haren,
am liebsten Schweinsborsten, gerundete Mulde steht, die im
Gegensatz zu den Nestern aller verwandten Vögel mit einem
aus Gezweige und Dornen dicht geflochtenen Dach über=
wölbt ist und von einer Seite her das Einschlupfloch hat.
So ist das Nest in jeder Weise gesichert, denn von oben
her ist der brütende Vogel wenig zu bemerken und also
den Angriffen der gefiederten Räuber nicht ausgesetzt, und
von unten vermag selbst ein Schuß von starkem Schrot
den Boden kaum zu durchdringen. Das Pärchen errichtet
meistens mehrere Nester und zwar, wie der Volksglaube
seit altersher meint, um Feinde von dem sehr versteckten
bewohnten Nest abzulenken. Pfannenschmid erzählt, daß
ein Elstermännchen, während das Weibchen auf dem einen
Nest bereits brütete, am andern noch immerfort baute, so=
daß die Knaben, welche das Gelege rauben wollten, sich

wirklich täuschen ließen. Ob die Elster dabei, wie der Genannte. annimmt, mit voller Ueberlegung gehandelt hat, ist allerdings eine Frage, welche sich schwerlich mit Sicherheit entscheiden läßt. Oft steht das Nest ganz in der Nähe menschlicher Wohnungen und trotzdem wird es meistens dann erst entdeckt, wenn sich die Jungen durch ihr Geschrei verrathen. Wo der Elster eifrig nachgestellt wird, fliegt sie niemals ohne weiteres zur Brut, sondern sie naht derselben stets mit großer Schlauheit. Wenn ihr Nest aber ausgeraubt wird, so vergißt sie alle Vorsicht und folgt dem Räuber, selbst bei mehrmaligem Schießen, auf weite Entfernung hin. Zuweilen läßt sich das Par durch das Ausrauben der Eier und selbst das Zerstören des Nests kaum vertreiben. Uebrigens wird das letztre nicht alljährlich neu gebaut, sondern nur ausgebessert. Der Bau beginnt sehr zeitig, nach Gloger schon im Dezember, wenn nämlich ein neues Nest errichtet wird. Zu Mitte oder Ende des Monats April ist das aus 6—8 Stück grünlichen, aschgrau und braun besprißten Eiern bestehende Gelege vollzählig und dasselbe wird vom Weibchen allein in 18 Tagen erbrütet, während beide Gatten des Pärchens die Jungen gemeinsam füttern und zwar mit aus anderen Nestern geraubten jungen Vögeln und Kerbthieren aller Art. Nach Beendigung der Brut (nur wenn diese vernichtet ist, wird eine zweite gemacht) schweifen die jungen Elstern im Spätherbst und Winter meistens in kleinen Flügen, selten in größeren Scharen, zwischen den Scharen von Krähen, auch wol mit Eichelhehern, gesellig umher; das alte Pärchen dagegen verbleibt gewöhnlich am Standort und kommt bei großer Kälte und Noth im Winter auch wol auf die Höfe und Straßen ländlicher Ortschaften. Man verfolgt die Elstern am meisten durch Zerstören ihrer Nester und durch beiläufiges Abschießen auf der Krähenhütte. Wo sie einmal aus-

gerottet sind, währt es sehr lange, bis sich wieder ein
Pärchen ansiedelt.

Die alte Elster ist schwer zu fangen, dagegen werden
die Jungen gern und häufig aus den Nestern gehoben und
aufgefüttert. Eine solche ist als Hof= und selbst als
Stubenvogel recht beliebt, da sie ungemein zahm wird, ein
überaus komisches Wesen zeigt, auch eine Melodie nachflöten,
sowie recht gut Worte sprechen und mancherlei andere Laute
nachahmen lernt. Im übrigen aber hat sie die unangenehmen
Eigenschaften der Krähenvögel und stiehlt also, verschleppt
und versteckt in listiger Weise allerlei glänzende und auf=
fallende Gegenstände.

Mehr als viele andere Vögel muß gerade die Elster,
und sogar noch heutzutage, dem Volksaberglauben dienen;
eine zu Pulver gebrannte Elster gilt als unfehlbares Volks=
heilmittel bei fallender Sucht u. a. m. Die alten Schrift=
steller sahen diesen Vogel als vorzugsweise bedeutungsvoll an;
sie fabelten viel von ihm, berichteten aber auch schon Manches,
was späterhin die Beobachtung als richtig bestätigt hat.
So hatte man bereits im frühen Alterthum wahrgenommen,
daß er auf Weiden und Triften dem Vieh, vornehmlich
Schweinen und Schafen, auf den Rücken fliegt, um Un=
geziefer abzusammeln. Ferner betrieb man mit ihm schon
den lustigen Fang vermittelst der innen mit Leim bestrichenen
Papierdüten. Die Eigenthümlichkeit des Stehlens blanker
Dinge kannten die Alten ebenso wie wir. Plutarch erzählt,
daß eine Elster, welche menschliche Worte, das Geschrei von
Thieren, Blöken eines Kalbs oder Schafs, Meckern einer
Ziege und verschiedene andere Laute nachahmen konnte, als
sie eines Tags das Blasen auf einer Trompete vernommen
hatte, plötzlich schwieg, was Allen, welche sie bis dahin un=
abläsſig plaudern gehört, sehr auffallend war, aber später eine
Erklärung fand, als der Vogel mit einmal das Still=

schweigen brach, nicht um die gewöhnliche Uebung zu wieder=
holen, sondern um die Töne der Trompete mit denselben
Wendungen in Gesang und Takt nachzuahmen. Aldrovandi
theilt mit, daß eine Elster eine Amsel schlug und verzehrte;
„eine andre ergriff einen Krebs, welcher ihr aber zuvorkam,
sie mit den Scheren packte und erwürgte.“ Wie die Raben,
so wurden auch die Elstern zur Jagd abgerichtet. Früher
benannte man die zahme Elster gern mit dem Namen Mar=
garethe, weil sie denselben leicht aussprechen lernen sollte.

Im Folgenden führe ich die Schilderung einer ge=
zähmten Krähe seitens des Herrn L. Hügel*) an: „Sie begleitet
mich überall hin. Beim Frühstück und Mittagessen hüpft sie auf den
Tisch, bleibt an einer Ecke sitzen und betrachtet die Gerichte; sieht sie
etwas, das ihr behagen könnte, so geht sie darauf zu, um davon
ihren Antheil zu erlangen, und sobald sie diesen erhalten hat, fliegt
sie von selbst in den Käfig und läßt sich einsperren. Es ist spaßhaft
anzusehen, mit welcher Sorgfalt sie zur Aufbewahrung von Nahrungs=
mitteln passende Winkel in ihrer Behausung sucht und wie sie die
Beute dreht und wendet, dann versteckt, dann mit Papierschnitzeln
und Spänen zudeckt und nun den Kopf hin und her wendet, um zu
sehen, ob auch Alles gut verborgen sei. Manchmal bleibt sie vor
einer solchen geheimen Vorrathskammer als Wache stehen und ver=
theidigt sie gegen jeden Menschen mit Schnabelhieben. Eine liebens=
würdige Eigenschaft ist ihre ungemein große Anhänglichkeit an alle
Familienmitglieder, wobei sie aber Einem vor dem Andern Vorzug
gibt. Bleibt Jemand aus der Familie einen oder mehrere Tage fort,
so äußert sie sich bis zu dessen Rückkehr mißmuthig und kommt er
zurück, so zeigt sie ausdrucksvoll ihre Freude, läuft ihm mit halb=
geöffneten Flügeln entgegen, begrüßt ihn mit Freudengeschrei, fliegt
ihm auf die Schulter und bleibt dort so lange, bis sie fortgejagt
wird. Sie kennt alle Personen in der Familie auf das genaueste
und ruft jeden mit Namen. Ich besitze sie schon seit vier Jahren
und alljährlich macht sie eine Reise in die Rheinpfalz mit. Während
der Eisenbahnfahrt ist sie sehr ruhig, nimmt aber keine Nahrung zu
sich, bis sie aus ihrem Gefängniß befreit wird. Am Reiseziel gewähre

*) In Dr. Ruß, „Lehrbuch der Stubenvogelpflege, =Abrichtung
und =Zucht“ S. 736.

ich ihr volle Freiheit; sie verläßt frühmorgens das Haus und kehrt
erst abends spät zurück. Meistens verbringt sie den Tag in Gesell=
schaft wilder Elstern, mit denen sie dann in Wald und Flur umher=
schweift, bis sie die einbrechende Dunkelheit zur Heimkehr zwingt, doch
hält sie sich an manchen Tagen nur in der Nähe des Hauses auf,
macht Besuche in den Nachbarhäusern und stiehlt hier und da einen
Gegenstand, der ihr in die Augen fällt. Dabei besucht sie immer
die Häuser zuerst, deren Bewohner ihr aus den vorhergehenden Jah=
ren her bekannt sind; gegen diese ist sie freundlich und wenn sie
einer dieser alten Bekannten neckt und reizt, so fliegt sie eher weg,
als daß sie beißt und kratzt, wie sie es Fremden gegenüber zu thun
pflegt. Obwol sie sich mit den wilden Elstern viel herumtreibt, so
bleibt sie doch mit ihnen niemals eine Nacht hindurch fort. Gegen
die Hühner und Enten auf dem Hof und die Singvögel im Garten
verhält sie sich ganz gleichgiltig. Nach meinen Erfahrungen ist dieser
so verrufene Vogel im Umgang mit Menschen überaus liebenswürdig
und ich kann ihn zur Zähmung und besonders zur Abrichtung nur
bringend empfehlen." — Im Gegensatz dazu hat man beob=
achtet, daß eine gezähmte, an Aus= und Einfliegen ge=
wöhnte Elster von wilden überfallen wurde, welche ihr die
Augen aushackten und sie tödteten. — Meistens ist die zahme
Elster gegen das Geflügel auf dem Hof und insbesondre
gegen die jungen Hühner u. a. ebenso bösartig wie die
übrigen Krähen, und wo man sie hält, muß sie durchaus
überwacht werden. Herr E. Lieb in Palmyra erzählt von
einer sehr zahmen Elster, welche Eier aus dem Tauben=
schlag so heimlich zu stehlen wußte, daß man erst nach
langer Zeit den Uebelthäter ermitteln konnte. Uebrigens
ging diese Elster daran zugrunde, daß sie sich an einem
Päckchen gestohlener Streichhölzer vergiftete. — Herr Kreis=
gerichtssekretär R. Schmikalla berichtet von einer zahmen
Elster, welche mit den Hausbewohnern und den im Bier=
garten verkehrenden Gästen auf sehr vertrautem Fuß lebte,
trotzdem aber stets den Augenblick benutzte, in welchem Jemand
seinen Tisch verließ, um alles Eßbare zu stehlen. „Da der
Wirth erzählte, daß sie sich auch über stehen gebliebene Bierneigen

hermache, beschloß ein Gast, sie darin zu belauschen. Er ließ sich ein Seidel Bier geben, stellte es mit zugemachtem Deckel auf den Tisch und ging fort. Alsbald kam die Elster geflogen, schritt rings um das Seidel, besah es von allen Seiten, stellte sich dann auf die dem Henkel entgegengesetzte Seite und führte mit ihrem Schnabel einen kräftigen Hieb oder Stoß von unten nach oben, sodaß der Deckel auf= klappte und offen blieb, worauf die Elster ihren Schnabel in das Bier tauchte und trank. Diese Elster hatte, ohne daß sich Jemand mit ihr beschäftigte, einige Worte sprechen gelernt und diese wußte sie zu ihrem Vortheil anzuwenden. So konnte sie, weil sie stets beim Füttern der Hühner zugegen war, den Lockruf ‚putt, putt'! so nach= ahmen, daß die Hühner, wenn sie ihn ertönen ließ, herbeiliefen. Dies machte dem Besitzer vielen Spaß, so lange, bis er eines Tages ge= wahr wurde, daß die Elster mit ihrem ‚putt, putt' eine brütende Henne von den Eiern rief und dann schleunigst zum Nest schlüpfte, um ein Ei zu rauben und aufzufressen." — Herr Peter Frank in Liverpool beobachtete eine zahme Elster, welche eine Dohle, mit der sie in Freundschaft zusammenlebte, als diese in eine Grube gefallen war, getreulich mit Futter versorgte.

Die eingehendste Mittheilung über eine gezähmte und abgerichtete Elster gibt Herr A. Günzel*): Vor Jahren ge= langte ich in den Besitz einer jungen Elster, welche aus dem Nest ge= hoben und schon bis zur Selbständigkeit herangezogen war. Sie wurde in einen Käfig gebracht und dieser in einem Zimmer aufgestellt, in welchem sich schon andere gefiederte Gäste befanden. Bereits am näch= sten Morgen stellte es sich heraus, daß ‚Jakob', wie sie benannt wor= den, Anlage zu schlechten Streichen zeigte. Er hatte den Stift der Käfigthür ausgezogen und war auf das Bauer eines Zeisigs geflogen, eifrig bemüht, den Insassen mit Schnabelhieben zu bearbeiten. Durch mein Einschreiten wurde der geängstigte Zeisig noch zur rechten Zeit aus seiner lebensgefährlichen Lage befreit. ‚Jakob' hatte sich damit also das Recht, als Zimmervogel gehalten zu werden, verscherzt und nun wurde im Hof an einer geschützten Stelle sein Käfig aufgestellt. Doch schon nach wenigen Tagen hatte er seinen Kerker wieder ver= lassen, um sich auf den Dächern der Nachbarhäuser herumzutreiben. Alles wurde aufgeboten, um seiner wieder habhaft zu werden, doch lange Zeit vergeblich. Endlich in der Dämmerstunde, als sich der

*) In „Die gefiederte Welt", 1887.

Hunger und die Sorge um eine Nachtherberge einstellte, ging er in seinen Käfig, den ich mit Leckerbissen ausgestattet und zu einer Dach= luke herausgeschoben hatte, wieder zurück. Von nun an erhielt ‚Jakob‘ Unterricht im Sprechen und nach nicht allzulanger Zeit sprach er seinen Namen und verlangte sein Lieblingsfutter: ‚Speck‘; weiter hat er es jedoch in dieser Kunst nicht gebracht. Wenn ich mich dem Käfig mit Futter näherte und einen kurzen Pfiff erschallen ließ, so rief die Elster sogleich: ‚Jakob, Speck‘! Sobald sie den letztern dann empfangen, verzehrte sie ihn mit Wohlbehagen, mit der Zunge schnal= zend und die Augen bei jedem Bissen verdrehend. Ging ein Fremder am Käfig vorbei, so verhielt sich ‚Jakob‘ ganz ruhig, doch an seinen schelmischen Augen konnte man merken, was er im Schilde führte. Kaum war Jener nämlich einige Schritte am Käfig vorbei, so pfiff ‚Jakob‘ ihm kräftig zu, und der Fremde hemmte unwillkürlich seine Schritte, um nach dem Pfeifenden zu sehen; ‚Jakob‘ aber machte sich harmlos im Käfig zu schaffen, als ob er es nicht gewesen sei. Dasselbe wiederholte er, sobald Jener ihm wieder den Rücken kehrte. So saß die Elster wol zwei Jahre in ihrem Käfig und unterhielt uns durch ihr komisches Treiben. Späterhin wurde ihr erlaubt, sich im Freien zu bewegen. Da hielt sie sich über Tag ganz in der Nähe des Hauses auf und abends ging sie regelmäßig in ihren Käfig. Mit der Zeit war ihr jedoch ihr Wirkungskreis nicht mehr groß genug und sie flog daher ins Dorf hinab und suchte hier ebenso wie zuhause alle glänzenden Gegenstände zu stehlen, um sie sorgfältig irgendwo auf dem Felde zu verstecken. Kein lebendes Wesen durfte aber Zeuge einer solchen That sein. Sah die Elster sich beobachtet, so holte sie das Verborgne wieder hervor, um es anderweitig unterzubringen. So sammelte sie Löffel, Messer, Scheren, Fingerhüte, Ringe, Geld und allerlei andere Dinge. Beim Stehlen war sie so vorsichtig, daß sie allen Fallen geschickt aus dem Wege zu gehen wußte, welche ihr wegen dieser Unart im Dorf gestellt wurden. Frühmorgens in der Frei= viertelstunde besuchte sie den Spielplatz der Schulkinder und am liebsten der Knaben, um zuzusehen, wie sich dieselben balgten. Dabei gab sie ihrem Wohlgefallen durch eifriges Hinundherspringen und Schnalzen Ausdruck. Die Knaben neckten sich gern mit ihr. Sie hielt den langen Schwanz hin und sobald Jemand danach griff, sprang sie ge= schickt auf die Seite, sodaß es niemals gelang, sie zu greifen. Auch von mir ließ sie sich nicht anfassen, während sie sonst doch recht zu= traulich war. Das Necken liebte sie sehr und sie lief Jedem, der nach ihrem Schwanz haschte, stets nach, damit er das Spiel wieder=

hole. In solcher Weise hatten sie einst böse Buben in den Wald ge=
lockt, von ·wo sie nicht zurückfinden konnte. (Erst durch den Förster
erfuhren wir ihren Aufenthalt und konnten sie nach dreitägigem Aus=
bleiben holen. Eines Tags saß ‚Jakob‘ in seinem Käsig, welcher stets
vor der Thür stand, und als ein Holzknecht vorbeiging, ließ er ihn
ruhig vorüber, um dann erst ‚Jakob, Jakob‘ zu rufen und zu pfeifen.
Der Holzknecht, welcher selbst Jakob hieß, glaubte, er werde von seinem
Vorgesetzten gerufen und kam zum großen Ergötzen der Familie ins
Haus. So lebte die Elster noch mehrere Jahre und machte wieder
die Uebersiedlung nach einer kleinen thüringischen Stadt mit. Auch
hier gewöhnte sie sich bald ein und trieb sich den ganzen Tag auf
der Landstraße oder im Garten umher. An einem Nachmittag er=
regte die Elster die Aufmerksamkeit eines Herrn und einer Dame in
einer vorüberfahrenden Kutsche. Der Herr bot einem vorübergehen=
den Arbeiter eine gute Belohnung, wenn er den Vogel, welcher dicht
vor ihnen herumhüpfte, sprach und pfiff, fangen würde, aber ‚Jakob‘
hielt seinen langen Schwanz förmlich hin und war dann mit einem
großen Sprung immer rechtzeitig davon, worauf er schackerte, als ob
er schimpfen oder sich über den ungeschickten Menschen lustig machen
wolle. Aus der nahen Stadt lockte die Elster ganze Herden von
Straßenjungen herbei, welche eine förmliche Hetzjagd hinter ihr her
hielten. So hatte sie eines Tags ein Bube durch einen Steinwurf
an den Kopf getödtet. Wir betrauerten den ‚Jakob‘ förmlich wie ein
Familienglied; er gehörte ja seit zehn Jahren zu unserm Hause. Ge=
wiß hätte er noch lange Zeit uns und Anderen Freude gemacht.“ —
Herr O. Mustroph in Berlin hatte eine Elster, welche
sprechen, lachen, singen, bellen und husten konnte.

Als Himalaya=Elster [Corvus (Pica) boota-
nensis, Deless.] ist in der „List of the vertebrated
animals in the Gardens of the Zoological Society of
London“ ein Vogel als lebend eingeführt angegeben, welcher
von den meisten Vogelkundigen nur als örtliche Spielart
der gemeinen Elster angesehen und nicht als Art erachtet
wird. Ich muß es daher bei dieser Erwähnung bewenden
lassen. — Die chinesische Elster [Pica sericea, Gld.]
steht im gleichen Verhältniß und ist gleichfalls in den zoolo=
gischen Garten von London lebend gelangt. — Mit der

maurischen oder afrikanischen Elster [Pica mau-
ritanica, *Malh.*] dürfte es wiederum dasselbe Bewenden
haben; auch sie ist im Londoner Garten lebend gewesen.

*

Die **Blauelstern** [Cyanopolius, *Bp.*] sind den eigent=
lichen Elstern sehr ähnlich, namentlich durch den langen stufenförmig
zugespitzten Schwanz; aber durch den schwächern und ganz geraden
Schnabel verschieden.

Cook's oder die spanische Blauelster [Corvus (Cyanopolius) Cooki, *Bp.*] ist an Kopf und Oberrücken sammtschwarz,
an Rücken und Mantel bläulichgrau, Flügel und Schwanz hellblau,
die großen Schwingen sind an den Außenfahnen weiß gesäumt; Kehle
und Wangen sind grauweiß und die ganze Unterseite ist hell fahlgrau;
Schnabel und Füße sind schwarz, die Augen braun. Ihre Größe ist
bedeutend geringer, als die unsrer Elster (Länge 36 cm, Flügelbreite
42 cm, Schwanz 21—22 cm). Das Weibchen ist bemerkbar kleiner.
Das Jugendkleid ist matter und fahler gefärbt, über den Flügel
mit zwei fahlgrauen Binden. Von Süd= bis Mittelspanien er=
streckt sich ihre Verbreitung, auch ist sie in Nordostafrika
heimisch. Sie hält sich vornehmlich in den größeren Eichen=
waldungen auf und ist dort häufig in vielköpfigen Flügen.
Obwol sie nicht wie unsere Elstern in der Nähe mensch=
licher Gebäude lebt, kommt sie doch auf die Straßen, um
den Pferdemist nach Nahrung zu durchsuchen. In Wesen,
Gang, Flug und ganzem Benehmen ist sie der gemeinen
Elster fast gleich; ihre Stimme klingt jedoch anders: kriih
oder priih, langgezogen und abgebrochen, schwatzend klikk=
likklikkli. Sie ist Standvogel; sehr unruhig, vorsichtig und
scheu und schwierig zu schießen; ein Flug belebt den ganzen
Waldtheil, in welchem er haust. Das Nest steht auf einem
hohen Baum, und wie A. E. Brehm angibt, nicht auf einer
der immergrünen Eichen, welche sonst ihren beständigen
Aufenthalt bilden, sondern einer Ulme oder einem andern
Waldbaum. Zuweilen werden mehrere Nester auf einem

Baum errichtet und alle immer unfern von einander. Als offene Mulde ohne Ueberdachung ist das Nest aus Reisern, Stengeln, Halmen, Zweigen, Gras u. a. geformt und mit Ziegenhaaren und andrer Thierwolle ausgerundet. Zu Anfang des Monats Mai besteht das Gelege in 5—9 Eiern und diese sind graugelblich, dunkler olivengrün gefleckt und getüpfelt. Nur selten ist sie in der Gefangenschaft zu finden; die Thierliste des zoologischen Gartens von London hat sie allerdings aufzuweisen, aber in die anderen Gärten gelangt sie kaum. Einen Flug von etwa 5 Köpfen sah ich einmal in der Thierhandlung des Herrn C. Reiche in Alfeld.
— Chinese Blue Magpie.

Die **chinesische Blauelster** [Corvus (Cyanopolius) cyanus, *Pall.*] ist an Kopf und Nacken schwarz mit weißer Kehle; der Rücken ist aschgrau, Flügel und Schwanz sind mehr graublau; die beiden mittelsten Schwanzfedern haben weiße Spitzen (wodurch sie sich hauptsächlich von den vorigen unterscheiden sollen); die ganze Unterseite ist weißlichgrau. In allem übrigen, auch in der Lebensweise und im ganzen Wesen, dürfte sie sich von der vorigen nicht unterscheiden. Ihre Heimat erstreckt sich über das nördliche China, ganz Japan und Ostsibirien. In den zoologischen Garten von London ist sie einigemal gelangt; anderweitig dürfte sie nur zufällig vorhanden gewesen sein.
— Chinese Blue Magpie.

*

Die **Baumelstern** [Dendrocitta, *Gld.*] gleichen in Gestalt, Größe und Wesen wiederum der einheimischen Elster, aber der Schnabel ist kürzer und an der First mehr gekrümmt; die Borstenfederchen stehen nach vorn gerichtet; im Flügel ist die fünfte und sechste Schwinge am längsten. Ihre Verbreitung erstreckt sich nur auf Asien.

Die **indische Wanderelster** [Corvus (Dendrocitta) rufa, *Scop.*] ist an Kopf, Hals und Brust schwärzlich, der Rücken und die Schultern sind rothbraun; die Flügeldecken und die Außenfahnen der zweiten Schwingen sind zart lichtgrau, die übrigen Schwingen

schwarz; der Schwanz ist aschgrau, jede Feder mit breiter schwarzer
Endspitze; die Unterseite von der Brust an ist schön rothgelb; der
Schnabel ist schwarz, die Augen sind blutroth und die Füße dunkel=
schiefergrau. In der Größe bleibt sie etwas hinter der europäischen
Elster zurück (Länge 40—41 cm; Flügel 15 cm; Schwanz 26 cm);
Ganz Indien ist ihre Heimat, und namentlich ist sie gemein
in China, Assam, Kaschmir bis zum Himalaya. Hinsichtlich
des Aufenthalts dürfte sie mit unserer Elster übereinstimmen,
denn „man sieht sie in jeder Baumgruppe und jedem Gar=
ten, auch in unmittelbarer Nähe der Dörfer" pärchenweise
oder in kleinen Flügen. Ihren Namen dürfte sie daher
erhalten haben, daß sie „im wellenförmigen Fluge von Baum
zu Baum täglich ein ziemlich ausgedehntes Gebiet durch=
streift, ohne einen Theil desselben zum bestimmten Aufent=
halt zu wählen." Eine andre Erklärung kann ich nirgends
finden und ihre Benennung ist daher keineswegs zutreffend,
da sie doch als Standvogel angesehen werden muß. Nach
Sundevall soll sie ziemlich scheu sein und sich meistens in
den Spitzen hoher Bäume aufhalten. Ihre Laute ähneln
denen der europäischen Elster, aber sind stärker und klarer
und klingen wie koolen=oh=koor, manchmal hohlee=ho, ihre
zankenden Rufe kakak oder kekekek, mehrmals wiederholt.
Die Nahrung soll vorzugsweise in Baumfrüchten bestehen,
doch natürlich auch in allerlei kleineren Thieren, vornehmlich
Kerfen und nicht minder jungen Vögeln und Vogelnestern.
Smith erzählt von einer Wanderelster, welche in eine Ve=
randa, auf einen Käfig mit kleinen Vögeln kam, zuerst
deren Futter und dann diese selber fraß. Ein seltsamer
Aberglauben knüpft sich an sie, indem die bengalischen Frauen
ihre Rufe als Ankündigung des Kommens der Bettelmönche
ansehen und dementsprechend ihre Vorbereitungen treffen,
ihre Kochtöpfe scheuern (Hamilton). E. von Schlechtendal
erhielt durch einen Zufall anstatt einer Heherdrossel diese
Elster und gibt folgende Schilderung: „Gleich nach der An=

kunft ließ ich sie in einem geräumigen Flugkäsig frei, welchen bisher nur eine weißohrige Heherdrossel bewohnt hatte. In der ersten Zeit bemühte sie sich eifrig, ihr zerstoßenes und beschmutztes Gefieder in Ordnung zu bringen, dann aber versetzte sie meine ganze übrige Vogelgesellschaft in Aufregung, als sie ein sehr lautes, rauh klingendes Elstergeschacker hören ließ. Zum Glück wiederholte sie diesen Elsternruf nicht häufig, sondern vielmehr andere Töne, die in ihrer Seltsamkeit schwer zu schildern sind. Zunächst war es ein heller Ruf, den ich mit den Silben guckelo wiedergeben möchte; die ersten beiden Silben sind ganz kurz, die letzte erklingt lauter, fast jauchzend. Am seltsamsten lautet ein Geschwätz, welches sie außerdem noch hören läßt. Man halte einem unartigen Kinde, das weinend spricht, die Hand vor den Mund, sodaß nur unvollkommen noch das Gerede durchdringt oder man lasse ein unartiges widersprechendes Kind durch einen Bauchredner darstellen — so wird man eine Vorstellung von dem Geschwätz oder Gesang der indischen Wanderelster haben. Unmittelbar darauf pflegt der Vogel jenen lauten, garnicht übeln Ruf vernehmen zu lassen, und diese musikalische Gesammtleistung macht dann einen höchst überraschenden und belustigenden Eindruck. In ihrem sonstigen Verhalten erinnert sie an Heher und Elster. Der Heherdrossel gegenüber benahm sie sich anfangs entschieden feindselig, und ich war nicht ohne Sorge, daß die letztre bösartig werden möchte. Jene räumte indessen dem stärkern Genossen bereitwilligst, doch ohne sich furchtsam zu zeigen, den Vorrang am Futternapf ein; zum Glück kam die Heherdrossel dabei trotzdem nicht zu kurz, weil sie sehr zahm ist und daher besondere Leckerbissen sogleich beim Einsetzen der Freßnäpfe wegschnappt, bevor die Wanderelster zu nahen wagt. Als ein aus seinem Bauer entflohenes Hüttensänger-Weibchen sich zufällig auf den Käfig der Wanderelster niederließ, packte es diese sofort an einem Fuß und würde ihm ohne meine Dazwischenkunft jedenfalls das Bein ausgerissen haben, da sie es durch das enge Gitter nicht hineinzerren konnte. Nach kurzer Zeit begann die Wanderelster mit dem Gefiederwechsel, die alten zerstoßenen Federn fielen aus und bald prangte der Vogel im schönen neuen Federkleid. Dann darf er als eine stattliche Erscheinung gelten. Der Flug im Käfig ist etwas schwerfällig, das Hüpfen von Zweig zu Zweig aber schnell und gewandt; der lange Schwanz wird stets herabhängend getragen. Selbstverständlich darf sie nur mit gleich starken und muthigen Vögeln in einem geräumigen Flugkäfig zusammen gehalten werden." In den Handel, und dann natürlich nur in die zoologischen Gärten, gelangt

sie nicht selten, bei Liebhabern ist sie dagegen kaum zu fin=
den. Ihre besonderen Eigenthümlichkeiten, etwaige Sprach=
begabung u. a., sind noch nicht beobachtet. — Landstreicher und Kotri
der Indier. — Wandering Tree-pie. — Rufous Tree-Crow (Gray); Maha Lat
in Hindostan (Hamilt., Jerd.), Takka-chor und Handi-chacha in Bengalen (Blyth),
Mahtab und Chand (Burnes).

Die chinesische Wanderelster [Corvus (Dendrocitta)
sinensis, *Lath.*] ist an der Stirn schwarz, an Oberkopf und Nacken
grau; Kopfseiten und Kehle sind dunkelbraun; Rücken und Schulter=
decken sind braun; Flügel schwarz mit einem kleinen weißen Spiegel=
fleck auf den zweiten Schwingen; der Schwanz ist schwarz; die oberen
Schwanzdecken sind grauweiß, die ganze Unterseite ist graubraun und
die oberen Schwanzdecken sind weißgrau; Schnabel und Füße sind
schwarz, die Augen braun. In der Größe bleibt sie etwas hinter der
vorigen zurück. Ihre Heimat ist China, auch Hainan. Bis
zu 5000 Fuß über Mereshöhe ist sie dort im Sommer
häufig, in größerer Höhe seltner; im Winter geht sie in
die Ebene hinab. Sie nistet im Mai und das Nest steht
ziemlich niedrig, $2_{,6}$—$3_{,3}$ Meter überm Boden und ist aus
Zweigen mit einer aus feinen Fasern gerundeten Mulde
erbaut, entweder im Wipfel eines Bäumchens oder auf
einem wagerechten Ast. Das Gelege besteht in 3 Eiern,
welche grünlichaschgrau, braun gefleckt sind (Hutton). In
den Handel kommt sie sehr selten; in den zoologischen Gar=
ten von London ist sie mehrmals gelangt; auch die Groß=
handlung von J. Abrahams in London hat sie eingeführt. —
Chinesische Baumelster. — Chinese Tree-pie. — Macao Tree-Crow (Gr.); Kokiakak
in Masuri (Hutt.).

*

Jagdelstern [Urocissa, *Cab.*, Cissa, *Boie*], auch Laub=
elstern oder Jagdkrähen und mit ihrem Heimatsnamen Kittas ge=
nannt, sind den Elstern überhaupt sehr nahestehende Vögel, welche
sich durch folgende Merkzeichen unterscheiden. Vornehmlich sind sie
zierlicher und in auffallender, sehr bunter Färbung mit rothem oder
gelbem Schnabel. Die fünfte und sechste Schwinge im Flügel ist
am längsten. Ihre Färbung ist vorwaltend blau und sie müßten

eigentlich als Planetstern bezeichnet werden. Man unterscheidet zwei Sippen, lang= und kurzschwänzige. Die Heimat ist Südasien nebst den Inseln Zeylon, Sumatra u. a. Manche Arten werden in der Heimat zu Jagd und Vogelsang abgerichtet.

Die **chinesische Jagdelster** [Corvus (Urocissa) erythrorhyncha, *Gmel.*] ist an sich kleiner als die einheimische Elster, aber durch den vorzugsweise langen Schwanz, nach welchem sie auch den nichts weniger als zutreffenden Namen Schweifsitta trägt, erscheint sie bedeutender, während sie zugleich durch sehr buntes Gefieder sich auszeichnet. Sie ist an Kopf, Hals und Brust tiefschwarz, Stirn und Vorderkopf sind blau gefleckt, und von der Kopfmitte über den Nacken, Hinterhals und Rücken erstreckt sich ein weißes, immer mehr blau werdendes Band; Rücken und Mantel sind schön blau, die oberen Schwanzdecken blau, mit breiter schwarzer Spitze; die Flügel sind glänzend blau, die Schwingen an den Innenfahnen schwarz, alle Flügelfedern weiß gespitzt; die Schwanzfedern sind blau, die beiden sehr verlängerten Mittelfedern am Ende schwärzlich und an der Spitze breit weiß, alle übrigen Schwanzfedern am Ende schwarz mit weißer Spitze; die Unterseite von der Brust an ist weißlich, mit röthlichaschgrauem Ton; der Schnabel ist korallroth, die Augen sind bräunlichroth und die Füße hellroth (Länge 53 cm, Flügel 19—20 cm, Schwanz 42 cm). Ihre Heimat ist das westliche Himalayagebiet und häufig kommt sie in China, insbesondre in den Wäldern um Hongkong vor. Nistend ist sie bis zu 5000 Fuß über Mereshöhe beobachtet. Die Brut findet im Mai und Juni statt. Das Nest steht manchmal sehr hoch, jedoch auch nur 8—10 Fuß überm Boden. Es ist aus Zweigen lose geflochten mit Würzelchen ausgelegt und enthält 3—5 Eier, welche mattgrünlichaschgrau, dicht braun gefleckt und besprißt sind. Wie es scheint, ist sie weniger Baumvogel als verwandte Arten, denn man sieht sie nahrungsuchend fast nur auf dem Boden. In der ganzen übrigen Lebensweise dürfte auch sie unsrer Elster gleichen. Nach Shore ist sie ebenso räuberisch; eine gefangen gehaltene stieß auf ihr versuchsweise gebotene Vögel mordlustig und fraß sie. Lebhaft, munter und zierlich in allen

6*

Bewegungen, fällt sie dadurch, wie durch ihre schönen Farben angenehm ins Auge. Klug und aufmerksam, warnt sie andere Vögel bei Gefahr. Einen Leopard soll sie meilen= weit mit Geschrei verfolgen. Ihre Rufe ertönen scharf pink, pink, pink, worauf ein lautes Geschnatter folgt. Sie kommt häufig in die Nähe von Ortschaften, doch niemals in dieselben. In China soll man sie als Käfigvogel halten und mit kleinen Vögeln oder Fleisch füttern. Zu uns ge= langt sie nicht ganz so selten wie die nächstverwandten Arten, und wir finden sie in den zoologischen Gärten sowol als auch auf den Ausstellungen, allerdings immer nur einzeln. — Rothschnabelkitta, indische und chinesische Blauelster. — Chinese Blue Pie and Chinese Magpie. — Nil-khant in Majuri (Hutt.).

Die **siamesische Jagdelster** [Corvus (Urocissa) mag- nirostris, *Blth.*] ist mit der vorigen übereinstimmend und dürfte von ihr nur durch den stärkern Schnabel und etwas dunklere Färbung verschieden sein; die weißen Spitzensäume der Flügelfedern sollen ge= wöhnlich fehlen. Ihre Heimat ist Siam und Birma. In den zoologischen Garten von London ist sie erst zweimal gelangt, und anderweitig dürfte sie noch kaum vorhanden gewesen sein. — Siamesische Schweifkitta (!), siamesische großschnäblige Blauelster. — Siamese Blue Pie.

Die **schwarzköpfige Jagdelster** [Corvus (Urocissa) occipitalis, *Blth.*] ist den beiden vorigen wiederum sehr ähnlich, und ihre Unterscheidungsmerkmale dürften nur darin liegen, daß sie ein wenig größer, ihr ganzer Kopf schwarz, nur Kopfmitte und Nacken bläulichweiß, der Rücken kräftiger blau, nur schwach graulich schillernd und bei gleichfalls rothem Schnabel die Füße orangegelb sein sollen. Während manche Schriftsteller sie als besondre Art hinstellen, halten Horsfield und Moore sie für zusammenfallend mit der chinesischen Jagdelster. Wahrscheinlich bilden diese drei rothschnäbeligen Vögel überhaupt eine Art und dürfen jedenfalls nur als Jugendkleider oder höchstens Oertlichkeitsspielarten gelten. Diese letztre ist bisher erst einmal lebend eingeführt, in den zoologischen Garten von London. — Schwarzkopfkitta, schwarzköpfige Blauelster. — Occipital Blue Pie.

Die **gelbschnäbelige Jagdelster** [Corvus (Urocissa) flavirostris, *Blth.*] ist ebenfalls den vorigen, besonders der chinesischen Jagdelster, gleich und im wesentlichen wol nur durch den gelben Schnabel verschieden. Im übrigen soll der Kopf und Hals bis auf einen kleinen bläulichweißen Fleck am Hinterkopf reinschwarz sein. Auch sie dürfte keine selbständige Art sein, sondern mit der erstbeschriebnen zusammenfallen. Man hat sie im Himalaya gefunden. In den zoologischen Garten von London ist sie einmal in 3 Köpfen gelangt, sonst wol noch nirgends eingeführt. — Gelbschnabelkitta, gelbschnäbelige Blauelster; Yellow-billed Blue Pie.

Die **grüne oder eigentliche Jagdelster** [Corvus (Cissa) venatoria, *Hamilt.*] wird in der Heimat zur Jagd auf kleine Vögel abgerichtet und ist daher die Art, nach welcher die ganze Sippe den Namen trägt; zugleich ist sie die erste der Jagdelstern mit kurzem Schwanz. Vorder- und Oberkopf sind schön blaugrün und von einem Auge zum andern zieht sich ein breites schwarzes Band um die Kopfseiten und den Nacken; die Flügel sind rothbraun, die letzten Schwingen zweiter Ordnung mit bläulicher Spitze und schwarzem Fleck vor derselben; die mittleren Schwanzfedern sind weißlich gespitzt, die anderen mit schwarzer Binde vor der blauweißen Spitze; im übrigen ist der ganze Körper hellblau bis blaugrün, an der Unterseite schwach heller. Der Schnabel ist roth, die Augen sind braun und die Füße roth. In der Größe sieht sie der europäischen Elster gleich. Die Heimat erstreckt sich über das südöstliche Himalayagebiet und Birma. Wiederum in der Lebensweise der europäischen Elster gleich, läßt sie ein Schackern hören, welches dem der erwähnten Verwandten, aber auch dem des Eichelhehers ähnlich ist, und dazu eine wohllautende Strofe. Die Naturforscher Hamilton und Blyth stimmen darin überein, daß sie sehr zahm werde. Der letzte hielt einige Jagdelstern lebend und sagt, daß sie auch den Würgern ähnlich erschienen. Sie zeigten sich sehr gelehrig und ließen ihre absonderlichen lauten und kreischenden Rufe unter lebhaften und fröhlichen Geberden erschallen. Ihre Nahrung, die hauptsächlich in

Fleisch bestand, spießten sie wie die Würger auf oder klemmten sie wenigstens zwischen die Käfigdrähte. Das schöne zarte Grün wurde allmählich mehr grünlichgraublau und das Roth nahm einen matt aschgrauen Ton an. Eine längre Schilderung dieser Art gibt Emil Linden, aus welcher ich Folgendes entnehme: „Es ist alles prachtvoll an diesem Vogel, die Farbe seines Gefieders, seine Haltung, Munterkeit und seine ausgezeichneten Stimmmittel. Die Färbung ist weniger grün, als der Name schließen läßt, sondern ein herrliches Himmelblau, welches allerdings, je nachdem das Licht darauf fällt, ins grüne schillert; ich betrachte ihn oft mit der Ueberzeugung, daß die Farbe rein azurblau sei, und dennoch mußte ich am andern Tage wieder zugeben, daß ein Schimmer von Grün, auf dem Oberkopf am deut= lichsten, vorhanden ist. Dies ist die Grundfarbe des ganzen Körpers. Nur der Flügelbug und die äußeren Schwingen sind schön braun= bis dunkelpurpurn, ebenso ein Streif vom Auge aus um den Hinter= hals, die Oberseite der äußersten Schwanzfedern und die Spitzen der Haube, die er aufrecht trägt; die Schwanzunterseite ist weiß, schwarz gerandet. Der sehr starke Schnabel und die Füße sind schön mennig= roth, die Augen sind braun mit schön rothem Augenring, welcher ihr einen etwas unheimlichen Anblick gibt. Die Munterkeit dieser Jagd= elster ist unbegrenzt und unermüdlich; sie hüpft in den lebhaftesten Sprüngen sowol seitwärts als auch auf und ab, überschlägt sich vor= und rückwärts um die Sitzstangen, dabei immer mit lauter Stimme ihr Wohlbehagen bekundend. Ihre Laute sind so mannigfaltig, daß sie sich schwer beschreiben lassen; allerdings ist es oft nicht angenehm, schrille Töne wie die von einer Sägenfeile zu vernehmen. Dann pfeift sie aber wiederum in den wunderbarsten Akkorden und mächtig tönend, den Schnabel weit geöffnet, von morgens früh, oft vor Tag, bis in die tiefe Dämmerung. In dem Raum, in welchem ich sie hielt, waren zwei Nistkasten angebracht, aber sie bekümmerte sich nicht um dieselben, sondern schlief stets auf der Stange sitzend. Mit dem Futter ging sie sehr unsäuberlich um und warf viel fort. Der Bade= napf mußte täglich drei= bis viermal frisch gefüllt werden; schon morgens früh stürzte sie sich ins Wasser, bevor sie das bereits hineingesetzte Futter berührte. Durch die beiden letzterwähnten Eigenthümlichkeiten wird ihre Haltung eine recht schwierige." Es ist schade, daß der genannte Vogelwirth keine eingehen=

deren Mittheilungen, namentlich inbetreff etwaiger Ge=
lehrigkeit und Sprachbegabung, machen konnte. Die eigent=
liche Jagdelster gehört immerhin zu den sehr seltenen Vögeln
im Handel. Bei den größten Händlern, wie J. Abrahams,
Chs. Jamrach, Fräulein Hagenbeck u. A., ist sie hin und
wieder zu finden. Im zoologischen Garten von London
war sie mehrfach und auch im Besitz des Herrn A. F.
Wiener in London ist sie gewesen; gelegentlich kommt sie auch
einzeln in andere Naturanstalten und auf die Ausstellungen.
— Indischer und ostindischer Grünheher, Himalayaheher oder grüner Himalayaheher,
Jagdelster. — Hunting Crow, Hunting Cissa, Chinese Roller. - Sir Gang, in
Bengalen (*Hamilt.*, *Blyth*). — Corvus sinensis, Bodd.

* *

Die **Heher** [Garrulinae] sind allbekannte über die ganze
Erde verbreitete Vögel, welche folgende besonderen Merk=
zeichen haben. Ihr Gefieder ist voll, locker, weich und meistens sehr
bunt. Der Kopf hat fast durchgängig eine Federhaube oder einen
Schopf. Der Schnabel ist gerade, dick, mäßig groß, an der Spitze
mehr oder minder, jedoch immer nur wenig, gekrümmt, an den Seiten
zusammengedrückt, mit scharfen Schneidenrändern; die ovalen Nasen=
löcher sind mit nach vorn gerichteten Borstenfederchen bedeckt; die
Flügel sind kurz und gerundet, fünfte und sechste Schwinge am läng=
sten; der Schwanz ist ziemlich lang, gerade abgeschnitten, gerundet
oder schwach gestuft. Die Füße sind nicht so kräftig wie bei den an=
deren Krähenvögeln, hochläufig, mit spitzen, scharfen Krallen. In
allem übrigen stimmen sie mit den bisher behandelten Ver=
wandten, namentlich mit den Elstern überein, doch gleichen
sie auch den Würgern. Sie nisten niemals gesellig. Das
Nest steht mittelhoch im dichten Geäst, bildet eine offene
Mulde und enthält 5—7 bunte Eier. Sie sind geistig
recht begabt, besonders aber vorzugsweise listig. Ihre Nahrung
besteht in allerlei lebenden Thieren, vom Kerbthier bis zum
jungen Vogel und kleinern Nagethier. Durch das Aus=
plündern zahlreicher Vogelnester verursachen unsere ein=
heimischen Heher großen Schaden und daher sind sie nicht

zu schonen oder gar zu hegen. Alle werden jung aus dem
Nest geraubt und aufgezogen sehr zahm und lernen wahr=
scheinlich auch sämmtlich Worte nachplappern und Lieder=
weisen nachpfeifen.

Der Eichelheher
[Corvus (Garrulus) glandarius, *L.*].

Baumhaßel, Bräfater, Buchelt, Eichelkehr, Eichelkrähe, Jack, Gecker, Hägerb, Häher,
Häßler, Haßel, Hayart, Hazler, Heerholz, Heger, Heher, deutscher, Eichen=, gemeiner,
Holz=, Nuß= und Waldheher, Herenvogel, Herold, Heyer, Hetzler, Holzheister, Holz=
schraal, Holzschreier, Horrevogel, Jäck, Marggraf, Margolf, Margolfuß, Markelfuß,
Markolf, rothbrauner Markwart, Marquart, Murkolf, Nußbeißer, Nußhacker. — Jay.
— Geai ordinaire.

Als ein gleicherweise schöner und beliebter Vogel steht
der Holzschreier, wie er meistens genannt wird, vor uns.
Er ist an der ganzen Oberseite grauroth; die Tolle oder der Schopf
ist an der Vorderseite weiß, an der Hinterseite röthlich und jede Feder mit
schwarzem Längsstreif gezeichnet; der Zügelstreif ist jederseits gelblich=
weiß, fein dunkel längsgefleckt; die ersten Schwingen sind schwarz, an
den Außenfahnen grauweiß gesäumt, die zweiten Schwingen sind an
der Grundhälfte weiß (wodurch ein großer weißer Spiegelfleck auf
dem Flügel gebildet wird), am Grunde blau geschuppt, an der End=
hälfte sammtschwarz; die großen Flügeldecken sind an den Außenfahnen
lebhaft und schön blau, mit weißen und schwärzlichen Querstreifen
(wodurch ein glänzendblauer Schildfleck gebildet ist), die kleinen
Flügeldecken sind braunröthlichgrau; der Schwanz ist gerade abge=
schnitten und kürzer als die Flügel, und seine Federn sind schwarz,
am Grund undeutlich blau quergestreift; die Kehle ist weiß, von einem
breiten schwarzen Bartstreif jederseits eingefaßt; die übrige Unterseite
von der Oberbrust bis zum Bauch einschließlich ist heller, weinröthlich=
grau; Unterbauch, unterseitige Schwanzdecken und Bürzel sind weiß;
der an der Spitze zum deutlichen Haken abwärts gekrümmte Schnabel
ist schwarz, am Grund heller bleigrau; die Augen sind hellblau und
die Füße bräunlichfleischroth. Das Gefieder ist weich, zum Theil
zerschlissen, besonders am Bürzel, die fünfte und sechste Schwinge
sind am längsten; die Holle ist sehr beweglich, sodaß der Heher sie
nach den wechselnden Empfindungen auf= und niederklappen kann.
In der Größe stimmt er etwa mit der Dohle überein, doch erscheint

er schlanker (Länge 34–35 cm; Flügelbreite 56 cm; Schwanz 15 bis 16 cm). Das Weibchen ist von kaum bemerkbar geringrer Größe, in allen Farben matter und mit kleinerer Tolle. Das Jugendkleid ist dem der Alten gleich, doch bedeutend düstrer gefärbt; die blaue Flügelbinde erscheint blos angedeutet, und die Schaftstriche an den Federn der Tolle fehlen. Mannigfaltige Farbenspielarten kommen auch vor: Weißgescheckte, blos weißschwänzige, grauweiße oder hier und da mattbunte, ferner reinweiße mit rothen Augen und reinweiße mit dem blauen Flügelspiegel. Solch letzter Heher, welchen wir einst auf einer Berliner Vogelausstellung vor uns gehabt, ist ganz absonderlich schön.

Die Verbreitung des Eichelhehers erstreckt sich über ganz Europa mit Ausnahme des Nordens, und auch in Afrika und Asien ist er heimisch. In Deutschland kommt er allenthalben häufig vor und zwar überall, wo es Wald gibt, gleicherweise im Laub= wie im Nadelholz, in gebirgigen wie in ebenen Gegenden und im tiefen Hochwald, wenn auch vorzugsweise in lichten Vorhölzern. Am seltensten ist er im reinen Nadelwald und garnicht zu finden im Strauchgehölz ohne große Bäume. Als Standvogel streicht er nur nach der Brutzeit in kleinen Flügen umher, wo es jedoch keine Eichen gibt, gehen die Flüge zeitweise weit fort; aus nordischen Gegenden wandern sie im September und Oktober auch ziemlich weit südwärts und kehren im März und April zurück. Sehr unruhig und immer in Bewegung durchstreicht das Pärchen täglich mehrmals seinen bestimmten Bezirk und treibt unter lautem Geschrei und Lärmen sein Wesen. Listig und neugierig, unter Umständen dreist und keck, läßt er sich, sobald er verfolgt wird, nicht leicht ankommen und dann verdirbt er durch sein warnendes Geschrei dem Jäger nur zu häufig die Jagd, indem das Wild von ihm aufmerksam gemacht und verscheucht wird. Mit raschem Flügelschlag fliegt er in kurzen Entfernungen dahin, durchschlüpft ungemein gewandt das Gezweige und hüpft auf der Erde unter seltsamem Sträuben der Kopffedern.

Seine Rufe erschallen rätsch, rätsch, räh, dann kreischend räh und gedehnt miäh. In der Weise der Krähen läßt er auch ein singendes Geplauder ertönen. Gloger schildert seine Laute in folgender Weise: „Bald ruft er durchdringend rhäätsch, rätsch, bald etwas gedämpfter rää; in der Angst käch, käh oder krääh, krää, zuweilen markolfus, auch sanfter, vielleicht lockend, wie der Mäuse= bussard hiäh; oft miaut er wie eine Katze. Aus solchen und anderen gurgelnden, schwatzenden, pfeifenden und kreischenden Tönen setzt sich ein Gemisch von wunderlichem Gesang zusammen, welchen junge Männchen selten im Herbst, manche alten schon im Februar, hören lassen. Daneben äfft er zugleich die Lockstimme anderer Vögel vor= trefflich nach; ja, man hat ihn das Wiehern eines Füllens, die Töne des Scharfmachens einer Säge, das Krähen des Haushahns und das Gackern der Hennen nachahmen hören." Diese Angaben vervoll= ständigt A. E. Brehm in Folgendem: „Außer seinen Natur= lauten stiehlt er alle Töne und Laute zusammen, welche er in seinem Gebiet hören kann, den miauenden Ruf des Bussards gibt er auf das täuschendste und so regelmäßig wieder, daß man in Zweifel bleibt, ob es seine eigenen oder fremde Töne sind..." Wie weit die Nachahmungskunst des Hehers geht, erzählt der Letztgenannte nach Rosenheyn: „Einst im Herbst setzte ich mich, von der Jagd er= müdet, im Walde unter einer hohen Birke nieder und hing in Ge= danken den Erlebnissen des Tages nach. Darin störte mich nun, aller= dings in nicht unangenehmer Weise, das Gezwitscher eines Vogels. So spät im Jahre, dachte ich, und noch Gesang im schon ersterbenden Walde? Aber wer und wo ist der Sänger? Alle nahestehenden Bäume wurden durchmustert, ohne daß ich denselben entdecken konnte, und dennoch klangen immer kräftiger seine Töne. Ihre große Aehn= lichkeit mit der Singweise einer Drossel führte mich auf den Gedanken, eine solche müsse es sein. Bald erschallten jedoch in kurz abgerissenen Sätzen auch minder volltönende Laute als die ihrigen; es schien, als hätte sich ein unsichtbarer Sängerkreis in meiner Nähe gebildet. Ich vernahm z. B. ganz deutlich sowol den pickenden Ton eines Spechts, als den krächzenden der Elster; bald wiederum ließ der Würger sich hören, die Drossel, der Star, ja selbst die Rake, alles mir wohl= bekannte Laute. Endlich erblickte ich in bedeutender Höhe einen — Heher. Er war es, welcher sich in diesen Nachahmungen übte."

Gleich der Nahrung anderer Krähenvögel besteht auch

die des Eichelhehers vornehmlich in allerlei lebenden Thieren, welche er eben zu überwältigen vermag, und durch das Aus= rauben der in weitem Umkreise seiner Brutstätte befindlichen Vogelnester zeigt er sich ungemein schädlich. Dagegen kann seine nützliche Thätigkeit durch Vertilgung von allerlei Kerb= thieren, sowie Mäusen und anderen Nagern keinenfalls als überwiegend inbetracht kommen. Auch Vögel bis zu Drossel= größe tödtet er zuweilen, namentlich, wenn sie in der Winters= noth matt geworden sind. Zeitweise verzehrt er Eicheln, Buch= und Haselnüsse, welche er im Kropf erweicht und dann wieder hervorholt, um die Schalen zu zerbrechen; ferner Vogel=, Hollunder= und andere Beren, sowie Getreide= ähren mit halbreifen Körnern. Gelegentlich frißt er gern Aas. Bei Nahrungsüberfluß legt er sich Vorrathsstätten an.

Im April steht das Nest im dichten Gesträuch etwa mannshoch, doch meistens höher, als eine offene, aus Reisern, namentlich Haidekrautstengeln geformte Mulde, welche mit allerlei Haren und Würzelchen ausgerundet ist und ein Gelege von 5 bis 9 Eiern enthält, die düstergelblich=, bläulich= oder grünlichweiß, mattbraun gefleckt, gepunktet und besprizt sind. Beide Gatten des Pärchens erbrüten das Gelege abwechselnd in 16—17 Tagen. Die Jungen werden mit weichen Kerbthieren und Würmern, vorzugs= weise aber mit den geraubten Bruten anderer Vögel, auf= gefüttert. Nur wenn die erste Brut zerstört wird, macht das Pärchen im Juni noch eine zweite.

Während der Heher seinerseits den Thurmfalk neckt und verfolgt, ist er äußerst ängstlich vor Habicht, Wander= falk und selbst vor dem Sperber, welcher letztre, wenigstens das Weibchen, gleichfalls mit Erfolg auf ihn stößt; außer= dem schlägt ihn der Uhu, und der Marder raubt sein Nest aus. Aus Furcht vor den gefiederten Räubern fliegt er über freies Feld niemals truppweise, sondern einzeln hinter=

einander in ziemlich weiten Zwischenräumen. Sein schlimm=
ster Feind ist natürlich der Mensch, und in der That liegt
dazu, ihn unnachsichtlich fortzuschießen oder zu fangen, um
seiner erwähnten Schädlichkeit, vornehmlich des Nesteraus=
raubens, willen, Veranlassung genug vor. Für die Forst=
wirthschaft soll er einerseits nützlich sein, indem er Eicheln
u. a. verschleppt und also verpflanzt, wohin sie sonst nicht
so leicht kommen würden; schädlich aber wird er, indem er
allerlei Waldbaumsämereien, auch auf bestellten Anlagen,
vernichtet. Beim Drosselfang in den Dohnen richtet er oft
durch Ausfressen der Beren oder der in den Schlingen
hängenden Vögel erheblichen Schaden an. Nach Lenz ist
er ein wirksamer Vertilger der Kreuzotter, doch dürfte dies
thatsächlich keineswegs von großer Bedeutung sein. In den
Dohnen wird er blos beiläufig einmal gefangen und zwar
nur die aus nördlichen Gegenden vorüberstreichenden; die
bei uns wohnenden Heher dagegen sind infolge eifriger Ver=
folgung seitens der Jäger meistens sehr scheu und gewitzt.
Am wirksamsten thut man ihnen Abbruch, indem man das
Nest beschleicht, wenigstens den einen Alten dabei schießt
und die Brut vernichtet. Außerdem werden sie auf der
Krähenhütte und gelegentlich auf der Suche oder dem An=
stand abgeschossen. Buffon rühmte das Fleisch dieses Hehers;
wenn es erst abgekocht und dann gebraten werde, schmecke
es wie Gänsebraten. Warum will man denn nicht das
Nützliche mit dem Angenehmen verbinden und insbesondre
junge Heher zahlreich für die Küche erlegen!

Gefangen wird der Eichelheher mit dem Wichtl, einer
lebenden oder ausgestopften Eule auf Leimruten oder in
Schlingen. Als alter Vogel läßt er sich schwer eingewöhnen
und kaum zähmen, er zerstößt sich vielmehr das Gefieder
und wird bald unansehnlich. Dankbarer für die Stuben=
vogelliebhaberei zeigt sich der aus dem Nest geraubte junge

Eichelheher, welcher aufgefüttert worden. Er ist ungemein liebenswürdig, kommt gern auf den vorgehaltnen Finger, läßt sich streicheln und liebkosen und ist sehr gelehrig, lernt Liederweisen nachflöten, auch recht gut menschliche Worte, jedoch nur 5—6, höchstens 8, nachsprechen, aber langsamer, meistens undeutlicher als die Elster und ohne eine Spur von Verständniß; er vermag nicht einmal die Bezeichnung eines besondern Leckerbissens zu begreifen. Ein solcher Heher ist manchmal ein begabter Spötter. Mit anderen Vögeln darf man ihn natürlich nicht zusammenbringen. Schon Buffon sagt, daß er im Käfig 8—10 Jahre gut aus=dauere. Bechstein rühmt seine Eigenschaften in Folgendem: Diese Vögel empfiehlt ihre Gelehrigkeit, indem sie leicht sprechen lernen, besonders wenn man ihnen die Zunge gelöst hat*), doch sprechen sie nichts als einzelne Worte. Sie lernen Trompeterstückchen und andere kleinstrofige Melobieen und grackeln die Töne von vielen Vögeln nach. Ihre Farben haben gleichfalls Reiz genug, sie zu Stubenvögeln zu machen. Außerdem kann man sie zum Ein= und Ausfliegen gewöhnen, doch geht dies nicht, wie bei den Raben= und Krähenarten in der Stadt an, sondern nur auf dem Lande, nahe am Wald und Feld.

Einen zahmen Heher schildert Herr Karl Scholz: In einer Mühle kaufte ich ihn; er sollte pfeifen, sprechen und singen. Als Forstmann kannte ich die unvergleichliche Nachahmungsfähigkeit, nicht minder aber auch die Diebs= und Plünderungsgelüste dieses schönen Vogels; nimmermehr jedoch hätte ich geglaubt, daß er so reich begabt sei — allerdings bin ich davon überzeugt, daß alle anderen Heher von dem meinigen übertroffen wurden. Sämmtliche Thierstimmen täuschend nachzuahmen, war ihm förmlich Spielerei; er wieherte wie ein Pferd, krähte wie ein Hahn, quiekte wie ein Ferkel, winselte wie ein Hund, welcher vor der Thüre Einlaß haben will, pfiff ein Lied, sprach deutlich seinen Namen ‚Jakob‘, schnalzte, wie man es mit dem Finger thut und rief ‚Frau‘. Sein Meister=stück jedoch war das helle, laute Jauchzen, wie es nur ein Mensch

---

*) Ueber diesen albernen Aberglauben sind wir glücklicherweise heutzutage bereits aufgeklärt und ich bitte inbetreff dessen in dem Ab=schnitt über die Abrichtung Näheres nachzulesen.

vermag und zwar geschah es in zweierlei Weise: ‚juhu‘ (die erste
Silbe kurz), ‚ji uhu‘ (die erste Silbe langgezogen). Alles dies gab
uns Anlaß zu vielem Spaß, und es würde zu weit führen, wenn ich
jede Einzelheit erzählen wollte. Die Thierstimmen vereinigte er
zuweilen wie bauchrednerisch zu einem leisen Geschwätz, und zum
Schluß kam dann das erwähnte Jauchzen. Dabei war der Heher
zahm, machte sich selbst die Schiebethür seines Käfigs auf und zu,
verließ diesen jedoch niemals freiwillig. Leider blieb er einmal über
Nacht im Garten und wurde das Opfer einer Katze, und Alle, die
ihn gekannt, trauerten um den „Jakob‘. Ich besaß ihn drei Jahre.
Noch will ich bemerken, daß er mit besondrer Vorliebe Mäuse ver=
zehrte.“

Als beachtenswerth füge ich die folgenden Angaben eines be=
kannten, kenntnißreichen Vogelwirths, des Herrn Dr. Lazarus
in Czernowitz an: „Der Eichelheher gehört in seinem seidenweichen, wie
bemalt erscheinenden Gefieder, in seiner zierlichen Gestalt und mit dem
wunderlichen Schopf zu unseren schönsten Vögeln; man könnte ihn fast für
einen Tropenvogel halten. Von unseren einheimischen gefiederten
Sprechern wird bestimmt neben dem Kolkraben und dem Star auch
der Eichelheher wohlberechtigte Beachtung finden müssen. Er lernt
vorgesprochene Worte leicht und schnell, spricht jedoch nicht besonders
deutlich, zwar immer noch verständlich, aber kreischend, heiser, und
oft läßt er ganze Silben aus. Vor Jahren hatte ich einen Eichel=
heher, den ich mir selbst aufgezogen, der ziemlich gut sprach: „Guten
Morgen, Herr!“, „was machst Du da?“, „geh fort“, und dazu pfiff
er eine Weise aus Fra Diavolo. Nach zweimonatlichem Unterricht
begann er das erste Wort zu sprechen. Aber, obwol ich mir die
größte Mühe mit ihm gab, ließ er doch häufig manche Silben weg,
was recht sinnstörend war. Immerhin aber ist er so interessant,
daß ihm, in einem schönen Käfig untergebracht, ohne Bedenken neben
einem Papagei im Schmuckzimmer sein Standplatz gewährt wer=
den kann.“

Von einem weißen Heher erzählt Herr Röbbecke:
„Der Eichelheher ist bekanntlich seines bedeutenden Nachahmungsver=
mögens wie seines lustigen Wesens und seiner Schönheit wegen ein
geschätzter Stubenvogel, welcher viel Vergnügen gewährt und bei
gehöriger Reinhaltung und Pflege ein ziemlich hohes Alter erreicht.
Weiße Heher sind selten, immerhin mögen sie indessen öfter vor=
kommen, als man anzunehmen pflegt. Ich sah im Walde in der

Nähe der Stadt Bayreuth in den sechziger Jahren einen ganzen Herbst hindurch einen solchen herrlichen Vogel, den der Besitzer des dortigen Anwesens auf meine Bitte hin schonte, in Gesellschaft von anderen Hehern. Er war reinweiß, selbst der schwarze Bartstrich fehlte, nur die Schwingen und der Schwanz waren tiefdunkel gefärbt. Er verschwand plötzlich und war jedenfalls von einem Bauernjäger todtgeschossen, der ihn wol noch dazu achtlos beiseite geworfen hatte. Sodann sah ich einen ausgestopften Heher, welcher gleichfalls weiß war und nur an Flügeln und Schwanz die natürlichen Farben behalten hatte. Einen dritten weißen Heher schoß ich im Herbst 1871, doch war er so vom Schrot zerrissen, daß ich ihn nicht ausstopfen konnte. Dann war ich 8 Jahre im Besitz eines Hehers, welcher in meiner Familie und von Allen, die ihn kannten, nie vergessen werden wird. Ich hatte ihn als Nestvogel erhalten und aufgefüttert, und beiläufig muß ich bemerken, daß ich ihn niemals dazu bringen konnte, auch beim ärgsten Hunger nicht, Eicheln zu fressen. Dieser Heher entwickelte eine solche Sprachbegabung, daß wir Alle unsere Freude an ihm hatten. Ich will mich nicht bei Einzelheiten aufhalten, aber soviel sei gesagt: er stellte manchen guten Papagei und alle meine früher gehaltenen Heher durch seine Vielseitigkeit in den Schatten. Er pfiff wunderschön und es war urkomisch, wie er sich abmühte, den Siegfriedsruf nachzupfeifen, ohne ihn indessen fertig zu bringen. Der Vogel war prachtvoll im Gefieder, kerngesund und nur zu sehr mordlustig, denn er tödtete Alles, was er erlangen und überwältigen konnte. Bis zu seiner zweiten Mauser zeigte er keinerlei Abweichung in der Färbung, dann aber erschienen weiße Federn am Halse, der Bartstreif kam graulich verwaschen hervor. Das übrige Gefieder behielt noch seine Farben. Allmählich aber wurde der Vogel am ganzen Körper mehr und mehr und im fünften Jahre völlig reinweiß; der Bartstreif war verschwunden, nur die blauen Spiegel an den Flügeln waren in aller Pracht geblieben, die sonst schwarzen Flügel- und Schwanzfedern erschienen dunkelblau und mattweiß gebändert, verwaschen, doch mit deutlicher Zeichnung, sodaß sie einer matter abgetönten Fortsetzung des Spiegels glichen. Das Auge blieb durchaus unverändert. Natürlich sah der Vogel jetzt prächtig aus — aber die Freude sollte leider nicht lange dauern. Obwol er gesund und munter sich zeigte und sein Benehmen gleich blieb, ja, seine Lustigkeit sich noch steigerte, wurde sein Gefieder allmählig zottig und sah zerzaust aus. Eine eigentliche Mauserung fand nicht mehr statt, und der arme Vogel entfederte sich in drei Jahren vollständig, sodaß

ich ihn nur ungern noch sehen ließ, da er verspottet wurde. Dennoch
plauderte und sang er immerfort. Ich konnte mich nicht entschließen,
den alten guten Stubengenossen zu tödten, und so saß er denn
splinternackt auf seiner Stange, nur noch mit drei Schwanzstummeln
und einigen wenigen Flügelfedern, und dabei pfiff und schwatzte er
munter in die Welt hinaus. Nachdem er noch am Morgen recht
lustig gewesen, lag er eines Abends todt im Käfig. Uebrigens muß
ich noch beiläufig einen Zug von diesem Heher mittheilen: Ein
Star, welcher durch Uebermuth und Rauflust die ganze Bewohner=
schaft eines Flugkäfigs in Schrecken versetzt hatte, sollte abgesondert
werden, und ich konnte ihn vorläufig nirgends anderweit unter=
bringen als bei dem Heher; auch meinte ich, wenn der Star vom
Heher tüchtig abgeschüttelt werde, so könne ihm dies nichts schaden,
sondern nur seinen Uebermuth dämpfen. Jener griff diesen auch
sogleich wüthend an, aber der Star setzte sich so wacker zur Wehr,
daß er den viel stärkern Heher mit Erfolg zurückschlug. Seitdem
lebten beide in Freundschaft oder wenigstens im Frieden im Käfig
zusammen."

Die sehr hübsche Schilderung eines Hehers gibt sodann
noch Fräulein Agnes Lehmann in Langebrück bei Dresden:
„Im Walde fing ich mir selbst einen jungen Heher, welcher noch
nicht gut fliegen konnte. Es war schon längst mein Wunsch, diesen
einheimischen Papagei, wie man ihn im Scherz zu nennen pflegt, zu
erlangen, und nun erst, da ich ihn hatte, machte ich die Erfahrung,
daß er der liebenswürdigste und unterhaltendste Vogel ist, den man
sich wünschen kann. Mein Erstaunen war nicht gering, als der
junge Heher sogleich, nachdem ich ihn im Zimmer frei gelassen, sich
auf den Käfig meines Stars setzte und dort ruhig blieb, anstatt wie
andere Wildlinge umherzutoben oder sich zu verstecken. Mit seinen
hellblauen Augen sah er mich zutraulich an, ließ sich streicheln und
nahm das ihm aus der Hand gebotne Futter ohne weiteres. Ver=
suchsweise setzte ich ihn in den Käfig des Stars, welcher ihn jedoch
derartig biß, daß ich ihn sogleich wieder entfernen mußte. Dann
wählte sich der Heher einen aus mehreren Aesten bestehenden Baum=
zweig zum Sitz, welcher vor dem Starbauer angebracht war, und
hier saß er ganz ruhig, obwol jener sich bemühte, ihn in die Beine
zu beißen. Nach acht Tagen konnte der Heher gut fliegen, aber
obwol ich das Fenster, an welchem sein Sitzplatz war, öffnete, zeigte
er doch durchaus keine Lust, die Freiheit zu genießen. Nun ließ ich
ihn auf die vorgehaltne Hand steigen und trug ihn auf einen einige

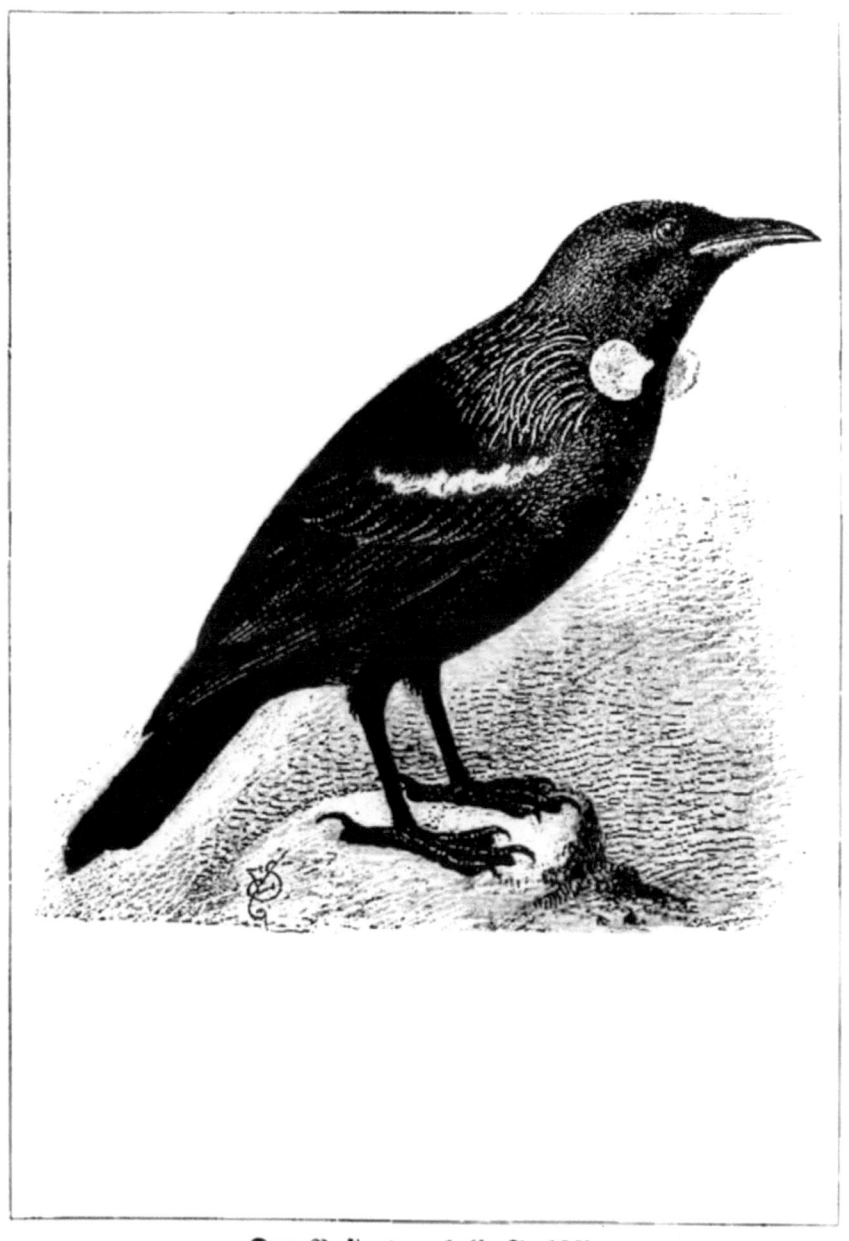

Der Paſtorvogel (ſ. S. 126).

¹/₃ der natürlichen Größe.

Schritte vom Fenster entfernten Kirschbaum; aber so oft dies auch geschah, er kehrte immer wieder in das Zimmer zurück. Erst ganz allmählich machte er von seiner Freiheit Gebrauch, sodaß er im Garten umherflog und stets auf den Käfig des Stars, wo sein Futternapf stand, zurückkam. So war es mir gelungen, den Heher leichter als irgend einen andern Vogel zum Aus- und Einfliegen zu gewöhnen. Ich hatte bereits zwei Drosseln, eine Krähe und einen Raben, welche sämmtlich frei umherflogen, aber keiner war von vornherein so zahm und anhänglich wie der Heher. Die Rabenvögel trieben sich in der ganzen Gegend herum, der Heher aber blieb immer im Garten, in der Nähe des Hauses und der Wirthschaftsgebäude, und sobald ich oder Jemand von meinen Angehörigen seinen Namen rief, kam er schleunigst herbei. Von Baum zu Baum fliegend, begleitete er uns durch den Garten und folgte uns auf den Hof, ohne daß er gerufen wurde, sobald er ein Mitglied unsrer Familie erblickte. Anfangs ließ ich das Fenster, vor welchem der Käfig mit dem Star stand, beständig offen, damit der Heher jederzeit in das Zimmer und zu seinem Futter gelangen könne; aber sobald ich ein böswilliges Fortfliegen des Vogels nicht mehr zu befürchten brauchte, blieb das Fenster geschlossen und es wurde hier oder an einer andern Seite des Hauses ein solches nur geöffnet, wenn er Einlaß begehrte, d. h. bei längerm Warten schließlich dagegen flog oder sich auf den Bäumen dicht vor einem Fenster aufhielt und eifrig ins Zimmer spähte. Oft saß er auf dem Sprungbrettchen, welches außen am Fensterkreuz für ihn befestigt war, gerade quer vor den beiden Fensterflügeln; öffnete man nun einen derselben vorsichtig, so ließ er sich dadurch nicht erschrecken, sondern bog Kopf und Hals geschickt zurück, damit er nicht hinabgestoßen würde und dann flog er in das Zimmer. Nachts befand er sich stets in der Stube auf einer Stange, die ich für ihn so hoch und versteckt wie möglich in der Fensternische zwischen den Vorhängen und oberhalb des Starkäfigs angebracht hatte. Im Zimmer, wo er auch trotz des offenstehenden Fensters manchmal verblieb, trieb er die ergötzlichsten Dinge. Besonders gern besuchte er den Star, wenn ich die Thür des Käfigs öffnete. Nachdem er sich dann zunächst durch einige tüchtige Bissen aus dem Futternapf gestärkt, machte er sich an eine gründliche Untersuchung des großen Bauers. Der zänkische Star, welcher es nicht mehr wagte, den viel größern Heher anzugreifen, folgte ihm nun auf Schritt und Tritt, förmlich wie sein Schatten und wollte Alles haben, was jener mit dem Schnabel berührte: Steinchen, Klümpchen Sand,

Papierschnitzel oder auch Knöpfe, Pfropfen u. a., was ich hinein=
warf. Wenn der Heher dergleichen in den Schnabel genommen, so
suchte es ihm der Star zu entreißen und es entwickelte sich eine
förmliche Hetzjagd. Es läßt sich ja nicht beschreiben, wie ungemein
komisch ein solcher Vorgang war; meine Schwester und ich haben
oft Thränen darüber gelacht. Schließlich durfte ich den Heher doch
nicht mehr zum Star hineinlassen, weil ich befürchtete, er würde ihn
umbringen. Die wenigen Stunden gegen Abend, während derer
der Heher in der Stube war, benutzte ich dazu, dem Star einen
kurzen hübschen Jagdpfiff beizubringen; aber er hatte in zwei bis
drei Monaten noch nicht einen Ton davon gelernt; dagegen zeigte
sich der Heher gelehriger. Bereits als er noch ganz jung war, fiel
mir seine augenscheinliche Vorliebe für Musik auf und mehrmals,
wenn ich dem Star vorflötete, flog der Heher auf meine Schulter
und setzte sich still hin, indem er den Kopf horchend nach dem Munde
wandte. Ebenso kam er, wenn ich Klavier spielte, herbei, um regungs=
los zuzuhören. Etwa zu Ende August vernahm ich zum erstenmal,
daß er eine Melodie nachflötete und zwar zu ungewöhnlicher Zeit.
Es regnete nämlich stark und ich hatte den Heher, der vor Nässe
triefte, in einen vor dem Fenster stehenden Baum fliegen sehen. Als
wir aber garnicht mehr an ihn dachten, hörten wir mit einmal den
Jagdpfiff so rein und schön, wie ich es von einem Vogel garnicht
für möglich gehalten hätte; meine Schwester meinte im ersten Augen=
blick, daß ich dem Star vorpfeife. Leider aber brachte er die
kurze Melodie nicht ganz zu Ende; es fehlte immer der letzte Ton,
und ich half nun immer sorgsam nach. Am meisten Lust zum
Pfeifen hatte er bei Regenwetter; also wenn ich nicht draußen bei
ihm sein konnte; im Zimmer pfiff er niemals. Erklärlicherweise ist
es wol sehr schwierig, einen frei aus= und einfliegenden Vogel sprechen
oder nachflöten zu lehren, da er zu viele Zerstreuung hat und man
nicht regelmäßig Gelegenheit findet, ihn zu unterrichten. Als eine
große Leckerei für ihn durften die Stubenfliegen gelten, welche er mit
großer Geschicklichkeit fing. Wenn Eine von uns Schwestern mit
ihrer Handarbeit im Garten saß, war der Heher stets in der Nähe,
untersuchte mit großer Aufmerksamkeit das Arbeitskästchen, stahl auch
gern einen Fingerhut u. a. und verwahrte, zum besondern Ver=
gnügen unserer Bekannten, all' dergleichen, wie auch Eicheln, Nuß=
kerne und selbst Nußschalen, in dem hohen Stehkragen unserer
Kleider. So flog er meiner Schwester mit einer Eichel im Schnabel
auf die Schulter, steckte ihr dieselbe in den Stehkragen, zupfte dann

die Rinde desselben in die Höhe und die Haarlöckchen herunter, sodaß
er die Beute für gut verborgen hielt. Nachdem ich einige Tage verreist
gewesen, ging ich sogleich nach der Rückkehr in den Garten, und als
ich ihn rief, kam er beim Klang meiner Stimme wie ein Pfeil an=
geflogen, setzte sich aber vor mir auf den Zaun und blickte mich
prüfend an, denn ich war noch im Reisemantel und sah ihm wol
fremd aus. Sobald ich jedoch einige Worte gesprochen und er mich
vollends erkannt hatte, flog er auf meine Schulter, und sein ganzes
Benehmen drückte eine solche Freude aus, wie ich sie noch nie bei
einem Vogel gesehen und bis dahin auch nicht für möglich gehalten
hatte; diese Anhänglichkeit war förmlich rührend. So entwickelte er
in vielerlei Zügen eine allerliebste Liebenswürdigkeit, und es würde
viel zu weit führen, wollte ich dieselben noch weiter schildern. Leider
sollten wir ihn nicht lange mehr behalten. Wie gewöhnlich hatte
ihn das Dienstmädchen frühmorgens zwischen 5 und 6 Uhr, noch
ehe ich aufgestanden war, wenn sie das Zimmer reinigen wollte, aus
dem Fenster fliegen lassen (seinen Futternapf füllte ich schon immer
Abends) und dann hat ihn wahrscheinlich der Habicht, dieser ärgste
Feind der Heher, geschlagen, denn er war für immer spurlos ver=
schwunden."

Seit dem Alterthum her war auch der Heher den
Schriftstellern bekannt, und ich will nur anführen, was
Konrad Geßner in komischer Weise über ihn berichtet:
„Dieser Vogel machet aller anderer Vögel Gesang und Geschrey nach.
Er wird jung gefangen / und in einen Käsich gesetzet / daß er lerne
reden / und wann er etliche Worte gelernet / unterstehet er sich noch
mehr zuschwätzen / ja er wird zuweilen in seinem Geschwätz unver=
sehens von dem Sperber erwischet... Er lebet von den Eicheln /
und isset auch Spatzen und andere kleine Vögel. Er wird offt
unsinnig vor Zorn / daß er sich selbst zwischen den verworrenen Aesten
der Bäume erhenkt und umbringt. Man sagt auch / daß er mit
der fallenden Sucht beladen werde. Er ist der Nachteul sehr ge=
hässig / und fliegt schnell herzu / wann er sie schreyen höret / und
greifft sie vor andern Vögeln an. Von den Habichten wird er aber
gefangen... Dieser Vogel wird allein von den Armen zu der Speiß
gebraucht."

Die Liebhaberei für den Eichelheher ist in unserer
Gegenwart weder weit verbreitet, noch regsam, und dies ist
eigentlich sehr zu bedauern; denn einerseits verdient er als

7*

Krähenvogel, bzl. gefiederter Sprecher wirklich größere Beachtung und andrerseits würde es sehr wichtig sein, wenn wir ihn für die Liebhaberei mehr nutzbar machen könnten, indem wir dadurch der leidigen Nothwendigkeit entgingen, diesen Vogel lediglich um seiner Schädlichkeit willen verfolgen und ausrotten zu müssen. Während er gegenwärtig auf unseren Vogelausstellungen immer nur als Seltenheit vorkommt, sollte man es sich angelegen sein lassen, ihn so zahlreich wie irgend möglich aus den Nestern zu heben, in sachverständiger Weise aufzuziehen, abzurichten und vornehmlich bei Gelegenheit der Ausstellungen gut zu verwerthen. Anleitung zur naturgemäßen Auffütterung, Ernährung und Abrichtung werde ich hier weiterhin geben.

Der Tannenheher

[Corvus (Nucifraga) caryocatactes, *L.*].

Bergjäck, Berg- und Birkheher, Holzschreier, schwarzer und türkischer Holzschreier, Mangolf, Markolf, schwarzer Markwart, Gebirgs-Matjatsch, Nußbeißer, -Brecher, -Bretscher, Nußhacker, Nußhart, Nußheher, grauer und schwarzer Nußheher, Nußjägg, schwarzer Nußjäck, Nußknacker, gefleckter, schwarzer und türkischer Nußknacker, Nußkrähe, -Kelcher, -Kretscher, -Kretscher, -Picker, -Rabe, -Schreier, Nußprangl, Spechtrabe, Schwarz- und Steinheher, Tannenelster, Tannenheyer, Tschack, Unschulbsvogel, Waldstarl, Zirbelkrach, Zirbelkrähe, Zirmgratschen. — Casse-noix. — Nutcracker.

Zu den interessantesten aller Krähenvögel gehört dieser gefiederte Zigeuner, wie Chr. L. Brehm die Vögel nannte, welche zu unbestimmter Zeit und ebenso auf unbestimmte Entfernungen hin zu wandern pflegen, wenn in der eigentlichen Heimat die hauptsächlichste Nahrung nicht reichlich vorhanden ist.

Seine Grundfarbe ist dunkelbraun; ein Stirnband, welches sich aber nicht abhebt, ist rußschwärzlichbraun, Oberkopf und Nacken sind rein dunkelbraun, der Zügelstreif ist reinweiß; ein Streif oberhalb und unterhalb des Auges, sodann die Kopf- und Halsseiten und der Rücken sind allenthalben mit weißen Tropfenflecken, deren jeder von einem schwarzen Rand umgeben ist, übersät; an Unterrücken, Bürzel und den oberen Schwanzdecken stehen nur einzelne weiße Flecke, und im Alter sind diese Theile rein dunkelbraun; die Schwingen und großen Flügeldecken sind schwarz, an der Innenfahne kaum merklich heller bräunlich, die zweiten Schwingen haben kleine weiße Spitzflecke, unterseits sind die Schwingen rußschwarz, die Schulterdecken sind schwarz mit weißen Flecken und die großen und kleinen unterseitigen Flügeldecken sind schwärzlich, mit breiten weißen, nach unten zu ge= zackten Endsäumen, der Flügelrand ist weiß und schwarz geschuppt; die Schwanzfedern sind schwarz, an der Innenfahne unmerklich heller bräunlich, die Endbinde ist reinweiß, an den äußersten Federn am breitesten, unterseits sind die Schwanzfedern mattschwarz mit sehr breiter weißer Endbinde; die ganze Unterseite ist dunkelbraun, mit weißen Tropfenflecken übersät, welche an Kehle und Oberhals kleiner sind und an Hals, Brust und Bauch immer größer werden, Unter= leib und Schenkel sind rein bräunlichgrau, nur mit einzelnen weißen Flecken und am Schienbein schmal weiß gestreift; die unteren Schwanz= decken sind reinweiß; der Schnabel ist glänzend schwarz und die Nasen= löcher sind von weiß und braun gestreiften Borstenfederchen verdeckt; die Augen sind dunkelbraun; die Füße sind schwarz. Die Gestalt ist lang und gestreckt; der Kopf ist groß, mit sehr starkem und langem, geradem, spitz zulaufendem, kreiselförmigen Schnabel, mit scharfen Schneidenrändern; die Füße sind verhältnißmäßig lang, und die Zehen haben kräftige gebogene Krallen; die Flügel sind mittellang, mit stark gestuften Schwingen, deren erste sehr verkürzt ist, während die vierte bis sechste am längsten sind; der Schwanz ist mittellang, gerundet; das Gefieder ist dicht und weich, der Oberkopf ohne Haube. Er ist wenig größer als der Eichelheher (Länge 35—36 cm, Flügelbreite 58 cm, Schwanz 12 cm). Das Weibchen ist übereinstimmend, nur heller und fahler röthlichbraun. Das Jugendkleid soll noch heller und mit viel kleineren Flecken, auch sparsamer überstreut erscheinen. Als Spielarten kommen vor: In der Grundfarbe roth, anstatt dunkel= braun; unregelmäßig weiß gescheckt; reinweiß mit rothen Augen (Kaker= lak oder Albino); ebenso weiß, aber mit stark gelbem oder bräun= lichem Ton.

Die Verbreitung des Tannenhehers erstreckt sich aus= schließlich auf die Hochgebirge des gemäßigten und nördlichen Europa, sowie Nordasiens, und hier hält er sich ebensowol in den Laub= als auch Nadelholzwaldungen auf, jedoch immer nur dort, wo Zirbelkiefern (Pinus cembra, L.) vorkommen oder häufig sind. Im Norden soll er als Zug=,

in den südlicheren Gegenden als Strichvogel leben. In
den Jahren, in denen die Zirbelnüsse schlecht gerathen sind,
streicht er auch in die Ebenen hinab, und dann wird er
überall in Deutschland, bzl. in ganz Europa gesehen. Auf
Anregung des Herrn Viktor von Tschusi=Schmidhoffen ist
in letztrer Zeit der Wanderzug des Tannenhehers aufmerk=
sam beobachtet worden und zwar einerseits, um die Ver=
breitung genau zu ermitteln, andrerseits aber, um festzustellen,
ob die nach Schnabelbildung und abweichender Färbung des
Schwanzes schon von den älteren Vogelkundigen, bereits
Klein, später Chr. L. Brehm, Gloger u. A., behauptete
Verschiedenheit einer dickschnäbligen und dünnschnäbligen
oder richtiger schlankschnäbligen Form thatsächlich sei. Hier
liegt es fern, auf die Unterscheidungszeichen derselben ein=
zugehen; ich kann vielmehr nur auf die betreffenden Schrif=
ten hinweisen*). Gleich anderen nordischen Vögeln zeigen
sich die erwähnten Wandergäste oft so harmlos, daß man
sie unschwer erlegen, fangen und selbst mit einer Peitsche
herunterschlagen kann. A. E. Brehm meint, der Tannen=
heher „stehe an Verstand" den verwandten Krähenvögeln
wahrscheinlich nach, dumm aber, wie er gescholten werde,
sei er jedenfalls nicht. Dies ergibt sich auch daraus, daß
er bald genug den Menschen in aller seiner Furchtbarkeit
kennen lernt und dann ebenso scheu wird, wie die Genossen.
Im Gezweige bewegt er sich mit großer Gewandtheit, klettert

---

*) „Der Tannenheher". Ein monographischer Versuch von
Victor Ritter von Tschusi=Schmidhofen (Dresden 1873). — „Der
Wanderzug der Tannenheher durch Europa im Herbst 1885
und Winter 1885/86". Eine monographische Studie von Dr. Rudolf
Blasius (Wien 1886). — „Der Tannenheherzug durch Oester=
reich=Ungarn im Herbst 1887" von Victor Ritter von
Tschusi zu Schmidhofen („Ornis", internationale Zeitschrift
für die gesammte Ornithologie, herausgegeben von Prof. Dr. R.
Blasius und Prof. Dr. G. v. Hayek, Wien, 1889).

und hackt spechtähnlich an der Rinde umher und spaltet
große Stücke ab, um das darunter sitzende Gethier zu er=
langen. Sein Flug geht leicht, aber mit vielen Flügel=
schlägen und trotzdem nicht sehr hurtig; auf der Erde
schreitet oder hüpft er. Nicht so lebhaft wie der Eichel=
heher, ist er jedoch kräftiger. Kreischend schräck, schräck oder
kräck, kräck und körr, körr erschallen seine Rufe, auch läßt er ein
singendes Schwatzen mit Flügeln und Schwanz zuckend hören.

Wie alle Heher ernährt er sich vorzugsweise von allerlei
ihm zugänglichen lebenden Thieren, vornehmlich größeren
Kerbthieren, auch den stechenden, wie Bienen, Wespen,
Hummeln, Hornissen u. a., sodann Säugethieren, insbesondre
Nagern, Vögeln und dem Inhalt der Vogelnester; zeitweise
frißt er Beren, Eicheln, Bucheln und Nadelholzsämereien,
hauptsächlich Zirbelkiefernüsse. Gleich dem Eichelheher soll
auch er bei Nahrungsüberfluß Vorräthe einsammeln und
verstecken. Da er bei uns doch nur im Herbst und Winter
erscheint, so kann von seiner Schädlichkeit nicht viel die
Rede sein; immerhin schießt ihn der Jäger beiläufig, wo
er ihm begegnet, im Walde oder auf der Krähenhütte;
ferner kann er vermittelst einer kleinen Eule gefangen wer=
den, wie er denn in allen möglichen Fangvorrichtungen
leichter zu überlisten ist, als andere Krähenvögel.

Im März steht das Nest 4—10 Meter hoch im dich=
ten Wipfel eines Nadelholzbaums, einer Tanne, Fichte u. a.,
aus Reisern geformt, mit Halmen, Bast, Flechten, Moos
u. a. gerundet, und das Gelege bilden 3—4, nach anderen
Angaben 5—7 Eier, welche sehr glänzend grünlichblau,
grau= und olivengrünlichbraun gefleckt und schwarzbraun
gepunktet sind. Sie werden vom Weibchen allein erbrütet.
Nach der Brut streicht die Familie umher, und wie er=
wähnt schweifen sie manchmal sehr weit in die ebenen
Gegenden hinaus.

Jeder, nicht allein aus dem Nest gehobene und auf=
gefütterte junge, sondern auch der alteingefangene Tannenheher
wird sehr zahm. Als Käfigvogel ist er unter Umständen ganz
angenehm, munter und geschwätzig, aber er soll nur ein oder
doch nur wenige Worte nachplappern und gar nichts nachflöten
lernen. Zu beachten ist, daß er jedweden Holzkäfig zermeißelt,
sowie, daß er jeden schwächern Genossen tödtet. Bechstein in den
ältesten Ausgaben seiner Naturgeschichte behauptet, er müsse
sprachbegabt sein, auch ahme er den Gesang anderer Vögel
in der Weise eines Würgers nach; in neuerer Zeit wollte
man indessen festgestellt haben, daß beides kaum zutreffend
sei. Herr Viktor von Tschusi zu Schmidhoffen, einer der
besten Kenner der Art, schrieb mir, daß er den Tannen=
heher für einen gering begabten Vogel halte, bei welchem
von Sprechenlernen wol schwerlich die Rede sein könne.
Späterhin hat er aber eine doch wenigstens einigermaßen
gegentheilige Beobachtung gemacht. Auf einer Gemsjagd
am Stober lernte Herr Alexander Guggitz in Graz den
Tannenheher als trefflichen Nachahmer des Rothkehlchen=
und Schwalbengesangs kennen*) und unter Bezugnahme
darauf schreibt der erstgenannte Vogelkundige Folgendes:
„Diese mir neue Eigenthümlichkeit des Vogels mußte natürlich um=
somehr mein Interesse erregen, da derselbe seit nahezu 20 Jahren
einen Gegenstand meiner besonderen Forschungen bildet und da ich
seinetwegen nicht nur im zeitigen Frühjahr das Gebirge oftmals be=
suchte, um mich über seine Lebensweise, die ja von der zur Sommer=
und Herbstzeit so sehr abweicht, zu unterrichten, sondern auch wäh=
rend der beiden letzteren Jahreszeiten reichliche Gelegenheit hatte, ihn
im Gebirge und im Garten zu beobachten. Außer dem allbekannten
kräh, kräh, das man zur Herbstzeit insbesondre oft und anhaltend
hört, vernimmt man noch, wiewol seltner, ein tscherr, welches an das
der Misteldrossel erinnert. Den Tönen, welche die allgewaltige Liebe
auch in der rauhen Tannenheherbrust zu wecken vermag, vermochte
ich leider niemals zu lauschen. Dafür aber gab mir einer am

---

*) „Mittheilungen des ornithologischen Vereins in Wien“ 1886.

6. Oktober 1879 einen Solovortrag in meinem Garten und zwar
längre Zeit hindurch, sodaß ich mir ein Urtheil über den Werth die=
ser seiner Leistung bilden konnte. Die von Nüssen strotzenden Hasel=
büsche, welche in großer Anzahl den Garten umsäumten, hatten mehrere
Tannenheher herbeigelockt und längre Zeit hier gefesselt. Durch den
Garten gehend, hörte ich am erwähnten Tage nachmittags ein eigen=
artiges Geschwätz und vorsichtig nach dem Sänger spähend gewahrte
ich in der Nähe einen Tannenheher, welcher auf einem aus dem Ge=
büsch hervorragenden Ast im vollen Sonnenschein saß und sang, bzl.
schwätzte. Was ich da hörte — und ich lauschte solange, bis er schwieg
— mochte zwar tief empfunden sein, doch fehlte dem Gesang, wenn
man denselben so nennen darf, jede Melodie. Es war ein Geschwätz,
dem der Elster und der Dohle, wie man es zur Zeit der Liebes=
werbung beider hört, gleicherweise ähnlich. Wenn man den Gesang,
wie B. Placzek*) richtig bemerkt, als Aeußerung des höchsten Wohl=
befindens, der Lust am Dasein, auffaßt, so dürfte der Herbstgesang,
wie wir dies übereinstimmend an anderen Vögeln wahrnehmen —
nicht nur junge singen zu dieser Zeit, sondern auch alte —, der sich
von dem des Frühlings nur durch Mangel an Feuer unterscheidet,
kaum anders lauten. Manche Arten aber, die sonst in der Regel
nicht als Nachahmer fremder Gesänge und Lockrufe bekannt sind,
mischen zuweilen solche unter ihren Naturgesang, und da auch der
Eichelheher in täuschender Wiedergabe der verschiedensten Laute nicht
Geringes leistet, so mag sich der Tannenheher ebenfalls mit mehr
oder weniger Glück darin versuchen und seinen bescheidnen ererbten
Gesang durch fremde Laute bereichern."

Der Heher mit gestreifter Kehle [Corvus (Garrulus) lanceolatus, *Vig.*] ist am Kopf schwarz, Rücken röthlich=
graubraun; Schwingen schwarzbraun, die mittleren Schwingen an der
Außenfahne blau und schwarz quergebändert, Spitze weiß und vor
dieser eine schwarze Binde, Deckfedern der ersten Schwingen weiß
(einen großen weißen Spiegel bildend), die übrigen Flügeldecken
schwarz; Schwanzfedern an der Außenfahne blau und schwarz quer=
gebändert, mit weißer Spitze und vor dieser schwarzer Binde, Innen=
fahne schwarzgrau; Kehle schwarz, weiß gestrichelt; ganze übrige
Unterseite hellweinroth. Größe erheblich geringer als die des Eichelhehers.
Heimat: der Himalaya, wo er sehr gemein ist und in der

*) „Der Vogelgesang nach seiner Tendenz und Entwicklung" in
den „Verhandlungen des naturforschenden Vereins in Brünn" 1883.

Lebensweise unserm Holzheher gleicht. Brutzeit: Mai und Juni. Gelege 3—4 Eier, welche auf grünlichgrauem Grund dunkel gefleckt sind, hauptsächlich am dickern Ende, und mit einigen schwarzen Haarstrichen. Dem Jugendkleid fehlt die Strichelzeichnung auf der Kehle (Hutton). Im zoologischen Garten von London ist diese Art nur zweimal vorhanden gewesen und von Fräulein Chr. Hagenbeck war i. J. 1884 ein Par lebend eingeführt und in der „Gefiederten Welt" ausgeboten. — Schwarzkehliger Heher (Chr. Hagenbeck), Strichelheher (! Rchn.). Lanceolated Jay.

*

Der **Unglücksheher** [Corvus (Garrulus) infaustus, *L.*] ist ebenfalls sowol im ganzen Wesen, als auch in der Lebensweise unserm einheimischen Eichelheher sehr ähnlich, trotzdem aber durch solche Merkzeichen verschieden, daß man ihn in eine besondre kleine Sippe: Flechtenheher (Perisoreus, *Bonap.*) gestellt hat; der vorzugsweise schlanke, gerade, an der Spitze wenig, längs der Dillenkante stärker gebogne Schnabel, kurzläufige Füße, gesteigerter Schwanz und besonders weiches Gefieder ohne Schopf. — Der Unglücksheher ist an Oberkopf, Kopfseiten und Nacken schwärzlichbraun; die übrige Oberseite ist heller, roströthlichgrau, Unterrücken und Bürzel sind mehr roströthlich, die Flügel aschgrau, die ersten Schwingen sind an den Innenfahnen braun, die großen Flügeldecken rothbraun, die kleinen mehr bräunlichgrau; der Schwanz nebst den oberen und unteren Schwanzdecken ist rostroth, alle Schwanzfedern sind an den Außenfahnen, sowie die beiden mittelsten ganz röthlichgrau; die Kehle ist grau, die übrige Unterseite röthlichgrau; Schnabel und Füße sind schwarz, die Augen dunkelbraun. In der Größe bleibt er hinter dem Eichelheher bedeutend zurück (Länge 30—31 cm, Flügelbreite 46—48 cm, Schwanz 13 bis 14 cm). Das Weibchen ist nicht verschieden und das Jugendkleid erscheint nur fahler. Seine Heimat ist ganz Nordeuropa und Nordasien, auch der höchste Norden von Amerika. Streichend kommt er nach südlichen Gegenden und so ist er mehrfach in verschiedenen Theilen Deutschlands erlegt worden.

Den Aufenthalt bilden vorzugsweise Nadelholzwälder und
nur auf der Wanderung der Laubwald. Er soll klüger
und auch lebhafter als der Eichelheher sein. Bei Annähe=
rung von Gefahr drückt er sich regungslos an einen Baum=
stamm und verhält sich ruhig, um hinterrücks dann plötzlich
mit durchbringendem Schrei abzufliegen. Nach Brehm ist
der Unglücksheher zugleich anmuthiger als der Verwandte;
sein Flug sei leichter, dahingleitend, und dabei fallen die
rothen Flügel= und Schwanzfedern ins Auge. Auf den
Zweigen hüpft er in weiten Sprüngen, klettert auf und
nieder oder läuft förmlich rutschend; in der Weise eines
Spechts hängt er sich an die Baumstämme, jedoch meistens
in schiefer Richtung. In der Ernährung ist er wiederum
mit den übrigen Hehern übereinstimmend: Allerlei lebende
kleine Thiere, sodann Sämereien und Beren, namentlich die
Samen der Nadelhölzer, Arven u. a. sind seine Nahrung.
Seine Töne erklingen klangvoll güb, güb, klagend gräc,
gräe und schrill skruih, skruih. Nach den letzten schauerlich
tönenden Lauten soll er den Namen haben. Zu Anfang
April fällt seine Brutzeit und das dem des Eichelhehers
gleichende Nest enthält ein Gelege von 5—8 Eiern, welche
Wolley beschreibt: auf schmutzigweißem bis grünlichweißem
Grund röthlichgrau und heller oder dunkler braun gefleckt.
Der genannte Reisende fand zu Mitte des Monats Mai
in den meisten Nestern mehr oder minder flügge Junge.
Dieser wie alle übrigen Reisenden schildern ihn als einen
zutraulichen und sehr neugierigen Vogel, welcher leicht zu
fangen und einzugewöhnen ist, aber im Käfig sich unge=
mein listig zeigt, nur zu bald den Verschluß öffnet und
entkommt. Lebend eingeführt wird er höchst selten, sodaß
er bisher erst einmal in den zoologischen Garten von London
gelangt ist. — Canada Jay.

*

Als Blauheher [Cyanocitta, *Strickl.*], Blauraben [Cyanocorax, *Boie*] und Goldheher [Xanthoura, *Bp.*] werden von den übrigen Hehern kleine Sippen geschieden. Als deren gemeinsames hauptsächlichstes Unterscheidungsmerkmal soll der mehr oder minder lange, immer aber verhältnißmäßig kurze Schnabel gelten, der bei manchem bereits am Grunde, bei anderen erst an der Spitze gekrümmt ist. Im übrigen haben sie folgende Kennzeichen: Ihre Gestalt ist schlank, lang gestreckt; der Schnabel ist theils mit, theils ohne Borstenfederchen um die Nasenlöcher bedeckt; im kurzen Flügel sind die vierte bis fünfte oder sechste Schwinge am längsten; der mehr oder minder lange Schwanz ist abgerundet oder gestuft; die Füße sind schlanker als bei den Verwandten; der Kopf ist mit einem Schopf geziert. Das Gefieder ist weich und knapp anliegend und bei den meisten vorherrschend blau, bei manchen braun, bei einigen gelb gefärbt. In der Lebensweise, Ernährung, sowie in allen übrigen Eigenthümlichkeiten gleichen sie wiederum den Verwandten, insbesondre unserm Eichelheher. Ihre Verbreitung erstreckt sich in zahlreichen Arten über Nord=, Mittel= und Südamerika.

Der gemeine Blauheher
[Corvus (Cyanocitta) cristatus, *L.*].

Blauheher, gehäubter blauer, Hauben= und Schopfheher. — Blue Jay.

Unter allen fremdländischen Krähenvögeln gehört dieser schöne Heher zu denen, welche im Handel am gemeinsten sind. Er ist an der Oberseite blau, mehr oder minder glänzend; Oberkopf und Haube sind hellblau, Stirnstreif und Zügel schwarz, die Kopfseiten und ein breiter Augenbrauenstreif bis zum Schnabel einerseits und zum Ohr andrerseits sind reinweiß; ein breites Band, welches vom Hinterkopf schräg hinunter bis zum Oberhals verschmälernd sich erstreckt und die weiße Kehle umsäumt, ist tiefschwarz; die Flügel sowol als auch der Schwanz sind schwarz, dunkel= und hellblau quergebändert, über den Flügel zieht sich eine breite weiße Querbinde und die zweiten Schwingen sind breit weiß gespitzt, auch der Schwanz hat ein breites weißes Endband; die ganze Unterseite von der Brust an ist mehr oder minder rein= oder grauweiß; Schnabel und Füße sind schwarzbraun, die Augen braun. Die Größe ist beträchtlich geringer als die des Eichelhehers (Länge 28 cm, Flügelbreite 40 cm, Schwanz 12—13 cm). In ganz Nordamerika ist er häufig

und zwar im Norden als Strich= und Wander=, in süd=
lichen Gegenden als Standvogel. Seinen Aufenthalt bilden
alle Wälder, sowie auch große Fruchtgärten. Wie schon
in der allgemeinen Uebersicht dieser Sippe gesagt worden,
ist er im ganzen Wesen, sowie in der Lebensweise, Er=
nährung u. a. m. mit dem Eichelheher übereinstimmend.
Besonders erwähnenswerth ist daher nur noch, daß auch
er die Stimmen von mancherlei Vögeln und anderen Thieren
wiederzugeben vermag. „Sein Geschrei klingt nach Ger=
hardt wie titullihtu und göckgöck; der gewöhnliche Ruf ist
ein schallendes käh. Der genannte Naturkundige sagt, daß
er die Stimme des rothschwänzigen Bussard, Audubon, daß
er den Schrei des Sperlingsfalk aufs täuschendste nach=
ahmt und alle kleinen Vögel der Nachbarschaft dadurch
erschreckt" u. s. w. Wie unser Heher schreit er, sobald er
einen Fuchs oder ein andres Raubthier bemerkt und warnt
damit die kleineren Vögel, sowie auch andere Thiere,
während er seinesgleichen und Krähen herbeiruft, um mit
diesen gemeinsam den Feind zu ärgern und zu vertreiben.
Er soll zwei Bruten im Jahr machen und das Gelege be=
steht in 4—5 Eiern, welche auf olivenbraunem Grund
dunkel gefleckt sind. Obwol er viel aus den Nestern ge=
hoben und aufgefüttert wird, so sind die bei uns einge=
führten Blauheher doch fast sämmtlich eingefangene Wild=
linge. Es dürfte allbekannt sein, daß der berühmte
amerikanische Forscher Audubon einen Versuch mit einer
beträchtlichen Anzahl machte, um diesen schönen Vogel in
Europa einzubürgern. Da man aber damals die zweck=
mäßige Behandlung und Ueberführung solchen fremdländi=
schen Gefieders noch nicht ausreichend kannte, so gingen
dieselben unterwegs zugrunde — und das ist eigentlich
nicht zu bedauern, denn es wäre ja kein Vortheil für
unsere Wälder gewesen, wenn dieser arge Nesträuber in

denselben heimisch geworden. Jetzt ertragen derartige Vögel
die Ueberfahrt ohne jede Gefahr. Bei den Liebhabern ist
dieser prächtige nordamerikanische Heher leider erst wenig
zu finden und daher sind wir über sein Benehmen als
Käfigvogel und über seine Begabung, die zweifellos eine
bedeutende ist, leider nicht ausreichend unterrichtet. Sein
Preis ist noch immer verhältnißmäßig hoch.

Der **schwarzköppige Blauheher** [Corvus (Cyanocorax) pileatus, *Temm.*] ist an Stirn, Zügel und Oberkopf
nebst Haube kohlschwarz; über und unter dem Auge ist ein halb=
mondförmiger himmelblauer Fleck; der Hinterkopf ist gleichfalls blau,
aber jede Feder weißlich gerandet; Nacken, Rücken, Flügel und
Schwanz sind ultramarinblau, die Schwanzfedern am Grund schwarz,
an der Spitze breit weiß; Kehle, Vorderhals und Halsseiten bis zur
Brust kohlschwarz; ganze übrige Unterseite, auch die unterseitigen
Flügel= und Schwanzdecken gelblich= bis reinweiß; Schnabel und
Füße schwarz; Auge grellgelb. Größe erheblich bedeutender als die
des Eichelhehers (Länge bis 37 cm, Flügelbreite 45 cm, Schwanz 17 cm).
Seine Verbreitung erstreckt sich über das ganze wärmere
Amerika, aber er ist mehr im Binnenland, also in den
Pampas, als in den Waldungen, heimisch. Von den
nächsten Verwandten soll er sich nach Burmeister dadurch
unterscheiden, daß sein Gelege nur in zwei Stück bläulich=
weißen braungefleckten Eiern besteht. Hudson dagegen
spricht von 6—7 und einmal sogar 14 Eiern in einem
Nest; auch nach dem Letztern sind die Eier blau, aber zart
weiß bespritzt. In neuerer Zeit wird der Blaurabe und
zwar weniger aus dem Nest geraubte und aufgezogene
Junge, als eingefangene Wildlinge, hin und wieder lebend
eingeführt, und dann kommt er nicht allein in die zoolo=
gischen Gärten, sondern auch wol hier und da auf eine
Ausstellung, wo er ebensowol durch seine Schönheit als
sein muntres krähenartiges Wesen Aufmerksamkeit er=
regt. Trotzdem ist er bei Liebhabern kaum zu finden. —

Gehäubter und Schopfheher (Abrah.), Kappenblaurabe (Br.). Pileated Jay. Uracca (d. h. Elster) in der Heimat.

Der **blauwangige Blauheher** [Corvus (Cyanocorax) cyanopogon, *Pr. Wd.*] ist am ganzen Kopf nebst Haube schwarz; Nacken bläulich= bis reinweiß; Rücken und Flügel schwarzbraun; Schwanz ebenso, doch mit breiter weißer Spitze; oberhalb des Auges ein weißer bogiger Streif, unterhalb desselben jederseits ein ultra=marinblauer Wangenfleck; Kehle, Vorderhals und Halsseiten schwarz; Brust, unterseitige Flügeldecken, Bauch und Steiß weiß. Größe be=trächtlich geringer als die des vorigen. Seine Heimat ist Brasi=lien, wo er nach Burmeister besonders bei Bahia nicht selten sein soll. In den Handel gelangt er nur gelegentlich; in dem zoologischen Garten von London ist er dagegen schon vielfach vorhanden gewesen. — Blaubart= und brasilianischer Heher, brasilischer oder brasilianischer Blaurabe; am zutreffendsten würde er blauwangiger Braun=heher heißen. Blue-bearded Jay.

Der **blaugraue Heher** [Corvus (Cyanocorax) cya-nomelas, *Vieill.*] von Südamerika darf nur beiläufig er=wähnt werden, da er erst einmal im zoologischen Garten von London vorhanden gewesen ist. Seine Grundfarbe ist nicht rein=, sondern graublau; Stirn, Zügel und Augengegend sind sammt=schwarz, Kopf, Hals und Oberbrust rußbraun. Größe nahezu des Eichelhehers. (Beschreibung nach Burmeister). Veilchenrabe (!). Black-headed Jay.

Der **mexikanische Goldheher** [Corvus (Xanthoura) luxuosus, *Less.*] ist an der Stirn bläulichweiß, Stirnseiten rein=weiß, Oberkopf, Zügelstreif und ein Streif oberhalb des Auges sind glänzend blau, Kopfseiten schwarz, Nacken blau; ganze Oberseite grün, Flügel heller, mittlere Schwanzfedern hell blaugrün, die vier äußeren jederseits gelb; Kehle bis zur Oberbrust schwarz; ganze übrige Unterseite gelbgrün; Schnabel schwarz, mit dunkelblauen Nasenfederchen; Augen ? Füße bleigrau. Stark Drosselgröße. Heimat außer Mexiko auch Texas. Er wird nur selten lebend eingeführt; selbst in den zoologischen Garten von London ist er erst einmal in drei Köpfen gelangt. — Mexikanischer Blauheher, Goldheher, mexikanischer Blaurabe. Mexican Jay.

Der **peruvianische Goldheher** [Corvus (Xanthoura)

peruviana, *Gml.*] ist der vorigen Art nahe verwandt und sehr ähnlich, aber Stirn schwach dunkler blau, Oberkopf mit weißem Fleck und ganze Unterseite reiner gelb; beträchtlich größer. Heimat: der Westen von Südamerika. Nur einmal in zwei Köpfen im Londoner zoologischen Garten, sonst wahrscheinlich noch garnicht lebend eingeführt. — Peruvianischer Blaurabe, Prachtheher. Peruvian Blue Jay.

*

Die letzte Sippe der Heher bilden die Graulinge, **Gimpel=** oder **Finkenheher** [Struthidea, *Gld.* s. Brachyprorus, *Cab.*], als deren besondere Kennzeichen folgende aufgestellt sind. Der Schnabel ist kurz, hoch, seitlich zusammengedrückt, am Grunde breit, an der First stark gebogen, mit runden unbefiederten Nasenlöchern; Flügel mittellang, dritte und vierte Schwinge am längsten; Schwanz lang und breit, gerundet; Füße kräftig; Gefieder hart, nur unterseits weich, kurz, glatt anliegend. Heimat: Australien. Nur eine Art.

Der **Finkenheher** [Garrulus (Struthidea) cinereus, *Gld.*]. Als vorzugsweise interessant tritt uns unter allen Hehern diese Art entgegen und zwar nicht allein in ihrer Erscheinung und ihrem Wesen, sondern auch namentlich in ihrem Nestbau. Der Finkenheher, auch Gimpel= und Grauheher oder Grauling (Br.) genannt, ist im ganzen Gefieder bräunlichgrau, die Kopf=, Hals= und Brustfedern sind heller gespitzt; die Flügel sind fahlbraun, Schwingen und Flügeldecken mehr schwarzbraun; Schwanzfedern schwarzbraun, an den Außenfahnen metallisch glänzend gesäumt; Schnabel und Füße sind schwarz, die Augen sind gelblichweiß, mit weißlichem Ring umgeben. Die Größe ist etwas geringer als die der gem. Dohle, bis auf den verhältnißmäßig weit längern Schwanz (Länge 30 cm, Schwanz 17 cm). Das Weibchen ist nicht verschieden. Seine Heimat ist Australien und zwar nach Gould und Gilbert sind es die inneren Theile des Südens und Ostens, wo er vornehmlich im Nadelholzwald, wie unser Eichelheher par= oder familienweise leben soll. Mit Flügeln und Schwanz schwippend schlüpfen die Grauheher in den dichten Baumwipfeln rastlos umher, indem sie rauhe, nichts

weniger als wohllautende Schreie hören lassen. Ihre
Nahrung besteht hauptsächlich in Kerbthieren. Abweichend
von allen Verwandten formt diese Art ein napfförmiges
Nest aus schlammiger oder thoniger Erde, welches auf
einem wagerechten Ast steht und innen mit Gras=
halmen und Fasern ausgerundet ist. Dasselbe enthält ein
Gelege von 4 Eiern, welche weißlich sind, röthlich= und
purpurbraun und grau gefleckt. Als der letztgenannte
Forscher dieses absonderliche Nest fand, schrieb er es einer
ganz andern Vogelart zu und selbst als er sich davon
überzeugen konnte, daß das Weibchen darin brütete, meinte
er noch, die Grauheher hätten es nur dadurch erlangt, daß
sie die eigentlichen Erbauer daraus vertrieben. Dann aber
hat die Züchtung bei uns in Deutschland den unwider=
leglichen Beweis dafür erbracht, daß dieser Heher wirklich
in jener absonderlichen Weise nistet. Dr. Bodinus im
zoologischen Garten sowol als auch A. E. Brehm im
Berliner Aquarium fanden die Gelegenheit, die Brut des
Gimpelhehers vor ihren Augen sich entwickeln zu sehen.*)
Obwol der Grauheher in den großen öffentlichen Natur=
anstalten vielfach vorhanden gewesen, so hat man seine
volle Brutentwicklung bisher noch nirgends beobachtet und
ebenso wenig weiß man, ob er gleich den Verwandten
zähmbar und abrichtungsfähig ist. Die Liebhaber sollten
gerade ihm doch viel mehr als bisher ihre Aufmerksamkeit
zuwenden. — Australischer Finkenheher (Abr.) Grey Struthidea.

* *

Als vorzugsweise beliebte Rabenvögel sehen wir die
Angehörigen der Unterfamilie **Pfeifkrähen** [Gymnor-
hina, *Gr.*], die **Flötenvögel**, vor uns. Sie sollen

*) Eine ausführliche Schilderung werde ich im „Handbuch für
Vogelliebhaber" III (Hof=, Park=, Feld= und Waldvögel) geben.

ebenso wie den Krähen auch den Würgern nahestehen.
Als ihre besonderen Kennzeichen gelten: Schnabel kegelförmig,
mittellang, fast gerade und spitz zulaufend, mit schlitzförmigen oder
runden, aber nackten und nicht von Borstenfederchen bedeckten Nasen=
löchern; Flügel lang und spitz; Schwanz gerade abgeschnitten oder schwach
gerundet. In der Größe sind sie etwas geringer als die Nebel= und Satkrähe.
Die Heimat ist Australien. Hinsichtlich der ganzen Lebens=
weise, sowie auch der Ernährung dürften sie von den
übrigen Krähen wenig abweichen. Ihre Nahrung besteht
nach Gould vornehmlich in Grashüpfern oder Heuschrecken,
auch Früchten oder Sämereien. Der genannte Reisende
hebt hervor, daß sie die Gegend beleben sowol durch ihre
stattliche Erscheinung und ihr farbenschönes oder doch buntes
Gefieder, sowie durch ihre gewandten Bewegungen und ihre
Zutraulichkeit, wo sie nicht verfolgt werden, als auch
namentlich durch ihre klangvollen, weithinschallenden Flöten=
töne, welche, wenn mehrere in einem Gehölz bei einander
sitzend sich hören lassen, ähnlich wie Orgeltöne erklingen
sollen. In den Handel gelangt eine Art nicht selten,
während die übrigen nur beiläufig eingeführt werden; man
sieht sie alle aber, auch die erstre, fast nur in den öffentlichen
Naturanstalten und kaum oder nur gelegentlich einmal bei einem
Liebhaber. Sie sind als sehr gelehrig geschätzt. Vornehm=
lich werden sie überaus zahm und zutraulich. Man hält
sie den großen sprechenden Papageien gleich im Käfig oder
auf dem Ständer und hier zeigen sie im allgemeinen die
bei den Krähenvögeln überhaupt geschilderten Vorzüge und
Schattenseiten. Einzelne vorzugsweise begabte Flötenvögel
lernen vortrefflich nachpfeifen; so berichtet Fräulein Chr.
Hagenbeck von einem solchen im Besitz ihres Vaters, welcher
eine Liederweise und mehrere Signale rein und tadellos
durchflötete, während die meisten allerdings nur eine Strofe
oder ein kleines Stück zu erlernen pflegen. Immer aber,
auch bei den letzteren, sind die Töne rein und ungemein

tlangvoll, und lediglich oder doch vorzugsweise darin dürfte
der Werth eines Flötenvogels für den Liebhaber liegen.
Obwol Gould von einer Art, dem tasmanischen Flötenvogel, angibt, daß er begabt sei, menschliche Worte nach=
sprechen zu lernen, so dürfte dies doch nur ausnahmsweise
der Fall sein, denn bei keinem einzigen der zahlreichen, im
Lauf der Zeit nach Europa gekommenen Flötenvögel konnte
Sprachbegabung mit Sicherheit festgestellt werden. Eigent=
lich bösartig wie manche anderen Krähen sind sie nicht,
wenngleich immerhin allerlei kleine Thiere, sowie ganz junge
Kinder vor ihnen behütet werden müssen, da sie mit dem
scharfen, spitzen Schnabel den letzteren gefährliche Ver=
wundungen beibringen könnten. Anspruchslos und aus=
dauernd im Käfig, sind sie besonders so kräftig, daß man
sie schon mehrfach im ungeheizten Zimmer ohne Nachtheil
überwintert hat. Im Park von Beaujardin bei Herrn
Baron von Cornely erbaute ein Paar ein großes Nest aus
Reisern, aber weder dort, noch anderwärts ist bisher schon
eine volle Züchtung von ihnen erreicht worden. Ihre Preise
sind sehr verschieden und stehen je nach dem Grade der
Zähmung und Abrichtung auf 30—60 Mark für den Kopf.

Der schwarzrückige Flötenvogel
[Gymnorhina tibicen, *Lath.*].

Flötenvogel. — Piping Crow Shrike; Black-backed Piping Crow. — Orgelvogel
(holländisch). — Ca-ruck, bei den Eingeborenen von Neusüdwales (Gld.).

In den zoologischen Anstalten, so namentlich im Ber=
liner Aquarium, bildet ein Flötenvogel immer den besondern
Anziehungspunkt für zahlreiche Besucher. Der schwarz=
rückige Flötenvogel ist an Kopf, Kopfseiten, Kehle, Rücken,
Schulterdecken, Schwingen, Endbinde des Schwanzes und der ganzen
Unterseite schwarz, nur an Nacken, Unterrücken, Flügeldecken, Ober=
und Unterschwanzdecken und Schwanz, letzter mit Ausnahme des

breiten Endbands, weiß; (über den Flügel zieht sich eine breite weiße
Binde); der Schnabel ist am Grunde bläulichaschgrau, an der Spitze
schwärzlich; die Augen sind röthlichbraun und die Füße schwarz.
Nahezu Krähengröße (Länge 43—44 cm, Flügel 27—28 cm,
Schwanz 14 cm). Seine Heimat ist Neusüdwales. Inbe=
treff seines Freilebens gilt vornehmlich das vorhin in der
Uebersicht Gesagte. Er scheint, wenn auch nirgends sehr
häufig, doch auch nicht selten zu sein. Ueberall, wo einzelne
Baumgruppen in freier Gegend stehen, ist er heimisch, und
dann kommt er auch gern auf das angebaute Land der
Ansiedler. Diese wissen ihn als Vertilger vielfachen Unge=
ziefers, insbesondre der Heuschrecken, zu schätzen. Er macht
alljährlich zwei Bruten in der Zeit vom August bis Januar.
Das Nest gleicht dem aller übrigen Krähenvögel, als eine
offne aus Reisern und Stengeln geformte und mit Hal=
men, Fasern, Thier= und Pflanzenwolle ausgerundete
Mulde. Näheres über das Gelege und die Brut konnte
der Reisende nicht angeben, und dieselbe ist bis jetzt auch
noch nicht erforscht worden. Bereits Gould rühmt die
Erhaltbarkeit und Ausdauer dieser Art als Käfigvogel,
und A. E. Brehm schildert sie dann in folgender, aller=
dings etwas überschwenglicher Weise: „Schon der schweig=
same Vogel zeigt sich der Theilnahme werth; ungemein anziehend
aber wird er, wenn er eines seiner sonderbaren Lieder beginnt. Ich
habe Flötenvögel gehört, welche wunderherrlich sangen, viele andere
aber beobachtet, welche nur einige fugenartig verbundene Töne hören
ließen. Jeder einzelne Laut des Vortrags ist volltönend und rein;
nur die Endstrofe wird gewöhnlich mehr geschnarrt als geflötet.
Unsere Vögel sind, um es mit zwei Worten zu sagen, geschickt im
Ausführen, aber ungeschickt im Erfinden eines Liedes, verderben oft
auch den Spaß durch allerlei Grillen, welche ihnen gerade in den
Kopf kommen. Gelehrig im allerhöchsten Grade, nehmen sie ohne
Mühe Lieder an, gleichviel, ob dieselben aus beredtem Vogelmund
ihnen vorgetragen oder ob sie auf einer Drehorgel und anderweitigen
Tonwerkzeugen ihnen vorgespielt werden. Sämmtliche Flötenvögel,
welche ich beobachten konnte, mischten bekannte Lieder, namentlich be=

liebte Volksweisen, in ihren Gesang. Wie es scheint, haben sie die=
selben während der Ueberfahrt den Matrosen abgelauscht. Bekannte
werden regelmäßig mit einem Lied erfreut, Freunde mit einer gewissen
Zärtlichkeit begrüßt. Die Freundschaft ist jedoch noch leichter ver=
scherzt als gewonnen; denn nach meinen Erfahrungen sind diese Raben
sehr heftige und jähzornige, ja rachsüchtige Geschöpfe, welche sich bei
der geringsten Veranlassung oft in recht empfindlicher Weise ihres
Schnabels bedienen. Erzürnt sträuben sie das Gefieder, breiten die
Flügel und den Schwanz aus und fahren wie ein erboster Hahn
gegen den Störenfried los. Auch mit ihresgleichen leben sie viel im
Streit und Kampf, und andere Vögel fallen sie mörderisch an".
Soweit ich selbst beobachten konnte, muß ich sagen, daß die
Angaben inbetreff der Gelehrigkeit des Flötenvogels nach
meiner Ueberzeugung von vornherein übertrieben sind. Von
den zahlreichen, verschiedenen Flötenvögeln, welche ich im
Lauf der Jahre vor mir gehabt, ergab sich kein einziger
als hervorragend begabt. Die Naturlaute sind klangvoll
und ertönen langgezogen und sehr angenehm, aber sie
werden zu keiner Melodie vereinigt, sondern erklingen immer
nur mit wenig Abwechselung in gleicher Weise. Auch
werden sie unterbrochen oder doch beendigt durch allerlei
seltsame schnarrende Laute. Mit dem Nachahmen der Vogel=
lieder dürfte es zudem sein eignes Bewenden haben. Zu
namhafter Kunstfertigkeit wird es der doch immerhin unge=
schlachte Krähenvogel schwerlich bringen. Dagegen habe
ich gehört, daß ein solcher im Berliner Aquarium ein
Reitersignal ziemlich vollständig und eine Liederweise
wenigstens in einigen Strofen ungemein wohllautend nach=
flötete. In welchem Grad, wie und wieviel Sprachbegabung
er entwickelt, vermag ich leider nicht anzugeben.

Der **weißrückige Flötenvogel** [Gymnorhina leuco-
nota, *Gld.*] ist an Nacken, Rücken, Bürzel, Flügeldecken, oberen
und unteren Schwanzdecken, sowie Schwanzfedern am Grund weiß;
das ganze übrige Gefieder ist schwarz und die Schäfte der Schwanz=
federn sind auch am weißen Grund schwarz; der Schnabel ist bläu=

lich, nach der Spitze zu in Schwarz übergehend; die Augen sind
hellbraun, die Füße schwärzlichgrau. In der Größe ist er dem vorigen
gleich. Das Jugendkleid soll nur am graugewölkten Rücken zu
erkennen sein, mit mehr grauem Schnabel. Seine Verbreitung
soll sich über Südaustralien, Viktorialand und Neusüdwales
erstrecken. Gould meint, er sei scheuer als der Verwandte;
der Forscher konnte nur schwierig mehrere Köpfe für seine Samm=
lung erlegen. Die Brutzeit fällt in die Monate September
und Oktober. Das Gelege besteht in 3 Eiern, welche matt
bläulichweiß, zuweilen röthlich angehaucht mit bräunlichrothen breiten
Zickzackstreifen, manchmal schwarz oder braun gefleckt sind. In allem
übrigen ist er mit dem vorigen übereinstimmend, doch wird
er seltner lebend bei uns eingeführt. — White-backed Piping Crow,
White-backed Crow Shrike; Goöre-bat, bei den Eingeborenen (Gld.).

Der **tasmanische Flötenvogel** [Gymnorhina orga-
nica, Gld.] soll vom weißrückigen nur durch schwarzen Bürzel
verschieden sein. Das von einem neuern Schriftsteller angegebne
Merkmal geringrer Größe ist hinfällig. Nur von dieser Art gibt
Gould die Beschreibung des Weibchens; es sei an Nacken und Rücken
grau, die ersten Schwingen und die Spitzen der Schwanzfedern bräun=
lichschwarz. Die Heimat ist Tasmanien, und hier soll seine
Verbreitung keine weite, sondern nur auf bestimmte Oert=
lichkeiten beschränkt sein. Gould hält ihn, wie bereits S.
115 erwähnt, für vorzugsweise gelehrig und sagt ausdrück=
lich, daß diese Art menschliche Worte gut nachsprechen lerne.
Ueber das Freileben berichtet der Forscher wenig; dieser Flöten=
vogel wird hinsichtlich desselben nicht von den anderen abweichen.
Die 4 Eier des Geleges sind grünlichaschgrau, umberbraun
und bläulich bespritzt und muschelartig gefleckt, namentlich
am dickern Ende. — Tasmanian Crow Shrike, Tasmanian Piping Crow,
Organ-Bird and White Magpie der Kolonisten (Gld.).

*   *   *

Die Laubenvögel [Ptilonorrhynchi].

Unter den eigenartigen Erscheinungen in der austra=
lischen Vogelwelt nehmen die Laubenvögel jedenfalls eine

ganz besondre Stelle ein. Gould zählte sie zu den Paradis=
vögeln oder erachtete sie doch als diesen naheverwandt. Wo
sie aber auch von den Vogelkundigen eingereiht werden
mögen, z. B. von A. E. Brehm zu den Staren, von
Anderen zu den Krähenvögeln im allgemeinen — immer
wird man bei näherer Kenntniß zu der Ueberzeugung
gelangen, daß sie von vornherein in der äußern Erscheinung,
namentlich im ganzen absonderlichen Wesen, weniger in der
Lebensweise, dagegen vornehmlich in mancherlei Eigenthüm=
lichkeiten abweichend von anderen Vögeln sich zeigen. Für
die Leser dieses Werks haben sie insofern Bedeutung, als
wenigstens in einem Fall Sprachbegabung festgestellt wor=
den; ich werde weiterhin darauf zurückkommen.

Ihre Kennzeichen sind folgende: Der Schnabel ist kräftig
und dick, wenig hakig; die Füße sind stark; die Flügel sind ziemlich
lang; der Schwanz ist mittellang, gerade abgeschnitten, seicht ausge=
buchtet oder abgerundet. Das Gefieder ist voll, aber ziemlich straff
anliegend und schlicht gefärbt. Drossel= bis Dohlengröße. Außer
Australien sind sie auch auf Neuguinea und einigen anderen
kleineren Inseln heimisch und bis jetzt in 10 Arten bekannt,
welche in mehrere Gattungen geschieden und von denen bis=
her 3 Arten lebend eingeführt werden. Ueppige und dicht
belaubte Gebüsche bilden ihren Aufenthalt; sie dürften
Standvögel sein, welche nach der Brutzeit familienweise
oder in kleinen Flügen umherschweifen. Ihre Nahrung
soll in Früchten, Sämereien und Insekten bestehen, zeitweise
hauptsächlich in Feigen. Näheres über ihr Freileben war
bis zur neuern Zeit nicht bekannt; weder die Kolonisten,
noch die Reisenden wußten etwas von ihren seltsamen
Bauten, welche Gould beobachtete und schilderte. Er hatte
ein solches Vergnügungsnest (Laube) zuerst im Sidney=
Museum gesehen, und als er sich dann bemühte, dasselbe
auch in der Freiheit aufzufinden, gelang ihm dies in den

Zederngebüſchen des Liverpool=Gebiets, wo er in einſamer
Gegend ſolche Lauben auf dem Boden unter überhängenden
Zweigen der Bäume entdeckte und zwar in ſehr verſchiedner
Größe bis zu Meterlänge und darüber aus Stengeln und
Zweigen gewölbeartig geformt und ausgeſchmückt mit allerlei
bunten Dingen, farbenreichen Federn, Muſcheln, Steinchen,
gebleichten Knöchelchen, Blumen, Früchten u. a. m. Dieſe
Lauben dienen aber nicht zum Niſten, ſondern als Balz=
plätze, wo die Männchen ihr Liebesſpiel entfalten. Dieſe
Beobachtungen Gould's wurden ſodann in den zoologiſchen
Gärten, zunächſt in dem Londoner und ſpäter im Park von
Beaujardin bei Tours beſtätigt, wo dieſe Vögel auch in
der Gefangenſchaft ihre Lauben errichteten. Ihre eigent=
lichen Brutneſter ſtehen auf Bäumen und ſind denen der
Droſſeln ähnlich, muldenförmig.

Der eigentliche Laubenvogel
[Ptilonorrhynchus holosericeus, *Khl.*].

Atlasvogel, Atlas=Laubenvogel, bloß Laubenvogel. — Satin Bower - bird, Silky
Bower-bird. — Satin Bird, der Koloniſten von Neuſüdwales *(Gld.)*; Cowry, der
Eingeborenen an der Küſte von Neuſüdwales *(Gld.)*.

In jeder Hinſicht tritt uns dieſer Vogel als eine
ſeltſame und unſre Aufmerkſamkeit voll in Anſpruch
nehmende Erſcheinung des Vogelmarkts entgegen. Er iſt im
ganzen Gefieder einfarbig ſchwarz, bläulichviolett=metallglänzend,
nur an Schwingen und Schwanz tief ſammtſchwarz, die Schwanz=
ſpitze jedoch ebenfalls blauglänzend; die Augen ſind grellblau
mit rothem Rand umgeben; der Schnabelgrund iſt graublau, die
Schnabelſpitze horngelb; die Füße ſind bräunlichhornfarben. Das
Weibchen und das unausgefärbte Männchen ſind oliven=
grün, an Schwingen und Schwanz röthlichbraun; Flügeldecken braun,
grünlich gefleckt; Bruſt und Bauch ſind bräunlichgrün, ſchwarz ge=
ſchuppt; der Schnabel iſt hornbraun; die Füße ſind gelblichhornfarben.
In der Größe kommt er einer Dohle gleich oder dieſelbe iſt etwas be=
deutender. (Länge 35 cm, Flügel 18 cm, Schwanz 12 cm). Die Heimat

dürfte sich nach Gould's Angabe nur auf Neusüdwales beschränken. Diese Art, also der eigentliche Laubenvogel, ist es, deren Bauten der Reisende hauptsächlich beschrieben hat. Seine Stimme ist rauh und knarrend, trotzdem vermag er menschliche und thierische Laute u. drgl. nachzuahmen; auch wird er sehr zahm und zutraulich. Herr Baron von Cornely berichtete nach seinen Beobachtungen im Park von Beaujardin Folgendes: Im Käfig bewegt er sich mit Geschick und Gewandtheit, trotzdem ist er als Stubenvogel eigentlich nicht zu empfehlen, weil er zu vieler Frucht- und Fleischnahrung bedarf und dementsprechend arg schmutzt. Im zoologischen Garten von London, wie auch im Park von Beaujardin errichteten diese Laubenvögel mehrmals die sog. Vergnügungsnester und das Männchen entfaltete sein Liebesspiel; zur eigentlichen Brut aber sind sie noch nirgends gelangt. E. von Schlechtendal ließ sich von Charles Jamrach in London i. J. 1881 drei Köpfe behufs näheren Kennenlernens schicken. „Der Gesang bestand aus einigen knurrenden und murkjenden Tönen, die zwar des Wohlklangs entbehrten, aber zu wenig laut waren, um das Ohr unangenehm zu berühren. Die eigenthümlichen Bewegungen zeigten sich im Vorstrecken des Halses, mit gleichzeitigem Anlegen der Hals- und Kopffedern und Lüften der Flügel. Der Vogel hob langsam erst den einen und dann den andern Flügel, wandte dabei den Kopf erst nach einer und dann nach der andern Seite und nahm darauf seine gewöhnliche Stellung wieder an. Das Männchen mit dem glänzend blauschwarzen Gefieder, dem gelblichen Schnabel und den prachtvollen blauen Augen ist eine recht schöne Erscheinung, das blauäugige graugrüne junge Männchen mit der gesperberten Brust erscheint ebenso wie das Weibchen seltsam und auffallend. Jede Annäherung meinerseits beantworteten sie mit heiserm unfreundlichen Krächzen und beim Futternehmen ließen sie zugleich ein leises Knurren hören". Ich selbst habe Laubenvögel niemals gehabt, dagegen mehrfach auf den Ausstellungen gesehen, jüngere Vögel bei Fräulein Hagenbeck auf der „Ornis"-Ausstellung in Berlin i. J. 1884 und ein altes prächtiges Männchen in Köln a. Rh. bei Herrn G. Voß. Die Preise sind sehr verschieden. Fräulein Hagenbeck hatte das Par mit 200 Mk. angesetzt; zu andrer Zeit pflegt der Kopf mit 50—75 Mk. verzeichnet zu sein.

Der gefleckte Laubenvogel
[Ptilonorrhynchus (Chlamydodera) maculatus, *Gld.*].

Gefleckter Kragen=Laubenvogel und violettnackiger Laubenvogel, Kragenvogel (Br.). — Pinck-necked Bower-bird, Spotted Bower-bird.

Ungleich schöner noch als der vorige, gewährt uns dieser Laubenvogel zugleich eingehende Nachricht über seine Sprachbegabung. Er ist an Oberkopf, Kopfseiten und Kehle schön braun, jede Feder schmal schwarz gesäumt und die Oberkopffedern sind silbergrau gespitzt; der Hinterhals ist mit einem schön hellrosenrothen Fächerkragen aus langen schmalen Federn geziert; die ganze Oberseite nebst Flügeln und Schwanz ist tiefbraun, Rücken=, Bürzel=, Schulter=federn und zweite Schwingen sind je mit einem großen runden, schön bräunlichgelben Spitzfleck gezeichnet; die ersten Schwingen sind weiß=, die Schwanzfedern gelbbräunlichweißgespitzt; der ganze Unterkörper ist graulichweiß, die Seiten mit hellbraunen feinen Zickzacklinien; Schnabel, Auge und Füße sind dunkelbraun, die dicke, nackte, fleischige Haut am Schnabelwinkel ist röthlichfleischfarben. Seine Größe ist etwas geringer als die des vorigen. Obwol die Geschlechtsverschieden=heiten nicht mit Sicherheit angegeben sind, so dürften sie doch darin beruhen, daß das Weibchen den violetten Kragen garnicht oder nur in matterer Färbung hat. Im Jugendkleid fehlt derselbe ganz. Gould beobachtete den Vogel in Neusüdwales, doch dürfte seine Verbreitung sich über das ganze innere Australien erstrecken. Er zeigte sich auffallend scheu und flog beim Aufstöbern stets in die Wipfel der höchsten Bäume. Das Brutnest mit drei Jungen fand Coxen auf einem über ein Gewässer hängenden Baumzweig; es war eine leichte, aus Reisern und Stengeln geflochtene und mit feinen Gräsern und Federn ausgerundete Mulde. Die Lauben= oder Ver=gnügungsnester sollen schöner und größer als die der übrigen Laubenvögel sein; Beccari, Gould und andere Reisende haben interessante und zum Theil wol überschweng=

liche Schilderungen derselben gegeben; der letztgenannte
Forscher brachte eine Anzahl der schönsten von diesem Vogel
errichteten Lauben aus dem Innern von Neusüdwales nach
England mit, wo sie im britischen Museum sich befinden.
Lebend eingeführt wurde die Art zuerst vom Großhändler
J. Abrahams, London, und dieser gibt folgende Schilderung*):
„Ein Weibchen violettnackiger Laubenvogel kam am 1. Juni 1880
von Sidney aus in meinen Besitz. Etwa einen Monat später zeigte
ich es Herrn A. D. Bartlett, Inspektor im zoologischen Garten von London,
welcher meinte, daß der Vogel keine 8 Tage leben würde. Nach
meiner Ueberzeugung war derselbe jedoch nicht allein lebensfähig und
imstande, sich an das wechselvolle Klima von England zu gewöhnen,
sondern er gehörte auch zweifellos zu dem sprachbegabten Gefieder.
Ich beschloß daher, ihn zur weitern Beobachtung zu behalten. Unmittelbar neben meinem Magazin liegt eine Stube, in welcher ich
stets eine größere Anzahl von Vögeln in Käfigen halte. Hier wurde
denn auch der Laubenvogel in einem auf dem Sims stehenden, geräumigen Bauer untergebracht. Mein Name Josef, in der englischen
Abkürzung „Joe‘, wie mich meine Frau zu rufen pflegt, war das
erste Wort, welches er nachzuahmen lernte; darauf kam „pretty boy‘‘
(hübscher Bube), welches ich ihm vorsprach, hinzu. Bald vermischte
er beides, woraus ‚pretty Joe‘ entstand, ein Epitheton ornans, zu
dem ich freilich nur wenig Berechtigung zu haben glaube. Dann
lernte er auch das ‚miau‘ der Katze und das ‚wau, wau‘ eines
Hundes täuschend treu wiederzugeben. Daß ich einen Vogel von dieser
seltnen Art besaß, blieb natürlich nicht lange ein Geheimniß. Selbst
vom Kontinent kamen gelegentlich Vogelliebhaber, um den selten
Gast zu sehen oder vielmehr zu hören. Um ihn aber zu veranlassen,
seine Künste kundzugeben, nahm ich eine Orange in die Hand, öffnete
die Käfigthür und ließ ihn auf eine außerhalb befindliche Sitzstange
gehen. In Erwartung des ersehnten Leckerbissens fing er sofort an,
seinen Tanz auf der Sitzstange auszuführen. Wenn er gefragt
wurde: ‚where is the cat?‘ (wo ist die Katze) oder man rief ‚Puss,
Puss‘ (wie man hier die Hauskatzen ruft), so brachte er sein ‚miau,
miau‘ in allen der Stimme einer Katze möglichen Abwechselungen
vor, während er, wenn man ihm befahl: ‚call the dog‘, sogleich sein
‚wau, wau‘ kräftig ertönen ließ. Zur Belohnung empfing er dann

---

*) „Gefiederte Welt‘‘ 1884.

die Orange, welche auf einen an der Sitzstange eingeschlagenen Nagel gesteckt wurde. Außer dieser weder regelmäßig, noch oft verabreichten Frucht erhielt er nur das Weichfutter, welches ich selbst mische und mit dem ich die sämmtlichen in meinen Besitz gelangenden Insekten= fresser ernähre. So habe ich ihn zwei Jahre lang gehalten, bis mir Herr Bartlett im Mai 1882 wieder einen Besuch abstattete. Jetzt mochte er sich wol von der Lebensfähigkeit des Laubenvogels über= zeugt, jedenfalls auch besondres Interesse an demselben gefunden haben, denn er wünschte ihn mir abzukaufen, und da auch mir daran ge= legen war, daß der merkwürdige Vogel im zoologischen Garten in einer seiner Natur mehr angepaßten Umgebung gehalten und der Beobachtung zugänglich gemacht werde, so gab ich ihn für eine den Einkaufspreis keineswegs übersteigende Summe dorthin ab. Im Juli 1882 wurde dann ein Männchen Laubenvogel derselben Art eingeführt und gleichfalls vom zoologischen Garten erworben. Es ist im Ge= fieder ungleich schöner als das Weibchen und namentlich durch das matt rosenrothe Nackenband geziert. Beide befinden sich unter einer Anzahl anderer seltenen fremdländischen Vögel in einer Abtheilung des Western Aviary unter Pflege des durch seine Liebenswürdigkeit so beliebten Mr. Benjamin Travis. Dieser sagte mir, daß das Männchen Laubenvogel vom Weibchen bald gelernt habe, die Laute der Katzen und Hunde nachzuahmen. Obwol zwischen meinen Be= suchen dort manchmal ein halbes Jahr und darüber vergeht, so kennt das Weibchen noch jetzt meine Stimme. Wenn ich mich hinter dem Gebüsch verstecke und leise frage: ‚where is the cat‘, so folgt sofort das ‚miau‘, und die Besucher rufen dann mit angstvoller Miene: ‚oh, there is a cat in the aviary‘. Das Männchen, selbst wenn die Behauptung, daß es sprachbegabt sei, auf einem Irrthum beruhen sollte, ist doch für die Beobachtung merkwürdig genug. Nahe am Fuß des Drahtgitters, welches den Vorhof des Vogelhauses bildet, hat man einen kleinen Spiegel angebracht. Das Männchen pflückt nun eine Blume oder in Ermanglung dieser ein Blatt und mit diesem im Schnabel, die rosenrothen Nackenfedern gesträubt, den Schwanz fächerartig ausgebreitet und die vor Erregung zitternden Flügel an den Seiten herabhängen lassend, springt es vor dem Spiegel hin und her und bewundert sein eignes Bildniß, vorwärts, rückwärts und seitwärts hüpfend und eigenthümliche knarrende Laute ausstoßend. Ob dies Ausdrücke befriedigter Eigenliebe oder ob es Liebeserklärungen sind, die an den vor ihm stehenden vermeintlichen Genossen gerichtet sein sollen, weiß ich nicht zu sagen. Aber es sieht sich urkomisch an, und der griesgrämlichste alte Sauertopf kann sich des Lachens nicht erwehren. Die beiden Vögel haben mehrere Nester gebaut. Dabei ist es aber auch verblieben. Entweder fehlt ihnen etwas, das zur Brut und Aufzucht der Jungen nothwendig ist oder was mir wahrscheinlicher dünkt, die vielen im gleichen Käfig gehaltenen anderen Vögel lassen sie nicht zum Nisten kommen. Im innern Vogelhause haben sie eine Laube am Boden zu errichten begonnen und zwar aus Reisern, welche in der Weise angeordnet sind, wie die Soldaten ihre Gewehre zusammenzustellen pflegen. Im Außenhof, welcher mit Gras bewachsen und mit lebenden Sträuchern und einem mit Schling= pflanzen umwucherten Baum geziert ist, hatten sie auch einen Bau begonnen und zwar zwischen den Schlingpflanzen. Würde man sie abgesondert in einen entsprechenden Raum bringen, so dürften sie sicherlich nicht allein zur Vollendung des Vergnügungsnests, sondern auch zu einer wirklichen Brut gelangen; ich bin davon fest überzeugt". — Außerdem ist diese Art nicht wieder in den Londoner Garten gelangt, wie sie denn auch zu den seltensten Vögeln des Handels gehört.

Smith's Laubenvogel [Ptilonorrhynchus (Ailuroedus) Smithi, *Lath.*] ist an Kopf und Hinterhals olivengrün, jede Feder des letztern mit schmalem weißen Längsstrich; Rücken und Flügel sind grasgrün, die Federn am erstern mit bläulich scheinenden Rändern, die Flügeldecken und zweiten Schwingen sind mit einem weißen Endfleck an der Außenfahne gezeichnet, die ersten Schwingen sind schwarz, am Grund grasgrün, an der Außenfahne bläulich; die Schwanzfedern sind grasgrün und außer den beiden mittelsten weiß gespitzt; die ganze Unterseite ist gelblichgrün, jede Feder längs der Mitte mit spatelförmiger gelblichweißer Zeichnung; der Schnabel ist hellhornfarben; die Augen sind bräunlichroth; die Füße sind weißlich. Die Heimat soll sich nur auf Neusüdwales erstrecken. Im Gegensatz zum vorigen soll er nach Gould nicht scheu sein, sondern sich bei Annäherung mit geringer Vorsicht bis auf kurze Entfernung ankommen und beobachten lassen. Wenn ihrer mehrere beisammen sitzen, lassen sie ein katzenartiges Miauen erschallen. Weder ein Vergnügungs=, noch das Brutnest dieser Art haben die Reisenden bis jetzt gefunden. Ebenso ist er bisher erst in einem Kopf

i. J. 1879 in den zoologischen Garten von London
gelangt. — Cat-bird.

Die Kragen- oder Halskragenvögel
[Prosthemadera, *Gr.*].

In der großen, fast lediglich nach dem Merkmal der
Pinselzunge aufgestellten Gruppe, in der man die Honig=
vögel oder Honigfresser [Meliphagidae] an einander reiht,
sehen wir eine ganz absonderliche, durch ihre äußeren
Merkmale, sowie ihre Eigenthümlichkeiten sehr auffallende
Art, welche die besondre oben genannte Gattung bildet.
Nach der äußern Erscheinung, wie im Wesen haben sie
ebensowol Aehnlichkeit mit den Staren, als mit den Krähen=
vögeln. Ihre Merkzeichen sind folgende: Das Gefieder ist im
ganzen hart und straff und dicht, aber das Untergefieder sehr weich; einzelne
Körpertheile sind durch ganz eigenartige Federnbildung ausgezeichnet,
so Nacken und Vorderhals. Der Schnabel ist verhältnißmäßig lang,
an der First des Oberschnabels ziemlich stark gerundet, an den
Seitenrändern eingedrückt, die Schneidenränder des Oberschnabels
greifen über den Unterschnabel; die Zunge ist an der Spitze bürsten=
artig zerfasert oder bewimpert; die Nasenlöcher, in einer tiefliegenden
großen Rinne befindlich, sind ebenso wie der Schnabelwinkel und
Grund des Unterschnabels umborstet; die Flügel sind ziemlich lang
und spitz, die erste Schwinge ist schmal, die dritte an der Innenfahne
ausgeschnitten, die vierte am längsten; der Schwanz ist ziemlich breit
und gerade abgeschnitten; die Füße sind auffallend stark, hochläufig,
mit kräftigen, aber nicht scharfen Krallen. Etwa Dohlengröße.
Die Heimat ist Neuseeland. Bis jetzt ist nur eine Art
bekannt. Alles Nähere werde ich bei dieser angeben.

Der Pastorvogel
[Prosthemadera Novae-Zeelandiae, *Gmel.*].

Halskragenvogel von Neuseeland, Kragenvogel, Pfarrvogel, Predigervogel, Tui. — Tui,
Poë, Poë-bird, Poë-Honey-eater, Parson-bird, in England. — Tui, Koko,
die Jungen; Pi-Tui oder Pikari, Heimatsnamen.

Zu dem seltsamsten Gefieder, welches von dem Welt=
theil Australien her zu uns gelangt, gehört der Pastorvogel

oder Tui, der bis vor kurzem gleichsam mit einem Sagen=
schein umgeben war, aber in der neuesten Zeit, da er,
wenn auch nicht als häufig, so doch als allbekannt im
Handel gelten darf, alles Wunderbare für uns verloren
hat. Uebrigens ist er bereits i. J. 1776 von Brown be=
schrieben und abgebildet. Ich gebe hier die Beschreibung nach
dem lebenden Vogel, welchen ich von C. Reiche in Alfeld
bei Hannover bezogen hatte: Er ist fast am ganzen Körper
metallglänzend tief schwarzgrün, an den kleinen Flügeldeckfedern, der
Kehle und ganzen Unterseite bläulich= und grünlichpurpurn schillernd;
der Halskragen im Nacken besteht aus feinen, zerschlissenen, lockig
gekrümmten Federn, deren jede einen schmalen weißen Mittelstreif hat;
der Vorderhals ist außerdem geschmückt mit zwei beweglichen Büscheln
zarter weißer Federn, welche sich gegen einander aufkräuseln; Rückenmitte
und Schultern sind matt schwarzbraun, letztere blau schillernd; über
jeden Flügel zieht sich eine breite weiße Schulterbinde, aus zwei
Reihen der Deckfedern gebildet; die Schwingen sind schwarz, die großen
an der Grundhälfte metallgrün außengesäumt, welche Farbe sich all=
mählich über den ganzen Flügel ausdehnt; die Schwanzfedern sind
oberseits etwas schillernd, unterseits mattschwarz; Bauch und Seiten
sind schwarzbraun; der Schnabel ist schwarzbraun; die Augen sind
dunkelbraun; die Füße sind schwärzlichhornfarben, die Krallen schwarz.
Der Farbenschiller soll verschieden sein, zuweilen mehr in Kupferbronze
übergehend, auch soll eine ganz braune Spielart vorkommen; ein
prächtiger Albino, welcher im Wangarmibezirk erlegt worden, befindet
sich in Dr. Buller's Sammlung im Museum der Kolonie. Der
Pastorvogel ist etwa von Dohlengröße (Länge 30—32 cm, Flügel
14—15 cm, Schwanz 12—12,₇₅ cm). Das Weibchen soll kaum
kleiner, nicht ganz so stark metallglänzend, unterseits mehr braun
sein und etwas kleinere weiße Kehlbüschel haben. Das Jugend=
kleid ist nach Buller schieferschwarz, mit weißer Schulterbinde, einem
weißgrauen Kehlfleck, der sich zuweilen um den ganzen Hals erstreckt,
die Zügel sind gelb und die Augen schwarz. Das Nestkleid ist
weich und flaumig, ohne jeden Metallglanz.

Bis jetzt ist er nur von Neuseeland bekannt. Die
Reisenden Dr. Buller*) und Dr. Thomsen haben ihn so=

---

*) „A History of the Birds of New-Zealand" by Walter
Lawry Buller.

wol nach dem Frei=, als auch Gefangenleben erforscht, und
nach deren Schilderung (welche nebst eigenen Erfahrungen
Herr Peter Frank in der „Gefiederten Welt" 1883 ge=
bracht) sei der Pastorvogel im Nachstehenden meinen Lesern
vorgeführt. In seiner Heimat gehört er zu den gemeinsten
Vögeln und daher wird ihm die Aufmerksamkeit, welche er
um seiner Schönheit und seines absonderlichen Wesens willen
verdient, keineswegs zutheil. Die Kolonisten gaben ihm
den Namen Pastorvogel wegen der beiden weißen Feder=
büschel am Halse, in welchen sie Aehnlichkeit mit der Hals=
binde des Geistlichen finden wollten. „Dem Reisenden, welcher
den Vogel in den heimischen Wäldern beobachtet, erscheint die Be=
zeichnung allerdings zutreffend, denn während er seinen natürlichen
Gesang erschallen läßt, ist jene ‚Binde' am Halse sehr auffallend und
er geberdet sich dabei in einer Weise, welche an den Vortrag eines
Predigers erinnert". Dr. Thomson sagt: „Auf dem Ast eines
Baums wie auf einer Kanzel sitzend, bewegt er den Kopf, neigt ihn
nach einer und dann nach der andern Seite, als ob er sich erst an
diese und darauf an jene Zuhörer wenden wolle u. s. w." Um seiner
ausdrucksvollen Geberden willen, sagt Buller, und weil er
mit Leichtigkeit in der Gefangenschaft zu erhalten, ist er
sowol bei den Eingeborenen, als auch bei den Kolonisten
sehr beliebt. Er ist lebhaft und lustig, hüpft im Käfig
fortwährend von einer Stange zur andern und ahmt jeden
Laut, den er hört, nach, so daß Bellen eines Hundes über=
aus täuschend. „Ein Pastorvogel, welchen ich mit einem gelb=
stirnigen Neuseeländer=Plattschweifsittich (Psittacus auriceps, Khl.)
zusammen in einem Zimmer hielt, ahmte genau das rasche Geschnatter
dieses Vogels nach, aber er lernt auch Sätze von mehreren Worten
deutlich nachsprechen, und ein solcher konnte mehrere Strofen eines
Volkslieds richtig nachsingen. Die Maoris oder Eingeborenen von
Neuseeland wissen seine Nachahmungsbegabung wol zu schätzen und
verwenden auf seine Abrichtung viele Zeit und Geduld. Man erzählt
sich einige hübsche Geschichten unter diesem Volke von der großen
Gelehrigkeit, die solch' Vogel manchmal zeigt. Ein Beispiel kann ich
selbst anführen. Ich hielt einen Vortrag vor einer großen Anzahl

von Eingeborenen im Wharerunanga (Rathhaus) über eine wichtige
politische Angelegenheit und hatte meine Ansichten mit all' dem Ernst,
welchen der Gegenstand erforderte, entwickelt, als unmittelbar nach
Beendigung meiner Anrede und ehe der alte Häuptling, dem meine
Beweisgründe hauptsächlich galten, antworten konnte, ein Pastorvogel,
dessen Netzkäfig an einem Balken über unseren Häuptern hing, in
einer deutlichen, nachdrücklichen Weise das Wort ‚Sito' (falsch) aus=
rief. Der Umstand gab, wie zu erwarten war, zu vieler Belustigung
unter meinen Zuhörern Veranlassung, selbst der alte ehrwürdige
Häuptling Nepia Jaratoa konnte seinen Ernst nicht aufrecht erhalten.
‚Freund', sagte er mir lachend, ‚deine Beweisgründe sind sehr gut,
aber mein Wokai ist ein sehr weiser Vogel und du hast ihn noch
nicht überzeugen können'. In der Freiheit ist der Tui noch
beweglicher und lebhafter als in der Gefangenschaft. Er
hält in seinen Bewegungen nur inne, um seinen fröhlichen
Gesang ertönen zu lassen, namentlich morgens. Die Vögel
führen dann mit förmlicher Begeisterung ein Konzert auf,
welches die Wälder belebt. Außer den glockenähnlichen fünf
Noten (denen stets ein vorbereitender Grundton vorangeht)
ist ihnen ein absonderlicher Ausbruch eigen, der in scherz=
hafter Weise bald mit Husten, bald mit Lachen oder Niesen
verglichen worden; auch bringen sie eine Anzahl von Touren
und Tönen, welche denen wirklicher Singvögel gleichen.
Der Flug ist schnell, anmuthig und etwas wellenförmig
und schwirrend". Layard berichtet von den Flugspielen,
welche sie zu sechs oder mehr Köpfen bei schönem Wetter
hoch in der Luft ausführen. Die Nahrung besteht in
allerlei Beren und Insekten, sowie dem Honigsaft von
mancherlei Blumen, besonders den Blüten des Kowhai
(Sophora grandiflora) und des Flachses. Beim letztern
werden sie in großer Anzahl in Schlingen gefangen oder
von den Eingeborenen gespießt und als Leckerbissen verzehrt;
da sie nicht scheu, sind sie leicht zu überlisten. An den
Beren fressen sie sich sehr fett. Das Nest steht gewöhnlich
in der Gabel eines dichten Buschs, nur wenige Fuß vom

Boden, zuweilen jedoch auch in bedeutender Höhe im be=
laubten Gipfel eines Waldbaums versteckt. Es ist ziemlich
groß, aus Reisern, trockenen Zweigen und grünem, groben
Mos hergestellt, die Mulde sauber mit faserigen Gräsern
ausgelegt, zuweilen auch aus den schwarzen harähnlichen
Fasern der Baumfarne gerundet und nur spärlich mit
kleinen trockenen Binsen ausgelegt. Das Gelege bilden 3
bis 4 Eier, welche in Größe, Gestalt und Färbung ver=
schieden sind, ei= bis birnförmig, weiß bis rosa, rothbraun
bis dunkelbraun bespritzt und getüpfelt, namentlich am
dickern Ende.

Herr Peter Frank besaß zwei Pastorvögel. Den
ersten erhielt er im Januar 1882. Der Vogel war schlecht
im Gefieder, doch sonst anscheinend gesund. „Er war so zahm,
daß er willig die durch das Gitter gereichten Mehlwürmer nahm,
und bald fing er auch an zu singen. Ich muß sagen, daß Thomson's
Beschreibung des Geberdenspiels zutrifft. Ruhig auf der Stange
sitzend, erhebt er sich auf einmal etwas, streckt den Hals, nickt lang=
sam mit dem Kopf und beginnt seinen Gesang mit dem erwähnten
Grundton. Einen Augenblick hält er still, nickt dann abermals ein=
oder zweimal und singt eine Strofe. Wiederum folgt eine Pause
und dann weitres Nicken unter Fortsetzung des Vortrags, diesmal
mit dem Kopf nach rechts gewendet. Einen Augenblick Ruhe, dann
erfolgt abermaliges Nicken und Vortrag, aber nach links gedreht
und am Ende der Strofe manchmal wie ein innerliches Gemurre u. s. w.
Der Gesang ist sehr angenehm, weich und melodisch (?), dabei ab=
wechselnd und auch, trotz der Größe des Vogels, nicht zu stark für
ein Zimmer. Es scheint eine Verwebung eigener und anderer Lieder
zu sein. Thierlaute brachte mein Vogel nicht, auch keine Nachahmung
der menschlichen Stimme. Der ‚Ausbruch‘, der mit Lachen, Niesen
oder Husten verglichen worden, scheint mir von Keinem ganz getroffen
zu sein. Mir kam es stets wie ein kleines Gebrumm oder Gegrunz
vor. Ich hatte sehr großes Vergnügen an dem Vogel, er war stets
munter und lebhaft, auch sonst possirlich. Eine außerordentliche
Gewandtheit zeigte er beim Fliegenschnappen. Er badete täglich“.

Während Herr Frank die Vögel nicht lange in seinem
Besitz hatte, hielt einer seiner Bekannten einen solchen 6

Jahre hindurch und bei noch anderen Liebhabern sowie bei
mir hat sich der Pastorvogel ausdauernd gezeigt. Ueber
den meinigen habe ich*) folgendes Urtheil gefällt: Wenn
der Pastor wirklich solch' außerordentliches Nachahmungstalent hätte,
wie es ihm die Eingeborenen und Reisenden beimessen, so würde er
die klangvollen Laute der Klarinettenvögel oder den drosselähnlichen Jubel=
ruf des Sonnenvogels, welche ich mit ihm zusammen in einem
Zimmer hielt, angenommen haben. Freilich ist er dazu viel zu sehr
mit sich selbst beschäftigt, denn er hat theils mit den seltsamen Be=
wegungskünsten, größtentheils aber mit seinem wunderlichen Gesang
den ganzen Tag zu thun. Das Lied ist in seiner Mannigfaltigkeit
und wechselvollen Reichhaltigkeit kaum zu beschreiben. Unter Sträuben
des fein weiß gezeichneten Nackenkragens und der reinweißen Kehl=
büschel, augenscheinlich mit großer Anstrengung, Schütteln und Rütteln
des ganzen Körpers, wechselndem Sträuben des Gefieders an den
verschiedensten Stellen, beginnt er mit einem bauchrednerischen, lang=
gezognen kruh, kuh, kiuh, welchem einige finkenartige, dann massen=
haft starähnliche und drosselartige Töne folgen, die mit Knarren,
Zischen, Flöten, dann einem sonderbaren, dem des Rothflügelstars
ähnlichen Ruf kruhing, darauf wieder bauchrednerischem ku, ku, ku
und wiederum mit Schnarren, Knarren, Gackern in mannigfaltig
wechselvoller Weise fortgesetzt werden. Man sieht es ihm dabei an,
einerseits, wie hochwichtig sein Beruf als Sänger ihm dünken muß
und andrerseits, welche Mühe er sich gibt, um Alles gehörig und
pünktlich hervorzubringen. Dann hüpft er herab zum Futter, nimmt
nur wenige Bissen und fliegt sogleich wieder empor. So theilt er
seine Zeit fast ganz regelmäßig ein in das beschriebne Hüpfen, den
eifrigen Gesang und das Fressen. Im letztern ist er ungemein an=
spruchslos. Herr Professor Paul Meyerheim, der auf
meinen Vorschlag auch einen Poë angeschafft, hat ihn
schleunigst wieder fortgegeben, „weil der Vogel, obwol sehr heiter
und komisch, doch einen Gesang entwickelte, der das Zusammenleben
mit ihm unmöglich machte". Für die zarten Nerven des
Künstlers hatte das Lied mit dem kruh, ku als Grundton
wol allerdings nicht viel Melodisches. Sprachbegabung
habe ich bei meinem Vogel nicht feststellen können, obwol

---

*) „Die gefiederte Welt" 1887.

9*

ich ihn 2 Jahre besessen und es mir angelegen sein ge=
lassen, ihn durch sachgemäßen Unterricht wenigstens zum
Nachsprechen einiger Worte zu bringen. Mein Mißerfolg
in dieser Hinsicht ist umsomehr auffallend, da der Pastor
noch keineswegs ein ‚alter Knabe‘ war, sondern erst bei
mir nach der Mauser zu seiner vollen Schönheit gelangte.
Neuerdings wird er, zumal von den großen Handlungen
C. Reiche und L. Ruhe in Alfeld bei Hannover, etwas
häufiger eingeführt, und dem entsprechend ist der Preis auch
von der bisherigen Höhe von 60—100 Mk. auf 45 bis
60 Mk. heruntergegangen.

Die Stare [Sturnidae].

Stattliche Vögel von absonderlichem Aussehen und
eigenartig in ihrem ganzen Wesen, erfreuen sich die Stare
gerade in unserer Liebhaberei einer vorzugsweise großen
Beliebtheit. Einerseits den Drosseln und andrerseits auch
den Finken ähnlich, werden sie neuerdings doch von den
hervorragendsten Vogelkundigen viel mehr zu den Rabenvögeln
gestellt und sogar als Unterfamilie zu den Krähenartigen
gezählt. Aber sie sind von allen genannten so durchaus
verschieden, daß sie zweifellos als eine selbständige Vogel=
familie dastehen, deren ungemein zahlreiche Angehörige über
alle Welttheile, mit Ausnahme von Australien, verbreitet
sind. Ihre besonderen Kennzeichen lassen sich in Folgendem
zusammenfassen.

Der Körper ist schlank oder richtiger gesagt, gestreckt gebaut.
Das Gefieder besteht in langen, harten, vorn schmalen Federn, und
das Kleingefieder bilden weichere, gleichfalls zugespitzte, glatt anliegende
Federchen; es ist meistens buntfarbig, seltner schlicht gefärbt. Die
Flügel sind mittellang, spitz, die erste Schwinge ist kurz, die zweite
und dritte oder zweite bis vierte am längsten. Der Schwanz ist zu=
weilen lang und gerundet, bei den meisten aber kurz und gerade

abgeschnitten. Der Schnabel ist gerade, kegelförmig, doch eckig, stumpfspitzig mit unbefiederten oder beborsteten Nasenlöchern. Die mittellangen, kräftigen Füße haben stark gekrümmte scharfe Krallen. Sie sind von Finken= bis Turteltaubengröße.

Die Gesammtheit aller Stare zerfällt in mehrere Sippen, die aber in der Lebensweise im wesentlichen mit einander übereinstimmen. Alle sind lebhafte und unruhige Vögel, welche meistens gesellig das ganze Jahr hindurch beisammen leben und ebenso nisten. Manche schlagen sich nach der Brutzeit zu sehr großen Schwärmen zusammen. Alle ihre Bewegungen sind gewandt; ihr Flug ist hurtig, schnurrend, ihr Gang schreitend, unter fortwährendem Kopf= nicken und nicht hüpfend. Der Mehrzahl nach sind sie Höhlenbrüter, und das Gelege bilden 4 bis 6 farbige Eier. Manche fremdländischen Arten erbauen offenstehende, muldenförmige, andere sogar sehr kunstvolle Nester, welche denen der Webervögel ähnlich sind, und einige Arten schließ= lich legen in der Weise des europäischen Kukuks ihre Eier in die Nester fremder Vögel. Ihre Nahrung besteht in Kerbthieren in allen deren Verwandelungsstufen, Würmern, Weichthieren u. a. m., zeitweise aber auch in Früchten und Sämereien. Eifrig sammeln manche Stare auch Ungeziefer vom Rücken der weidenden Hausthiere ab. Als große, viele Nahrung verbrauchende Vögel entwickeln sie bei uns eine überaus nützliche Thätigkeit und darum, fast mehr jedoch ihres komischen Wesens und ihres allerdings mehr seltsamen als angenehmen und kunstfertigen Gesangs halber, sind sie überall gern gesehen und geschätzt. Dies gilt wenigstens von unserm einheimischen Star und einer beträchtlichen Anzahl fremdländischer Arten, während wir die letzteren zum größten Theil allerdings noch nicht ausreichend kennen. Da die Starvögel im allgemeinen hier und da an dem Ertrag der Nutzgewächse, an werthvollem Obst, besonders

Weintrauben, aber auch am Mais und anderen Feld=
früchten, bei uns sowol wie in fernen Ländern, zuweilen
erheblichen Schaden verursachen, so werden sie zeitweise und
in manchen Gegenden stark angefeindet. Billigerweise aber
sollte man mindestens unserm gemeinen Star gegenüber
doch immer bedenken, daß die Schädlichkeit im Verhältniß
zu der so entschiednen Nützlichkeit, doch nur gering ins
Gewicht fällt, und daß es zugleich nicht schwierig ist, die
unliebsamen Schmauser, Kirschendiebe u. a. zu vertreiben.

Alle Stare überhaupt sind sehr beliebt als Stuben=
vögel, indem sie nicht allein durch entsprechende Färbung,
und theilweise sogar Farbenschönheit, sowie durch ihr dreistes,
keckes, mehr drolliges als anmuthiges, bei manchen komisch=
würdevolles Benehmen, sondern auch vornehmlich durch ihre
bedeutende Nachahmungsgabe werthvoll erscheinen. Viele
sind als Sänger oder auch Spötter geschätzt, andere lassen
komisches Geplauder erschallen, fast alle aber, auch die gut
singenden, werden zeitweise durch schnarrende, kreischende,
schrille Laute lästig. Obwol alle Stare von vornherein
als verhältnißmäßig geistig reich begabte Vögel angesehen
werden dürfen und obwol sie im Umgang mit dem Menschen
und bei sorgfältigem, sachgemäßem Unterricht einen hohen
Grad von Abrichtungsfähigkeit ergeben, so kann von einem
bewußten Sprechen in ähnlichem Grade, wie es viele, zumal
die großen Papageien, erkennen lassen, bei ihnen doch kaum
die Rede sein. Sie plappern die erlernten Worte vielmehr
nur verständnißlos nach und ebenso sprechen sie die Laute
mit dünner, wenig klangvoller Stimme aus. Nur die
Angehörigen eines Geschlechts, die Beos oder Mainaten,
dürften insofern eine Ausnahme machen, als sie beiweitem
reicher sprachbegabt sind und namentlich auch deutlicher
sprechen lernen sollen. Alle Stare sind überaus kräftig
und ausdauernd und unschwer zähmbar. Viele Arten sind

bereits gezüchtet. Obwol im Freileben, wie erwähnt, ge=
sellig, sind sie in der Gefangenschaft meistens sowol gegen
andere Vögel, als auch gegen ihresgleichen bösartig. Im
Handel sind zahlreiche Arten gemein. Die beiweitem
meisten aber dürfen als Seltenheiten gelten, und dem ent=
sprechend sind die Preise sehr verschieden. Trotzdem alle
Stare eigentlich werthvolle Stubenvögel, sind sie im allge=
meinen nur bei einzelnen besonderen Vogelfreunden zu finden,
die großen und kostbaren Arten fast nur in zoologischen
Gärten. Sie brauchen weiten Raum, als starke Fresser
bedürfen sie kostspieliger Fütterung, und ihre Haltung ver=
ursacht also Kosten und Mühe; zugleich sind sie als vor=
zugsweise Fleisch=, bzl. Weichfutterfresser im Zimmer nur
schwierig reinlich zu halten. Man fängt sie mit Schlingen,
Leimruten und verschiedenen Netzen, und sie lassen sich leicht
eingewöhnen. Ueber die Verpflegung sowol, als auch über
die Abrichtung bitte ich weiterhin in den btrf. Abschnitten
nachzulesen. In der sehr großen Mannigfaltigkeit aller
Starvögel überhaupt sind bisher nur verhältnißmäßig
wenige Arten mit Sicherheit als sprachbegabt festgestellt
worden, und ich kann hier natürlich nur die Geschlechter
behandeln, aus deren Reihen bereits Sprecher bekannt sind;
alle zusammen, sowol diese, als auch die anderen, sind in
meinem „Handbuch für Vogelliebhaber" I und II in ent=
sprechender Darstellung zu finden.

Zunächst fasse ich e i g e n t l i c h e S t a r e [Sturnus, *L.*],
H i r t e n s t a r e [Pastor, *Temm.*], H e u s c h r e c k e n = oder
M a i n a s t a r e [Acridotheres, *Vieill.*], B r a m i n e n s t a r e
[Temenuchus, *Cab.*] als die Geschlechter zusammen, deren
Angehörige einander am nächsten stehen und im Aeußern
wie im Wesen am ähnlichsten erscheinen. Als das Vorbild
aller darf ich den einheimischen Star hinstellen, und daher
gebe ich sein Lebensbild sowol in der Freiheit als auch in

der Gefangenschaft am ausführlichsten. Die hierhergehörenden Stare sind in etwa 40 Arten in Europa, Asien und Afrika heimisch.

Der gemeine Star
[Sturnus vulgaris, *L*.].

Spretze, Spreu, Sprue, Sprutze, bunter, Rinder-, Wiesen-Staar oder -Star, Starmatz, Starl, Stärlein, Strahl. — Common Starling. — Etourneau vulgaire. — Telia Maina, Nakhshi Telia und Saruk, in Hindostan (*Blyth* u. *Phill.*); Tilgiri, in Kaschmir (*Theob.*); Sighergik in Turkestan (*Dicks.* and *Ross*).

Zu den bekanntesten und beliebtesten Vögeln gehörend, steht der gemeine Star zugleich unter den gefiederten Sprechern, außer den Papageien, in mancher Hinsicht hoch obenan, und zwar erstreckt sich seine Begabung, wie ich weiterhin schildern werde, nach verschiedenen Seiten.

Er erscheint vom Herbst den Winter hindurch und bis zum nahenden Frühjahr auf den ersten Blick einfarbig, fast grauschwarz, erst bei näherer Betrachtung mattweiß gepunktet, mit schwärzlichgrauem Schnabel. Im Hochzeitskleid, zu welchem er sich beim Beginn des Frühlings verfärbt, ist er am ganzen Körper gleichmäßig schwarz, goldgrün und purpurn schillernd, überall weiß bespritzt und zwar an Kopf und Nacken fast röthlichweiß, am Rücken hell rostöthlichweiß und am Unterleib reinweiß; die Flügeldecken sind fahl rostgelb eingefaßt und die grauschwarzen Schwingen und Schwanzfedern sind ebenso gesäumt; der Schnabel ist jetzt gelb; die Augen sind dunkelbraun und die Füße fleischfarbenbraun. Je älter der Star, desto reiner und tiefer schwarz wird sein Gefieder. Das Weibchen ist durch breitere fahle Einfassung der Federn und hellere Flecke lichter, aber matter bunt. Die Stargröße ist allbekannt (Länge 22 cm, Flügelbreite 25 cm, Schwanz 7 cm). Er kommt in zahlreichen Spielarten vor: reinweiß, gescheckt, schwarz mit weißem Kopf, umgekehrt am ganzen Körper weiß und nur der Kopf schwarz, rein aschgrau oder schwärzlich gefleckt und isabellfarben; die Kakerlaken, also reinweißen Stare mit rothen Augen, sind häufiger als bei anderen Vögeln. Das Jugendkleid gleicht dem des alten Weibchens; es ist fahl bräunlichgrau, an Flügeln und Schwanz jede Feder hell gesäumt; der Zügelstreif ist schwärzlich, Augenbrauenstreif weißlich; der Schnabel ist mattschwarz; die Augen sind braungrau und die Füße bräunlichgrau.

Die Verbreitung des Stars geht über fast ganz Europa, auch in Afrika und Asien ist er heimisch. In Deutschland ist er beinahe allenthalben zu finden. Als Zugvogel kommt er sehr früh, je nach der Witterung bereits zu Ende Januar oder im Februar, bei uns an. Bis zum März sind selbst die letzten angelangt. Hier und da überwintert auch ein Flug, zumal bei mildem Wetter. Wenn dann noch ein sehr rauher Nachwinter eintritt, so leiden die Stare nur zu sehr noth, und mildherzige Vogelfreunde sollten es nicht versäumen, am Rande einer warmen Quelle oder im Weidengebüsch neben offenen Stellen, auf Wiesen u. a. einen Futterplatz für sie einzurichten.

Die Stare leben immer gesellig, auch zur Brutzeit, indem sie zu mehreren Pärchen neben einander nisten. Ihren Aufenthalt bilden einzeln stehende hohe Bäume mit dichten Wipfeln, besonders Eichen und Buchen, namentlich an Waldrändern, meistens aber in der Nähe von Wiesen, Feldern, Triften und Wasser, wo sie ihre Nahrung suchen. Diese besteht in allerlei Kerbthieren, Maikäfern, Heuschrecken, Schmetterlingen u. a. m., sowie ferner nackten Schnecken, Regenwürmern u. drgl. Den Hausthieren auf der Weide fliegen sie auf den Rücken, um zwischen den Haren das Ungeziefer abzusuchen. Zur Zeit der Fruchtreife fallen sie freilich über mancherlei Obst, Kirschen, Weintrauben u. a., her.

In allen seinen Bewegungen ist der Star gewandt und flink, obwol er trotzdem ein etwas bedächtiges, gleich= sam würdevolles Wesen zeigt. Sein Flug geht hurtig, mit raschen Flügelschlägen, laut schnurrend, und ein Schwarm läßt ein starkes Fluggeräusch hören. Zierlich schreitet und trippelt er, immerfort kopfnickend, auf dem Fußboden, in= dem er mit dem spitzen Schnabel jede Ritze, bzl. jedes Versteck nach Kerbthieren und deren Bruten durchsucht. Daher schreibt sich die wunderliche Vorstellung, daß ein

frei in der Stube gehaltner Star die Spalten zwischen den
Stubendielen u. a. mit dem Schnabel ausmesse.

Wenn ein Flug Stare im Wipfel eines großen Baums
einkehrt, erschallen ihre Lockrufe ſtôar und ſtâar, und nicht
lange währt es, so beginnen sämmtliche Männchen gemein=
schaftlich einen Gesang aus flötenden, pfeifenden, schnurren=
den, zwitschernden, schnalzenden und schmatzenden Tönen,
in komischer Weise vermischt mit den Lauten, Rufen oder
gar Strofen aller anderen rings umherwohnenden Vögel;
selbst der Hahnenschrei, das Gackern der Hennen, das Quietschen
kleiner Ferkel, der schrille Laut einer Windfahne und all' der=
gleichen Töne werden in dem seltsamen Liede nachgeahmt.
Gloger beschreibt ihre Locklaute nebst Gesang in Folgendem:
„Die Alten locken ſtôar und ſtrôăr, die Jungen ſquâr und ſquärr. Ein langgezognes
ſtwrüü oder ſtwif ſcheinen Warnungslaute zu sein. Beim Niederſetzen ſchreien ſie ſpiett,
ebenſo in der Angſt mehrmals ſchnell hintereinander. Dieſes ſpiett bildet auch gleichſam
den Vorſchlag des abwechſelnden, langen, oft ſehr anſtrengenden, für uns aber wenig
angenehmen Geſangs, in deſſen höchſt wunderlichem Tongemenge ſich unter vielen ſchnattern=
den, ſchnurrenden, leiernden, wetzenden, gackſenden, giebſenden, quäkenden, ſeufzenden und
ſprechenden Lauten ein pfeiſendes, gedehntes, bei manchen pirolartiges hoib nebſt einem
hohen zieh beſonders geltend macht. Dieſer Geſang, wenn er von vielen Staren gleich=
zeitig hervorgebracht wird, erſchallt als ein ganz ſonderbares Getöſe, ähnlich dem Plät=
ſchern oder Rauſchen eines von fern gehörten Springbrunnens oder kleinen Waſſerfalls.
Die Vögel ſcheinen nämlich in einzelnen Gängen jeder gleichſam mit zwei Stimmen zu
ſingen, von welchen die eine ein ſeltſames, wechſelnd tiefes oder feines und faſt trillern=
des oder gurgelndes, dem ſtarken Schurren einer Hauskatze nicht unähnliches Schnarchen
hervorbringt. Sogar zur Mauſerzeit ſchweigen ſie nicht ganz, und die Weibchen ſingen
ebenfalls, wiewol nicht ſoviel und anhaltend, die jungen Männchen im Herbſt, wenig=
ſtens öfter".

Das Nest steht in Aſt= und Stammlöchern, aber auch
in Maueröffnungen, unter Dachrinnen, selbst in Tauben=
schlägen und gegenwärtig wol am häufigsten in den von
Vogelfreunden vorsorglich an Bäumen, nicht selten aber
auch blos an hohen Stangen ausgehängten Niſtkaſten,
Starenhäuschen und sogar in den für solchen Zweck ange=
brachten alten Töpfen u. drgl. Es ist aus trockenen
Blättern, Stroh= und Gräſerhalmen kunſtlos geſchichtet,
schalenförmig mit Federn, Pferdeharen, Thier= und Pflanzen=
wolle ausgerundet. Das Gelege bilden 4—7 Eier, welche

einfarbig bläulichgrün sind und von beiden Gatten des Pärchens abwechselnd in 14 Tagen erbrütet werden. Noch ist es nicht mit voller Sicherheit festgestellt, ob der Star eine oder zwei Bruten alljährlich macht, und manche Beob= achter behaupten, daß die zur zweiten Brut sich einstellen= den Pärchen nicht dieselben, sondern andere Vögel sind, welche bisher keine Gelegenheit zum Nisten gefunden haben und nun das frei gewordne Nest benutzen *). Vor dem Beginn des Nistens gibt es unter den neben einander wohnenden Pärchen viel Zank und Streit, ebenso aber auch hitzige Kämpfe mit Sperlingen und selbst mit den Seglern oder Thurmschwalben.

Sobald die erste Brut flügge geworden, im April oder Mai, streifen die Stare zunächst familien= und dann schwarmweise umher. Später sammeln sie sich zu immer größer werdenden Scharen an, welche wol meilenweit st eichen, Männchen und Weibchen gleicherweise singend, plaudernd, schwatzend, einander jagend und neckend und, wenn sie zum Uebernachten in große Rohrdickichte einkehren, gewaltigen Lärm verursachend. Auch mischen sie sich dann unter die Schwärme von Krähen, Dohlen, selbst Kibitzen, Haustauben u. a. Während sie sich am Nistkasten bekannt= lich meistens recht dreist zeigen, sind sie hier beim Umher= schwärmen gewöhnlich sehr scheu; sie werden dann aller=

*) Ich persönlich bin andrer Meinung. Bei meiner Beobachtung seit Jugendzeit her ergab es sich immer, daß zwischen dem Flügge= werden der einen Brut und dem Beziehen des Nistkastens zur andern Brut 12—14 Tage lagen. Würde der Nistkasten von einem bis dahin nestlosen Pärchen bezogen, so geschähe dies zweifellos doch so= gleich nach dem Ausfliegen der Jungen, sobald die Familie auf den Wiesen umherschweift; daraus aber, daß zwischen der ersten und zweiten Brut in demselben Kasten regelmäßig eine Zeit vergeht, schließe ich mit Entschiedenheit, daß dasselbe Pärchen die zweite Brut macht, nachdem die ersten Jungen sich selbständig ernähren können.

dings nicht selten auch als Wildbret beschossen. Wie der
Star früh ankommt, so bricht er im Herbst spät zum Zuge
auf, und seine Wanderung geht meistens nur bis Süd=
europa, höchstens bis Nordafrika.

Als Stubenvogel gehört der gemeine Star zu dem
am meisten geschätzten Gefieder. Er zeigt sich als ein sehr
eifriger, wenn auch nicht besonders kunstfertiger Spötter,
ferner lernt er, insbesondre aus dem Nest geraubt und
aufgepäppelt, Liederweisen nachflöten und nicht minder
menschliche Worte nachsprechen, aber als liebenswürdiger
Leichtfuß vergißt er Alles bald wieder; er plappert aller=
liebst, doch sein Pfleger muß immer mit ihm üben, bzl.
ihm Unterricht geben. Auch das Weibchen ist abrichtungs=
fähig, wenngleich nicht in demselben Grad. Beide werden,
jung aufgezogen und aufgefüttert, ungemein zahm, doch
niemals so recht zutraulich. Sodann ist der Star auch
um seiner Drolligkeit, Neugierde, Dreistigkeit und seines
komischen Wesens willen beliebt. Außer der Mauserzeit
singt oder plaudert er das ganze Jahr hindurch und bei
sachgemäßer Pflege ist er kräftig und dauert lange Zeit
aus. Bereits Bechstein berichtete in den ersten Auflagen
seines Werks*), daß man den Star unschwer in der Ge=
fangenschaft und sogar in einem Käfig in der Stube züchten
könne; aber es liegen nur wenige bestimmte Angaben vor,
daß dies in neuerer Zeit geschehen ist. Im übrigen kann
die Starzüchtung im Zimmer auch nur zum Vergnügen
oder um wissenschaftlicher Erforschung willen empfohlen
werden; die jungen Stare dagegen, derer wir für die
Liebhaberei bedürfen, können wir uns unschwer beschaffen,
indem wir sie, wie ich weiterhin angeben werde, aus den
Nestern rauben und von den Alten auffüttern lassen. Obwol

---

*) „Naturgeschichte der Stubenvögel" (Gotha 1812).

der Star bei uns bekanntlich zu den gemeinsten Vögeln ge=
hört, steht sein Preis doch hoch; selbst für den rohen, aber
gut eingewöhnten und gehaltnen Star zahlt man schon 3—5
Mk., für den gut abgerichteten, sprechenden oder eine oder gar
zwei Lieberweisen nachflötenden Star 30—75 Mk. und darüber.

Die älteren Schriftsteller, so Bechstein, Naumann,
Gloger u. A., machen staunenswerthe Angaben inbetreff der
Gelehrigkeit des gem. Stars. Der Erste erzählt von einem
solchen, welcher auf eine Reihe von Fragen bestimmte Ant=
worten gab: Die Fragen lauteten: Wie alt ist der Star? Antwort:
hundertundfünfzig Jahre; wie heißt der Star? Nestor, mein Herr;
was macht der Star? er denkt über die Quadratur des Zirkels nach.
Naumann gibt an, daß ein Star das Vaterunser herbeten
konnte. Graf Gourcy berichtet von einem Star, der nicht
allein mehrere Lieberweisen flötete, sondern auch soviel sprach,
„daß man ihm hätte mögen Menschenverstand zutrauen; wenn man
ihn erzürnte, so ließ er eine Reihe grober Schimpfworte erschallen"
u. s. w. Noch weiter gingen allerdings die Schriftsteller
im Alterthum, denn Plinius behauptete, er lerne sowol
lateinisch als auch griechisch und in mancherlei anderen
Sprachen reden. Buffon ergänzt dies weiter dahin, daß ein
Star gleicherweise gut, nächst griechisch und lateinisch, auch
französisch, deutsch u. a. und zwar sogar in ziemlich langen
Redensarten sprechen gelernt habe. „Seine biegsame Kehle", fährt
der letztgenannte Schriftsteller fort, „bequemt sich zu allen Veränderungen
und Tönen der Stimme, ja er spricht sogar den Buchstaben r gut aus".
In der neuern Zeit ist jedoch kein einziges Beispiel einer
solchen oder auch nur ähnlichen reichen Begabung bei diesem
Vogel vorgekommen, obwol gegenwärtig doch von gebildeten
und kenntnißreichen Lehrmeistern alljährlich zahlreiche Stare
sachgemäß abgerichtet werden. Meine Leser wollen es mir
daher nicht verargen, wenn ich die Vermuthung ausspreche,
daß bei jenen Darstellungen doch wol gar viel auf Rech=
nung liebevoller Uebertreibung zu schreiben sei.

Lenz schildert den Star als Stubenvogel in Folgendem*):
„In der Gefangenschaft zeigt er, wenn er in einer von vielen Menschen
betretnen Stube herumläuft, außerordentliche Klugheit in der Ver=
meidung jeder Gefahr; er lernt diejenigen, welche ihm wohlwollen,
bald kennen, kommt auf deren Ruf herbei, flüchtet bei Drohungen
mit lächerlichem Schnarren u. s. w. — Als Knabe besaß ich einen
Star, welcher zwei Liedchen pfiff, zwischen die er immer noch den
Starengesang nebst anderen Tönen mischte, während er das Wort
‚Spitzbub‘ deutlich aussprach. Drängte man ihn in eine Ecke und
neckte ihn mit dem Finger, so wurde er ganz wüthend, richtete sich
auf den Zehen hoch empor, hackte nach allen Seiten um sich, pfiff
aus Leibeskräften und schrie immer dazwischen Spitzbube, Spitzbube!
Spielte ich auf der Wiese, so war der Starmatz dabei und badete
sich im Bach. Arbeitete ich im Garten, so war er behilflich und
suchte Regenwürmer auf, saß ich auf dem Kirschbaum, so flog er
ebenfalls herbei und pflückte noch fleißiger als ich. Wie ein Hund,
wußte er meine Mienen zu deuten und meine Worte zu verstehen.
Er war sehr lecker und suchte immer zum Mehlwurmtopf zu gelangen.
Dieser wurde daher mit einem Brett bedeckt. Einst ward es versehen
und eine Fußbank daneben gestellt, welche günstige Gelegenheit der
Star sogleich benutzte. Er sprang auf die Fußbank, und indem er
den Schnabel zwischen Topf und Brett zwängte, drängte er das letztre
allmählich zurück, schlüpfte, sobald das Loch groß genug war, hinein
und fraß soviel Würmer, bis er nicht mehr konnte. Danach aber
war es ihm unmöglich, wieder herauszuhüpfen, so voll hatte er sich
gefressen, und er wäre um ein Har an dem allzureichlichen Futter ge=
storben. Im Baden kannte er weder Maß noch Ziel. Wegen der
schrecklichen Pfützen, die er machte, durfte ich ihn nicht in der Stube
baden lassen; es geschah daher im Vorsal, selbst bei starkem Frost,
sodaß das Eis in Klumpen an seinen Federn hing; er flog dann
eilig und laut schnarrend in die Stube zurück. Einst lief er Jemand,
der zur Thür hinausging und diese hinter sich zuschlug, nach. Sein
Schnabel kam dabei in die Klemme und der Oberkiefer spaltete von
der Spitze bis zur Mitte. Nun ist Matz verloren, dachte ich. Allein
sein Oberkiefer begann gewaltig zu wachsen, das gespaltne Stück fiel
ab und der Schnabel war bald vollkommen wieder hergestellt. Ein
Andrer trat ihm ein Bein entzwei; ich nahm ihn vor, bestrich das
Bein mit mildem Oel, legte Schienen an und nach Verlauf kurzer

---

*) „Gemeinnützige Naturgeschichte“ Band: Vögel (Gotha, IV.
Aufl. 1860).

Zeit war es geheilt; an der Stelle des Bruchs wuchs nur eine dünne
etwa 4 Linien lange Warze hervor. Ich unterband sie mit einem
Fädchen und sie fiel ab. Einst war er zum Fenster hinausgeflogen
und ich suchte ihn eine Zeitlang vergebens. Endlich hörte ich einen
gewaltigen Lärm; ich lief hin, da standen einige Bürschchen und
warfen jubelnd mit Steinen und Erdklößen nach dem Starmatz. Dieser
saß oben ganz ruhig, schnarrte, pfiff und schrie: Spitzbub', Spitzbub'".

Seit langen Jahren schon beschäftigt sich Herr Kantor
J. Schlag in Steinbach=Hallenberg mit der Abrichtung
von Staren und anderen Vögeln, sowol zum Nachsprechen
von Worten, als auch zum Nachflöten von Liederweisen.
Einen seiner hervorragendsten Sprecher schenkte er i. J.
1877 dem deutschen Kaiser. Er berichtet darüber Folgen=
des *): Der Vogel rief ,Es lebe der Kaiser!' — ,Ich bin
ein Preuße, kennt Ihr meine Farben?' — ,Schwarzweiß,
schwarzweiß!' — ,Bismarck, Bismarck!' Uebrigens nahm
der Kaiser den Vogel nicht an, weil er sich die Mühe ver=
gegenwärtigt habe, welche auf die Ausbildung verwendet
worden, sondern belohnte die ihm erwiesene Aufmerksamkeit
mit einem ansehnlichen Geschenk. Diesen ausgezeichneten
gefiederten Künstler behielt Herr Schlag noch längre Zeit
und gab ihn dann anderweitig fort. Dabei erwähnt der
Genannte, daß gut abgerichtete Stare vorzugsweise gern
von den Deutschland besuchenden Engländern gekauft und
hoch bezahlt werden, allein nur dann, wenn sie in englischer
Sprache abgerichtet worden oder eine dort beliebte Weise
flöten können. — Späterhin, zu Ende d. J. 1888, erwarb
Herr G. Voß, Inhaber einer Wellensittich=Züchterei und
Vogelhandlung in Köln a. Rh., einen außerordentlichen
Sprachkünstler gleichfalls von Schlag, welcher ausrief: ,Es
lebe der Kaiser!' und dann schwermüthig hinzufügte: ,Ich
habe nicht Zeit, müde zu sein' und schließlich das Lied
flötete ,Ueb' immer Treu und Redlichkeit'.

---

*) „Gefiederte Welt" 1883.

Die sehr hübsche Schilderung eines begabten Vogels
dieser Art hat Fräulein Eva von Gillern gegeben*):
„Meine Tante, eine große Vogelliebhaberin, welche viele fremdländische
Singvögel besaß, schenkte mir ihren einzigen einheimischen Vogel,
einen Star, welcher durch seinen lauten Gesang ihre guten Sänger
verbarb. Niemand freute sich mehr über diese seine schlechte Eigenschaft als ich, da ich durch dieselbe in den Besitz des schönen Vogels
kam. Er gewöhnte sich sehr bald an mich und schon in den ersten
Tagen nahm er mir die Mehlwürmer aus der Hand. So konnte
ich es nach einigen Wochen wagen, ihn aus dem Bauer und im
Zimmer frei umherfliegen zu lassen. Anfangs war es ihm unge-
wohnt, und man merkte es ihm an, daß er froh war, wieder in den
Käfig zurückzugelangen; bald aber änderte sich dies. Sein Zutrauen
zu mir und meinen Angehörigen wurde immer größer und bald
fühlte er sich außerhalb des Bauers so wohl, daß er fast den ganzen
Tag frei umherflog. Wenn ich am Klavier saß, kam er auf meine
Schulter und sang mit. Alles mußte er untersuchen, so die Saiten
und auf dem Schreibtisch die Papiere, und ich mußte ihn immer
davor bewahren, daß er nicht von der Tinte nippte. Als ich im
Sommer verreist war und ihn währenddessen in Pflege gegeben hatte,
war ich bei der Rückkehr nicht wenig erstaunt, ihn meinen Namen
‚Eva‘ rufen zu hören. Die Pflegerin meinte, daß sie keine große
Mühe darauf verwendet habe. Von selbst lernte er denn auch noch
‚Bertha‘ sagen, da wir den Namen häufig riefen. Die erste Strofe
des Lieds ‚Ach wie ist's möglich dann‘, sowie einige Signale lernte
er sehr schnell pfeifen. Das Tönen der Hausklingel, sowie Manches
von meinen Singübungen ahmte er vorzüglich nach. In der letzten
Zeit war er zu bequem geworden, um noch irgend etwas zu lernen;
vielleicht lag es auch an meinem Verschulden, indem ich mich zu
wenig mit ihm beschäftigte. Das einzige, was er noch annahm, war
der Anfang des Sprichworts ‚qui s'excuse, s'accuse‘. Das s'accuse
lernte er nicht mehr, so große Mühe ich mir auch gab. Ich hatte
ihn etwa 4½ Jahre, noch am Tag vor seinem Tod hat er mich gerufen; es war das letzte Wort, welches er sprach". Die Untersuchung ergab, daß er an Fettleber gestorben war, infolge der zu guten Verpflegung seitens seiner liebevollen
Herrin.

*) „Gefiederte Welt" 1888.

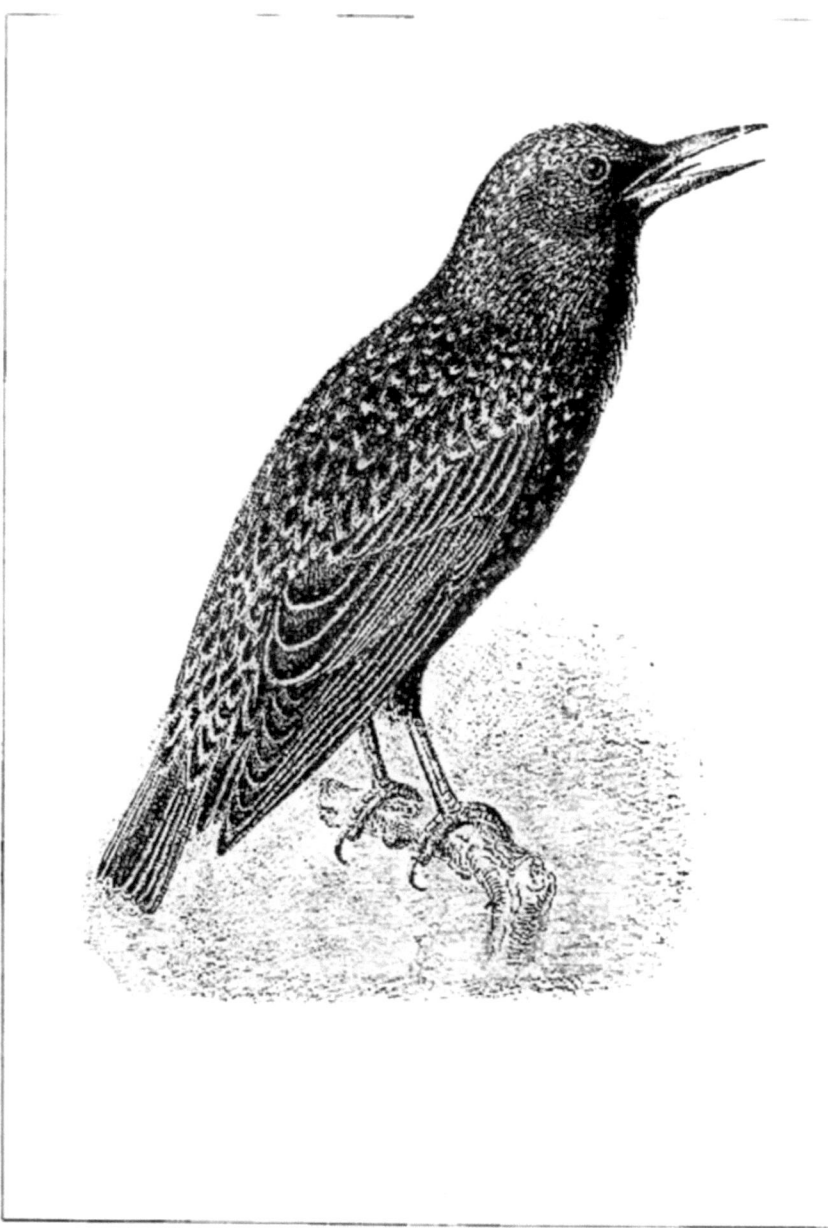

Der Star (j. S. 136).
¹/₂ der natürlichen Größe.

Als ‚Spötter‘ steht der gem. Star vielleicht weit höher, als man gewöhnlich anzunehmen pflegt. Mehrfach ist es festgestellt worden, daß er den vollen, etwas harten Gesang eines Kanarienvogels von gem. deutscher Rasse ungemein treu zu lernen und wiederzugeben vermag; wieweit er auch inbetreff des Gesangs eines Harzer Kanarienvogels dazu fähig sein mag, ist bis jetzt mit Sicherheit noch nicht ermittelt; Sachverständige meinen, daß an seiner Begabung auch in dieser Hinsicht nicht zu zweifeln sei.

Von einem gelehrigen Star, den der Schuhmachermeister G. Dorn, Mitglied des Geflügel- und Vogelzuchtvereins zu Markt Redwitz und Umgegend, hatte, schreibt Herr K. Dittmann das Nachstehende: „Mit überraschender Leichtigkeit lernte der Vogel zuerst den ‚Sammelruf der Feuerwehr‘ und das alt-neue Lied ‚Zu Lauterbach hab’ ich mein’ Strumpf verlor’n‘ nachflöten. Da er den Namen ‚Hans‘ hatte, so rief sein Herr in der Unterrichtsstunde ihm manchmal, mit dem Finger drohend zu: ‚Hans, mach’s schön!‘ Flugs hatte er dies nachgelernt und sprach es ganz geläufig. Dadurch wurde man aufmerksam darauf, daß nicht allein ein Sänger-, sondern auch ein Rednertalent in ihm stecke, und seitdem wurde der Unterricht auch auf Sprachübung ausgedehnt. Es sah sehr komisch aus, wenn er sich neben die Schustergesellen in der Werkstatt aufstellte und ausrief ‚Bismarck hoch!‘ oder wenn er ‚Spitzbube‘ schrie, sobald Jemand zur Thür hereinkam. Dann stimmte er den ‚Lauterbacher‘ oder auch ‚In Lindenau, da ist der Himmel blau‘ an. Seitdem er sich im Sprechen übte, brachte er die Melodie des ersten Liedes etwas durcheinander, sodaß er manchmal die letzte Strofe zuerst pfiff oder auch mit der zweiten anfing. Es war gleichsam, als lege er jetzt, da er so gewichtige Worte sprechen konnte, dem alltäglichen Lied, welches ja viele seiner gefiederten Genossen pfeifen, weniger Werth bei. Dennoch erregte er mit demselben immer viele Heiterkeit, denn je mehr er die Strofen durch einander brachte, desto drolliger hörte es sich an. Da er außerdem auch noch viel unverständliches Zeug schwatzte, so glaubte man, daß dies Worte sein sollten, welche häufig in der Familie gesprochen werden und daß er sie späterhin wol deutlicher hervorbringen werde als man es von einem einjährigen Vogel erwarten könne“. Leider habe ich keine weitere

Mittheilung von dem Herrn Berichterstatter empfangen. —
Herr Stationschef Metzger in Regensburg besitzt einen
zahmen Star, der die bayerische Königshymne pfeift und
Folgendes spricht: „Hast Du's gehört? Gelt, das ist schön.
Gut'n Morg'n! Hast schon ausg'schlaf'n? Was gibt's
denn gut's Neues? Wie geht's dem deutschen Kaiser?
Und was macht denn Bismarck? Grüß Di Gott! Bist a
da? Setz Di nieder! n' Frauerl a Bußerl geb'n! Bist
Du's Buberl? Ja, ja!"

Vielerlei scherzhafte Geschichten erzählt vom redenden
Star auch der Volksmund. Da hat ein alter Fischer im
Weidenbusch am Wasser seine Reusen zum Trocknen auf=
gehängt, und in eine derselben ist, vielleicht weil innen an
den Maschen Wasserthierchen hängen geblieben, ein ganzer
Schwarm Stare hineingeschlüpft. Der Mann macht sich
die Gelegenheit zunutze, die Vögel entweder zum Verkauf
auf den Markt zu bringen oder selbst zu verzehren, und
so greift er flink in die Reuse hinein und erwürgt einen
nach dem andern. Da hört er eine klägliche Stimme aus=
rufen: „wie wird das enden, wie wird das enden!" Und
je öfter er hineingreift, desto schmerzlicher ertönen die Laute.
Schließlich erfüllt ihn Grauen und er läßt die letzten Vögel
fliegen — darunter den sprechenden Star, welcher sich und
seine Genossen gerettet hat. Ein andermal steht ein Jäger
auf dem Anstand, unter einer alten hohen Buche, in deren
Astlöchern die Stare nisten. Nach ungeduldigem Warten
erblickt er endlich die sich nähernden Rehe, aber eben als
er anlegen will, um zu schießen, hört er „siehst Du wol,
da kommt er", und als er scheu sich umblickt, ertönt
der Warnungsruf noch dringender. Der Schütze aber,
welcher hier heimlich auf fremdem Jagdgrund steht, läßt
die lockende Beute im Stich und schlägt sich seitwärts in
die Büsche. Am spaßhaftesten ist die Anekdote vom Förster=

lehrling Meyer, der nebst den Gehilfen und anderen Lehr=
lingen der Oberförsterei in der Mädchenstube beim Federn=
reißen allerlei Scherz treibt und als man dann den
Oberförster kommen hört, mit dem Schreckensruf „Besser ist
besser" unter den Tisch schlüpft. In den nächsten Tagen
wird die Geschichte vielfach besprochen und belacht, und
nicht lange, da sagt eines Tags in der Unterrichtsstunde,
als der Oberförster den Lehrling etwas fragt, der Starmatz
im Bauer am Fenster in eindringlichem Ton „besser ist
besser, Meyer unter'n Tisch".

Der **einfarbige Star** [Sturnus unicolor, *Temm.*]
ist glänzend schieferschwarz, ohne jede Fleckenzeichnung, dagegen schwach
metallglänzend; der Schnabel ist gelb, am Grund schwärzlich; die
Augen sind dunkelbraun; die Füße gelblichbraun. Das Weibchen
ist düster schwarzbraun. In allem übrigen, sowol in der Ge=
stalt, als auch im ganzen Wesen ist er dem gemeinen Star
durchaus gleich, und es dürfte daher noch nicht mit Sicher=
heit festgestellt sein, ob wir in ihm eine wirkliche Art oder
nur eine Oertlichkeits=Abänderung desselben vor uns haben.
Seine Verbreitung erstreckt sich über Südeuropa; doch schon
in Ungarn und Dalmatien bis Sicilien, Sardinien und im
Süden von Frankreich, auch im Norden von Afrika ist er
heimisch. Da er nicht in den Handel gelangt, so genügt
hier seine Erwähnung. Schwarzer Star, Einfarbstar.

Der **graue Star** [Sturnus cineraceus, *Temm.*]
ist dunkelgraubraun, an Ober= und Hinterkopf schwarzbraun; Kopf=
seiten heller braun; Zügel und Wangen weiß, fein braun gestrichelt;
Flügel und Schwanz sind schwarzbraun, jede Feder mit weißlichem
Außensaum; die Schwanzfedern am Ende der Innenfahne weiß ge=
fleckt; die oberen und unteren Schwanzdecken sind weiß; Hals und
Brust sind heller graubraun, Unterbrust, Bauch und Hinterleib düster
weiß; der Schnabel ist röthlichgelb, mit grauer Spitze; die Augen
sind braun; die Füße gelb. Das Weibchen ist kleiner und fahler,
sonst übereinstimmend gefärbt. In der Größe und allem übrigen

ist er dem gemeinen Star gleich). Seine Heimat ist China und Japan. Er wird nur selten lebend eingeführt und hat daher als Stubenvogel keinen Werth. <small>Graustar.</small>

Der Rosenstar
[Sturnus (Pastor) roseus, *L.*].

Ackerdrossel, rosenfarbige Drossel, Felsenstar, Heuschreckenstar, rosenrother Heuschreckenstar, Heuschreckenvogel, rosenfarbiger Hirtenvogel, Rosenamsel, rosenfarbiger oder rosenfarbner Star, Seestar, Staramsel, rosenfarbige Staramsel, Viehvogel, Zopfstar. — Rose-coloured Pastor or Starling. — Etoureau rose, Martin roselin.

Als einen überaus hübschen Starvogel, ja als der schönsten einen, sehen wir den Rosenstar vor uns. Trotzdem hat er nur geringe Bedeutung für die Liebhaberei; denn einerseits zeigt er, wenigstens soweit wir ihn bisher kennen, keinerlei außergewöhnlich angenehme Eigenschaften und auch keine oder höchstens nur eine geringe Begabung zur Abrichtung, während andrerseits der einzige Vorzug, den er hat, die prachtvolle Färbung seines Gefieders, in der Gefangenschaft binnen nur zu kurzer Zeit verbleicht. Er ist am Kopf nebst dem kleinen zierlichen, nach hinten hängenden Schopf, welchen er auf- und niederklappen kann, sowie an Hals und Oberbrust blauschwarz, purpurn glänzend; Flügel und Schwanz sind blauglänzend bräunlichschwarz; der Oberrücken, die Schultern und der ganze Unterkörper sind hell rosenroth; der Schnabel ist fleischfarben mit dunkler Spitze; die Augen sind braun und die Füße röthlichbraun. Das Weibchen ist matter gefärbt und hat einen kürzern Federbusch. In der Größe steht er dem gemeinen Star gleich. Das Jugendkleid ist fahlgraubraun; die Flügel- und Schwanzfedern sind dunkelbraun, rostbräunlich gesäumt; Kehle, Brust und Bauch sind weißlich, fahl dunkel gefleckt; der Federschopf fehlt noch.

Seine Heimat ist Asien bis China, Indien, Zeylon, sodann Südrußland, sowie das südöstliche Europa bis in die Donau-Tiefländer; auch in Ostafrika kommt er vor. Zuweilen, vornehmlich im Sommer, wandert er in mehr oder minder vielköpfigen Scharen west- und nordwärts

durch Griechenland, die Türkei, Italien, die Schweiz, Oester=
reich bis nach Deutschland, den Niederlanden, Dänemark
und England. Zu uns nach Deutschland kommt er fast
regelmäßig in den Heuschreckenjahren und dann leben die
Schwärme gesellig mit denen der gemeinen Stare.

Im ganzen Wesen, in der Brutentwicklung u. s. w.
gleicht der Rosenstar durchaus dem erwähnten Verwandten,
doch zeigt sich ein Schwarm nicht so laut und lärmend
wie ein solcher von gemeinen Staren, auch verursacht der Flug
der ersteren nicht solch' Geräusch wie das der letzteren. Die
Locktöne erklingen kreischend etwa wie witt, witt, hurnit
und scharf zschwirr; der Gesang erschallt pfeifend, zwitschernd,
knirschend und trätschend, durch scharfe, langgezogene Töne
unterbrochen. A. E. Brehm bezeichnet den Lockton als
ein sanftes swit, swit oder hurbi. „Der Gesang der Rosen=
stare, den ich besonders von Käfigvögeln vor mir oft gehört habe, ist
nichts anderes als ein ziemlich rauhes Geschwätz, in welchem die Lock=
töne noch am wohllautendsten, alle übrigen aber knarrend und
kreischend sind, sodaß das Ganze kaum anders erschallt als etsch,
retsch, ritsch, ritz, scherr, zirr, zwie, schirr, kirr u. s. w., wobei ritsch
und schirr am häufigsten erklingen. Nordmann, welcher den Rosen=
star in Südrußland beobachten konnte, meint nicht mit Unrecht, daß
der Gesang einer Gesellschaft dieser Vögel am besten mit dem quiet=
schenden Geschrei einer im engen Raum eingesperrten, unter einander
habernden und sich beißenden Rattengesellschaft verglichen werden
mag"*). Heuschrecken, große Käfer und allerlei andere
Kerbthiere, Weichthiere und Gewürm, sodann Beren u. a.
Früchte bilden seine Nahrung. Unter allen Umständen ge=
hört er zu den allernützlichsten Vögeln. Dennoch hält auch
ihn der eigennützige Mensch zuweilen für schädlich. Unser Alt=
meister E. F. von Homeyer sagt in dieser Hinsicht Folgendes:
„Ueber den Nutzen und Schaden gibt seine Bezeichnung in den
Heimatsgegenden, namentlich in der asiatischen Türkei, mit wenigen
Worten ein lebendiges Bild. Im Frühjahr, wenn er der eifrige

---

*) „Illustrirtes Thierleben", zweite Auflage (Leipzig 1879).

Verfolger der Wanderheuschrecke ist, heißt er der ‚heilige Vogel‘, im Sommer, wenn er keine Heuschrecken mehr findet und auf die mit reifen Früchten beladenen Maulberbäume fällt, der ‚Teufelsvogel‘“. Das Nest steht vorzugsweise in Fels= und Mauerlöchern, seltner in Baumhöhlungen; meistens nisten die Pärchen gesellig zu vielen nebeneinander. Aus 5—6 Eiern, welche einfarbig blau= oder grünlichweiß sind, besteht das Gelege.

Zuweilen, wenn auch nur selten, gelangt dieser Star durch die böhmischen Händler in den Handel oder er wird auch wol einzeln und zufällig hier und da bei uns ge= fangen. Auf den Ausstellungen und bei unseren Händlern ist er nur gelegentlich zu finden. Die meisten Beobachter, welche ihn als Käsigvogel längre Zeit gehalten haben, stimmen darin überein, daß er Gefräßigkeit und Futterneid, langweiliges Dasitzen und trotzdem Bösartigkeit gegen andere Genossen zeigt. Nähere Angaben darüber, in welchem Grad er gelehrig ist, habe ich leider nirgends finden können.

Der Heuschreckenstar

[Sturnus (Acridotheres) tristis, *L.*].

Maina oder Hirtenstar, Trauerstar und Trauermaina. — Common Mynah; Common Hill Mynah. — Maina, Dasee Maina, in Hindostan; Salik und Bhat Salik, in Bengalen; Gong-cowdea, auf Zeylon *(Layard)*.

Als der gemeinste oder doch im Handel bei uns häufigste dieser fremdländischen Stare tritt er, gewöhnlich blos Maina genannt, uns zugleich als einer der begabtesten entgegen, denn er wird ungemein zahm, lernt Lieder nach= flöten und soll auch sprechen; ich sage ausdrücklich ‚soll‘, denn von all’ den zahlreichen zu uns gelangenden hierher gehörenden Vögeln haben weder unsere Händler, noch die Liebhaber jemals einen sprechen gehört, während die Reisen= den und Naturforscher mit Bestimmtheit behaupten, daß diese Stare viele Worte und ganze Sätze nachsprechen lernen*).

Der Heuschreckenstar ist an Oberkopf nebst kurzem Schopf, ganzem übrigen Kopf und Vorderhals schwarz; Rücken, Brust und Seiten sind schwärzlichbraun, die Flügel ebenso, aber mit breitem, weißem Spiegelfleck; der Schwanz ist schwarz, jede Feder breit weiß gespitzt; Bauch, Hinterleib, Unterseite der Flügel und unterseitige Schwanzdecken sind weiß; der Schnabel ist gelb; die Augen sind braun, mit nacktem, weißem Augenkreis; die Füße sind gelb. Das Weibchen ist ebenso gefärbt und kaum bemerkbar kleiner. Die Größe ist etwas bedeutender als die des gem. Stars. Seine Heimat sind Indien und Zeylon und auf Madagaskar, den Andamanen und Maskarenen ist er eingeführt.

Nach den Mittheilungen der Reisenden Blyth, Sundevall, Jerdon, Layard u. A. ist er in Indien und ebenso auf Zeylon ein gemeiner Vogel, welcher überall in der Nähe menschlicher Wohnungen, in Gärten u. a., aber nicht im Dschungledickicht, zu finden ist. In Kalkutta sieht man ihn als Straßenvogel, allerdings hauptsächlich nur in den Vorstädten, wo er sich auch unter die Krähen mischt. Hier allenthalben ist er so zutraulich, daß er sogar in die menschlichen Wohnungen kommt. Große Schwärme von Heuschrecken=staren fliegen sehr lebhaft und lärmend umher und lassen,

---

*) Nachdem ich diese Schilderung des Heuschreckenstars geschrieben habe, erhalte ich auf meine Anfrage soeben einen Brief von Herrn J. Abrahams, Inhaber einer bekannten Vogelgroßhandlung in London, in welchem derselbe mir mittheilt, daß er allerdings im Lauf der Jahre sprechende Heuschreckenstare in zwei Fällen vor sich gehabt. Er sagt: „Vor vier Jahren kaufte eine Dame einen Heuschreckenstar von mir und kurze Zeit darauf schrieb sie, daß er gut sprechen gelernt habe; was er sprach, weiß ich jedoch nicht. Im vorigen Jahr hatte ich einen Vogel dieser Art, der, wenn ich ihn rief, mir in Sprüngen überall hin nach=folgte und zu gleicher Zeit sein ‚Pretty Joe, come on‘ sprach. Ich habe ihn nur einige Tage besessen und kann daher nicht sagen, ob er nicht, wie ich fast annehme, noch viel mehr gesprochen hat. Er wurde von einer Herzogin gekauft".

zumal morgens früh und abends, aus den Kronen hoher
Bäume herab ein gewaltiges, kreischendes und schnarrendes
Geschrei erschallen. Auf dem Boden gehen sie krähenartig
schreitend und kopfnickend. Ihr Flug erscheint etwas schwer=
fällig mit vielen raschen Flügelschlägen, doch auch schwebend.
Die schrillen und rauhen Locktöne und Rufe werden häufig
durch melodisches Flöten unterbrochen. In allerlei Kerb=
thieren, Gewürm und Weichthieren, namentlich Heuschrecken
u. a. Grabflüglern, weißen Ameisen u. a., aber auch in
Sämereien, so besonders Reis, besteht ihre Nahrung. Dem
Vieh fliegen sie auf den Rücken, um ihm das Ungeziefer
abzusammeln. Irgendwelche Höhlungen und Löcher an und
selbst in Gebäuden, auch Baumlöcher, vornehmlich jedoch
ausgehängte alte Töpfe u. a. enthalten das Nest, welches
aus Reisern und Wurzeln geformt und mit trockenen
Gräsern und Federn ausgerundet ist. Das Gelege bilden
fünf blaßbläulichgrüne Eier. Jedes Pärchen soll mehrere
Bruten im Jahr machen. Die Jungen werden vielfach
aus den Nestern geraubt, aufgepäppelt und abgerichtet, auch
zum freien Ein= und Ausfliegen gewöhnt, sodaß sie zur
Nacht stets zurückkehren. Daher sind alle zu uns eingeführten
Vögel dieser Art von vornherein zahm, und wenn sie bei
uns sich wie gesagt nicht sprachbegabt zeigen, so soll dies
darin begründet liegen, daß die reichen indischen Fürsten
u. A. jeden hervorragenden derartigen Sprecher mit schwerem
Geld ankaufen und ihn garnicht bis zu uns gelangen lassen.

Der **Elsterstar** [Sturnus (Sturnopastor) contra, *L.*]
ist an der ganzen Oberseite schwarzbraun, Kopf und Hals sind grün=
glänzend schwarz; Zügel und Streif längs der Kopfseiten, Wangen,
Flügelbug, Schulterbinde, obere Schwanzdecken und ganze Unterseite
sind reinweiß; der auffallend lange Schnabel ist gelb, am Grund
orangeroth; die Augen sind braun, mit nacktem orangegelben Ring
umgeben; die Füße sind düstergelb. Das W e i b ch e n soll überein=
stimmend gefärbt sein. In der Größe ist er etwas bedeutender als

der gemeine Star. Seine Heimat ist Indien. Nach den Berichten von Blyth, Jerdon, Tytler ist er um Kalkutta gemein und zahlreich; auch er ist zutraulich, aber er kommt nicht auf die Straßen in den Ortschaften. Nach Starenart lebt er in großen Schwärmen und zuweilen gemeinsam mit dem Heuschreckenstar. Um seines Gesangs, sowie seiner Nachahmungsgabe willen wird er in der Heimat häufig im Käfig gehalten. Er errichtet ein großes freistehendes Nest auf Mangobäumen oder auch im Bambusgebüsch. Bei uns ist er ziemlich häufig im Handel. E. von Schlech=tendal besaß einen Elsterstar mehrere Jahre und schildert ihn in Folgendem: „In seinem Thun und Treiben gleicht er durchaus unserm heimischen Star. Während er selbst sich nicht bös=artig zeigt, ist er zufrieden, wenn ihn Genossen, welche mit ihm zu=sammen einen Käfig bewohnen, nicht behelligen. Bei der ihm stets unliebsamen Annäherung eines andern Vogels sperrt er zur Abwehr den langen Schnabel weit auf, und dies gewährt einen sonderbaren Anblick. Bei Angst und Bedrängniß läßt er helle pfeifende Töne er=schallen. Im übrigen ist er ein stimmbegabter Vogel und sein Gesang ist der beste Stargesang, den ich überhaupt kenne. Ungestört läßt er ihn auch fleißig hören und begleitet ihn mit gesträubten Kopffedern, Verbeugungen und Lüften der Flügel". Bei uns haben wir noch keinen Elsterstar als Sprecher gehabt. Der Preis beträgt frisch eingeführt 20—25 Mk. und je nach der Zähmung 30—50 Mk. Kontrastar (Schlechtend.), Ablakastar (Br.), schwarzweißer Elster=star; von den Händlern fälschlich als rothschnäbelige japanesische Spottdrossel oder Roth=schnabeltrupial ausgeboten. Pied Mynah. Martin Pie. Ablac Maina und Ablaka der Hindus (Hodg., Hamilt.); Gosalic und Guialeggra der Bengalen (Hamilt., Blyth).

Der **Jallastar** [Sturnus jalla, Horsf.] von Java ist dem vorigen sehr ähnlich, jedoch größer; die schwarze Kopf= und Halsfärbung reicht weiter herunter bis zur Oberbrust; die Kopfseiten sind fast ganz nackt oder nur schwach besiedert; jeder Flügel hat einen großen weißen Fleck. In allen seinen Eigenthümlichkeiten dürfte er mit dem vorigen durchaus übereinstimmend sein. Er wird nur höchst selten lebend bei uns eingeführt. Jallakstar (Br.). Jallak oder Jallakuring auf Java (Horsf.).

Der schwarzhalsige Star

[Sturnus (Acridotheres) nigricollis, *Payk.*].

Schwarzhalsstar, Chinastärling. **Black-necked Grackle.**

Gleichfalls zu den sehr seltenen Vögeln im Handel
gehörend, hat diese Art jedoch den Vorzug, daß sie an
C. von Schlechtendal den liebevollen Beobachter gefunden,
der sie eingehend geschildert hat. Der schwarzhalsige Star
ist an Kopf und Kehle weiß, an der übrigen Oberseite schwärzlichbraun; ein nach der Brust spitz zulaufendes Halsband ist schwarz;
ein Flügelfleck ist weiß; die Schwingen und Deckfedern sind am Ende
schmal weiß gesäumt, die Schwanzfedern breit weiß gerandet; die
ganze Unterseite ist weiß; der Schnabel ist schwarz; die Augen sind
dunkelgrünlichbraun, mit nacktem, hellgrünlichgelbem Augenkreis; die
Füße sind hellsilbergrau. Die Größe ist etwas bedeutender als die
des europäischen Stars. Seine Heimat ist der Süden von China.
„So einfach dieser Vogel gefärbt ist, geben ihm doch das weiße Gesicht und das breite schwarze Halsband ein absonderliches Aussehen.
Im zoologischen Garten zu Berlin sah ich zum erstenmal ein Par
lebende Schwarzhalsstare. Die Vögel fielen mir auch durch ihr Benehmen auf, die Art und Weise, wie sie mit weit gegen einander
aufgesperrten Schnäbeln sich zu zanken pflegten. Uebrigens schien
dieser Zank niemals ernst gemeint zu sein, denn gleich darauf saßen
sie wieder friedlich beide neben einander. Herr Dr. Bodinus war so
freundlich, mir einen dritten hinzugekommenen Vogel dieser Art zu
überlassen. Dieser war sehr zahm und liebenswürdig und sein Preis
infolgedessen keineswegs niedrig. Noch weit seltsamer als im Aeußern
zeigte sich der Vogel bei näherer Bekanntschaft in seinem Wesen und
namentlich in der Mannigfaltigkeit seiner Lautäußerungen. Seine
Zahmheit ging von vornherein so weit, daß er sich mit der Hand
streicheln und im Gefieder krauen ließ. Wenn die liebkosende Hand
sich ihm näherte, so richtete er sich in die Höhe, sträubte das Hals-
gefieder, nahm eine sehr steife und gleichsam würdevolle Haltung an
und verharrte unbeweglich in dieser, solange man ihn streichelte oder
krauete. Wurde er aber böse, namentlich wenn er befürchtete, man
wolle ihm sein Futter wegnehmen, so sprang er auf die Hand und
versetzte dieser wuchtige Schnabelhiebe, während die scharfen Krallen
blutige Spuren zurückließen. Noch weit merkwürdiger, als die geschilderte Haltung waren die Stellungen, in denen er manchmal sich
gefiel und die Laute, die er hören ließ. Er nahm zunächst wieder

jene steife Haltung an, bog dann aber den Kopf dergestalt herab,
daß der Schnabel auf dem Brustgefieder auflag, dabei schloß er die
Augen, blähte das ganze Gefieder auf, ließ die Flügel halb herab=
hängen, breitete den kurzen Schwanz fächerförmig aus und murmelte
unter wiederholten tiefen Verbeugungen allerlei unverständliche —
Worte; ich weiß wenigstens keine andre Bezeichnung für diese dumpf
und bauchrednerisch klingenden Laute zu finden. Das Gefieder spaltete
sich, wenn der Vogel es aufblähte, an der Brustmitte so, daß zeit=
weise das Brustbein sichtbar ward. Die Verbeugungen, mit welchen
die indischen Elsterstare den Vortrag ihres Gesangs ebenfalls begleiten,
erscheinen beiweitem nicht so wunderlich wie das eben geschilderte
Gebahren des Schwarzhalsstars, welches bei den menschlichen Zu=
schauern stets Erstaunen und Heiterkeit hervorzurufen pflegte. Was
bei den sehr verschiedenartigen Lautäußerungen meines Vogels als
natürlicher Gesang und was als angelernte Nachahmungen zu be=
zeichnen waren, vermochte ich mit Bestimmtheit nicht zu unterscheiden.
Ein sehr lautes, gellendes Pfeifen, etwa wie tü=tü=tü=tü klingend,
war offenbar Naturlaut und dabei sperrte er den Schnabel weit auf.
Er flötete aber auch wie etwa ein Mensch ein Liedchen pfeift, und
dazu dürfte er jedenfalls einen menschlichen Lehrmeister gehabt haben.
Daneben ließ er noch einen lauten Gesang hören, welcher sich aus
allerlei pfeifenden Tönen zusammensetzte und in seinen einzelnen
Theilen an den Gesang des grünen Kardinals erinnerte. Zu allen
diesen verschiedenartigen dumpf murmelnden und hell pfeifenden Lauten
kam dann noch ein seltsames Schwatzen mit niedlicher feiner Kinder=
stimme. Wenn er fein ‚wa, owawa‘ rief, so konnte man glauben,
daß es ein zwei= oder dreijähriges Kind sei. Auch ‚wä‘ oder ‚wäwä‘
rief er mit Kinderstimme, und da die Bezeichnung Schwarzhalsstar
lang und unbequem auszusprechen ist, so hieß er bei mir nur der
Wäwä. Manchmal lachte er auch wie ein kleines Kind. Ob er diese
Laute von Kindern in seiner Heimat gelernt hatte? Seine große
Zahmheit ließ darauf schließen, daß er jung aus dem Nest geraubt
und aufgezogen worden; unmöglich wäre es also nicht, daß er das
Geschwätz chinesischer Kinder nachgeahmt hätte. Auffallend war es
mir, daß der außerordentlich zahme Vogel sich mitunter vor ganz
unbedenklichen leblosen Gegenständen fürchtete, eine Erscheinung, die
ich namentlich auch bei dem arabischen Bülbül wiederholt beobachtet
habe. Nebenbei bemerkt, verstand er die mit einem Haken verschließ=
bare Käfigthür zu öffnen, doch bei seiner Zahmheit hielt es niemals
schwer, ihn, wenn er entkommen war, wieder zurückzubringen“.

Der **gelbſchnäbelige gehäubte Mainaſtar** [Sturnus (Acridotheres) cristatellus, *L.*] iſt am Oberkopf nebſt flachem Federbuſch tiefſchwarz; die Flügel ſind ſchwarz mit weißem Spiegel=fleck; die Schwanzfedern ſind ſchwarz, mit weißen Endſäumen; der ganze übrige Körper iſt ſchieferſchwarz, unterſeits heller, ſchiefergrau, die unteren Schwanzdecken ſind weiß geſpitzt; der Schnabel iſt gelb, am Grund röthlich; die Augen ſind gelbbraun; die Füße braun. Das Weibchen ſoll übereinſtimmend ſein. Die Größe iſt erheblich bedeutender als die des gem. Stars. Seine Heimat ſind China und die Inſel Formoſa. Chinañar, gehäubter Heuſchreckenſtar, chineſiſche oder Haubenmaina, große Haubenmaina, chineſiſcher Starling (Jamr.). Chinese Mynah., Martin huppé.

Der **rothſchnäbelige gehäubte Mainaſtar** [Sturnus (Acridotheres) cristatelloïdes, *Hodgs.*] iſt dem vorigen faſt ganz gleich, aber unterſeits heller und mehr bräunlichgrau; der weiße Flügelfleck iſt wenig ſichtbar; ſein Schnabel iſt roth; der Unterſchnabel am Grund dunkel; die Augen ſind gelb und die Füße gelbroth. In der Größe ſteht er etwas hinter dem vor. zurück. Er iſt in Oſtindien heimiſch. Chinaſtar (!), kleine Haubenmaina.

Der **braune Mainaſtar** [Sturnus (Acridotheres) fuscus, *Jerd.*] iſt am Kopf nebſt kleiner Haube ſchwarz; Rücken und Flügel ſind zart röthlichbraunſchwarz; Schwanz ſchwarz, mit breiter weißer Spitze; Kehle bis zur Oberbruſt grauſchwarz; Bruſt, Bauch und Seiten röthlichgrau; Unterſchwanzdecken weiß; Schnabel orangeroth, am Grund ſchwarz; Augen hellgelb; Füße orangegelb. Das Weibchen ſoll übereinſtimmend ſein. Die Größe iſt viel bedeutender als die des einheimiſchen Stars. Seine Heimat iſt ganz Indien. Braunmaina (Br.). Brown Mynah. Martin brun. Jhontao Maina oder Jhont Salik, in Bengalen *(Blth.).*

Der **javaniſche Mainaſtar** [Sturnus (Acridotheres) javanicus, *Cab.*] iſt dem gelb= und rothſchnäbeligen gehäubten M. ähnlich, hat jedoch eine ſchwächere Haube, die Flügel ſind ſchwarz, mit ſchmaler weißer und breiter brauner Binde; der Schwanz iſt ſchwarz, breit weiß geſpitzt; die ganze Unterſeite iſt heller grau, und die unteren Schwanzdecken ſind weiß; der Schnabel iſt gelb; die Augen ſind braun, mit einem kleinen nackten gelblichen Fleck am hintern Augenrand; die Füße ſind gelb. Die Größe iſt nicht viel

bedeutender als die unsres einheimischen Stars. Heimat: Java.
Graumaina (Br.). Grey-bellied Mynah. Martin de Java. Jallak Sungu auf Java (Horsf.).

Der **Ganga=Mainastar** [Sturnus (Acridotheres) ginginianus, *Lath.*] ist dem vorigen sehr ähnlich, hat aber einen röthlichen nackten Augenkreis und bräunlichgelben Flügelspiegel; ebenso gefärbt ist die Unterseite der Flügel und die Spitze der Schwanz= federn; Bauchmitte und Unterschwanzdecken sind fahlgelblich; die Augen sind braun; der Schnabel ist roth, an der Spitze gelb; die Füße sind bräunlichgelb; die Größe ist bedeutender als die des gemeinen Stars. Heimat: Indien. Ufermaina (Br.). Bank Mynah. Ganga Maina der Hindus, Ram Salik, Gang Salik in Bengalen, Gilgila in Oberindien (Blyth).

Der **grauköpfige Mainastar** [Sturnus (Temenuchus) malabaricus, *L.*] ist an Kopf nebst Kehle silbergrau; Hinterkopf und übrige Oberseite dunkler grau; Schwingen schwarz, zum Theil bräunlichsilbergrau gesäumt; Schwanz düster bräunlichgrau; Unter= seite röthlichzimmtbraun; hinter Unterleib weiß; Schnabel am Grund braun, in der Mitte grün, an der Spitze gelb; Augen weißgrau; Füße düstergelb. Das Weibchen ist am Kopf dunkler bräunlich= grau, unterseits hellgraubraun, am hintern Unterleib hell zimmt= braun. In der Größe ist er ein wenig geringer als der gemeine europäische Star. Heimat: Indien. Grautopf, Greisenstar, Malabarstar, Graukopfmaina (Br.), grauköpfiger asiatischer Zwergstar, japanesischer Starling (Jamr.). Malabar Mynah, Grey-headed Mynah. Martin à tète grise. Pawi der Hindus (Blyth), Dessee Pawy in Bengalen (Hamilt.).

Der **Pagoden=Mainastar** [Sturnus (Temenuchus) pagodarum, *Gml.*] ist am Kopf mit langem, spitzem Schopf glänzend schwarz, an der ganzen Oberseite roströthlich aschgrau; nur die Flügel und der Schwanz sind schwarz, der letztre an der Spitze bräunlichweiß; Hinterhals, Kopfseiten und die ganze Unterseite sind röthlichzimmtbraun; der Schnabel ist gelb, am Grund blau; die Augen sind grünlichweiß, die Füße gelb. Größe des vor. Seine Heimat ist Indien und die Insel Zeylon. Pagodenstar, Braminen= oder Bramanenstar, schwarzköpfiger indischer Star und Braminenmaina. Brahminee Maina der Europäer in Indien (Jerd.); Popoya Maina, der Hindus (Jerd.); Monghyr Pawi in Bengalen, Puhala in Oberindien (Blyth).

Der **Mandarinen=Mainastar** [Sturnus (Temenuchus) sinensis, *Gml.*] ist dem Pagodenstar ähnlich, doch größer. Vorder= und Oberkopf sind weißlichrostroth, mit dunkelm Zügel= und Bart=

streif; Hinterkopf und ganze Oberseite bräunlichgrau; die Flügel sind
schwarz, grün schillernd; die Schwanzfedern sind schwarz, breit zimmt=
braun gespitzt; Kehle und Oberbrust sind grau; Brust und Bauch
weiß; der Schnabel ist graugrün; die Augen sind perlgrau; die
Füße gelblichhorngrau.   Heimat: China   und   Kochinchina.
Mandarinenmaina (Br.).

Alle diese Mainastare stimmen im wesentlichen sowol
in ihrer Lebensweise als auch in allen ihren Eigenthüm=
lichkeiten mit den anderen Starvögeln überein; ich bitte
S. 132 nachzulesen und zugleich das Lebensbild des gem.
europäischen Stars, wenigstens in den allgemeinen Um=
rissen, auch für sie als zutreffend zu betrachten. Diese
Arten sind sämmtlich in Asien heimisch. Sie gehören zu
den größeren Staren. Für die Liebhaberei überhaupt treten
sie uns als in mehrfacher Hinsicht bedeutungsvoll entgegen.
Sie werden meistens aus den Nestern gehoben, aufgefüttert
und mehr oder minder abgerichtet. So kommen sie
wenigstens in der Mehrzahl als gezähmte und gelehrige
Vögel zu uns. Das letzte bezieht sich darauf, daß sie
Liederweisen nachflöten lernen. Inbetreff der Sprachbegabung
muß ich auf das S. 150 (beim Heuschreckenstar) Gesagte
auch hinsichtlich ihrer verweisen. Die meisten von ihnen
gelangen höchst selten in den Handel, nur wenige sind all=
tägliche Erscheinungen; sie stehen durchgängig in hohen
Preisen. Mehrere von ihnen sind bereits erfolgreich ge=
züchtet*). A. E. Brehm sagt von den Mainastaren:
„Sie theilen mit dem gemeinen Star alle guten Eigenschaften, werden
ebenso leicht zahm, lernen gleicherweise sprechen und Lieder nachpfeifen
und gefallen sich ebenso wie er in Gesellschaft des Menschen. In
seiner fantasiereichen Weise bezeichnet er ihr Betragen als „ernster
und würdevoller" und meint, sie zeigen in Gesellschaft mit anderen

*) Vrgl. Dr. Karl Ruß, „Lehrbuch der Stubenvogel=
pflege, =Abrichtung und =Zucht" und „Handbuch für
Vogelliebhaber" I (Creutz, Magdeburg).

Starvögeln ein „gemeßnes, lebhaftes, altkluges Wesen". Der zu=
verlässigste Beobachter aller Starvögel, E. von Schlech=
tendal, schildert sie in ihrem absonderlich klugen, dreisten,
auf Alles achtenden Wesen, spricht auch von ihrem Gesang,
der bei manchen Arten nicht übel erklinge und zwischen
eigenthümlich flötenden, sodann krächzenden und zuweilen
auch mißlautenden Tönen hin und wieder einen wohl=
klingenden Triller hören lasse; von ihrer Sprachbegabung
aber weiß auch er leider nicht viel zu berichten. Er schätzte
sie um ihrer Seltenheit, ihres interessanten Wesens und
allenfalls ihres wohllautenden Flötens willen höher als
wegen ihrer etwaigen Sprachbegabung. Da einige von
diesen Staren sich auch in der Gefangenschaft züchtbar ge=
zeigt, so könnte darin vielleicht der nicht geringe Vortheil
liegen, daß man sich junge Vögel heranziehe, um sie viel=
leicht mit besseren Erfolgen als bisher abzurichten. Es ist
wol erklärlich, daß ein derartiger Vogel, der bereits an
sich um seiner Vorzüge willen einen beträchtlichen Werth
hat, durch sachgemäße Sprachabrichtung in diesem noch
außerordentlich steigen kann. Im einzelnen gibt Schlechtendal
sodann noch folgende Kennzeichnung. „Etwas anders als die
Elster= und Rosenstare benehmen sich im Käfig die Mainastare; ich
besitze seit mehreren Jahren eine große Haubenmaina und eine kleine
Haubenmaina. Die erstre ist sehr zahm, die letztre ziemlich scheu,
beide sind heftige, leicht erregbare Vögel. Wie beim Singen die
Elsterstare die Flügel lüsten und sich verbeugen, die Rosenstare heftig
mit den Flügeln zucken, so begleiten die Mainas ihren Gesang mit
einem eigenthümlichen, tiefen Kopfnicken: der Schwanz wird etwas
ausgebreitet, das Gefieder gesträubt, der Kopf emporgehoben, um
gleich darauf die nickende Bewegung auszuführen. Der Gesang der
Mainas hat mit dem der Elster= und der Rosenstare durchaus keine
Aehnlichkeit; er klingt weniger gut als der erstre und weit besser als
der letztre. Herr Emil Linden bezeichnet den Gesang der Hauben=
maina als ‚gurgelnd‘; ich möchte dem der kleinern Art noch die Be=
zeichnung ‚schnarchend‘ beilegen. Daran werden auch wohlklingend
pfeifende Töne gereiht, sodaß der Gesang der großen Art im ganzen

nicht so übel lautet. Ob die Männchen vielleicht mehr und besser singen, weiß ich nicht, da ich nie ein solches von diesen Arten habe erlangen können. Nebenbei bemerkt bedauerte ich dies umsomehr, als das Weibchen große gehäubte Maina alljährlich einige Eier legte, welche verhältnißmäßig groß, an beiden Enden ziemlich stumpf, also beinahe walzenförmig und schön grünblau von Farbe waren. Der Vogel zeigte sich dann besonders erregt und mir gegenüber vorzugs= weise zärtlich. Der etwas kleinere und lebhafter gefärbte rothschnäbe= lige Mainastar ist sehr bewegungslustig und hastig in seinem Wesen; er durchmißt gern die weiteste Entfernung in seinem Käfig fliegend und läßt dabei ein leises klägliches Pfeifen hören, welches an das eines nicht geschmierten Wagenrads erinnert. Alle Mainas baden wie die Stare überhaupt sehr gern und sind nach einem tüchtigen Bade äußerst vergnügt". E. Linden schildert den grau= köpfigen Mainastar: „Sein Wesen stimmt mit dem zartern Aus= sehen überein. Es ist ein sehr sanftes Vogelpar und fast zu still. Sie lassen nur Zwitschern und Schnurren hören. Vom Futtergeschirr jagen sie andere Vögel mit leichtem Gekrächz fort, sonst aber sind sie harmlos und friedfertig; auch die kleinsten Finken lassen sie unbeachtet. Zunächst benutzten sie den Nistkasten als Schlafstelle". Späterhin hat Herr L. diese Art bekanntlich gezüchtet.

*

Die unter dem Namen **Beo oder Mainate**, auch **Atzel** [Gracula, *L.*, Eulabes, *Cuv.*] im Handel vor= kommenden Starvögel erfreuen sich wie in ihrer Heimat Südasien so auch bei uns großer Beliebtheit. Ihr hauptsäch= lichstes Merkmal ist der mit lebhaft gefärbten nackten Hautstellen und Hautlappen gezierte Kopf, an welchem die Stirnfedern bis über den Schnabelgrund kurz bürstenartig emporstehen; der Schnabel ist gelb, röthlich bis roth. Ueber ihr Freileben ist wenig be= kannt. Nach Jerdon sind sie nirgends häufig in der Weise anderer Starvögel, sondern man sieht sie zu Flügen von 5—6 Köpfen, auch nicht in der Nähe menschlicher Wohnungen, vielmehr im hohen Dschungelwald. Ihr Ge= sang ist sehr reich, wechselvoll und angenehm, hat jedoch auch rauhe Töne. Von den Chinesen, Japanesen u. a.

werden sie schon seit Jahrhunderten im Käfig gehalten und zum Liedernachflöten, wie Wortenachsprechen abgerichtet. Zugleich ahmen sie allerlei andere Laute nach. Sie werden alljährlich regelmäßig, jedoch stets nur einzeln, eingeführt. Die Händler suchen sie immer möglichst bald loszuwerden, weil sie sehr gefräßig sind und infolgedessen an Fettleibigkeit leicht eingehen. Bei zweckmäßiger Ernährung und Behandlung dauern sie jedoch lange Zeit vortrefflich aus. Züchtungsversuche sind mit ihnen noch nicht angestellt, hauptsächlich wol, weil die Geschlechter im äußern nicht zu unterscheiden sind.

Die Atzeln oder Mainaten stehen unter allen Starvögeln hinsichtlich der Begabung, Liederweisen nachflöten und Worte nachsprechen zu lernen, am höchsten. A. E. Brehm sagt, daß „besonders sorgfältig unterrichtete Atzeln an Gelehrigkeit alle Papageien beiweitem übertreffen und nicht allein den Ton der menschlichen Stimme genau nachahmen, sondern wie der bestsprechende Papagei ganze Sätze in geeigneter Weise vortragen" sollen. Er setzt dann freilich hinzu, daß er selber derartig ausgezeichnete Vögel noch nirgends gefunden, vermuthlich weil die Indier für sie weit höhere Summen zahlen, als unsere Händler aufwenden können. Gerade Brehm, der als Direktor des Berliner Aquarium genugsam die Gelegenheit dazu hatte, die seltensten und kostbarsten aller lebend eingeführten fremdländischen Vögel vor sich zu sehen, hätte sich ja aber unschwer selbst davon überzeugen können, wie weit die Begabung dieser Starvögel nach der Seite des Gesangs, des Liedernachflötens und des Sprechenlernens hin eigentlich reicht. Der Einwand, daß die Indier die besten Mainaten für sich behalten, ist hinfällig, denn die meisten dieser Vögel sind aus den Nestern gehoben, aufgefüttert und noch jung, wenn sie zu uns kommen; der Grad ihrer Begabung läßt sich dann also noch nicht er-

kennen. Herr J. Abrahams in London schreibt mir:
„Sprechende Beos und zwar den gemeinen und großen
Beo, habe ich oft besessen. Das Wort ‚Mainah‘, das sie
häufig schon vom Schiffsvolk lernen, scheint ihrer natür=
lichen Veranlagung am geläufigsten zu kommen, doch
intelligentere Vögel lernen auch ganze Sätze, z. B. ‚Have
you had your breakfast?‘ (haft du dein Frühstück be=
kommen?). Die Stimme ist immer rauh und der eines
sprechenden Nacktaugenkakadus vergleichbar. Einfache Me=
lodien lernen sie gut und richtig flöten“. Mein persönliches
Urtheil spreche ich in Folgendem aus. Zunächst ist der
Gesang der Mainaten von vornherein schon, wie gesagt,
bedeutend hervorragend unter denen aller anderen Starvögel;
denn er ist bei einem guten Sänger solcher Art nicht ein
bloßes unharmonisches, aus allen möglichen schrillen und
mißtönenden mit einigen wohllautenden Rufen zusammen=
gesetztes Geschirkel, sondern ein wirkliches, dem der Drosseln
einigermaßen ähnliches Singen. Freilich erklingt dasselbe
bei den einzelnen Vögeln von gleicher Art außerordentlich
verschieden, zunächst wol der naturgemäßen Begabung und
sodann namentlich dem Unterricht entsprechend, welchen der
junge Vogel genossen hat. Gleiches kommt hinsichtlich der
Sprachbegabung zur Geltung: Je nach dem Lehrmeister,
der den jungen Vogel schon unterwegs auf der Reise unter=
richtet hat, kann derselbe ein hervorragender Sprecher oder
ein Stümper sein. Dies ergibt sich mehr als bei vielen
anderen Vögeln gerade bei den Beos, denn bei ihrer reichen
Begabung nehmen sie alle Töne, die schrillen und unange=
nehmen, wie die klangvollen und melodischen gleicherweise
eifrig auf und ebenso ist es mit ihrem Sprechenlernen.
Mit ihnen hat sich, wenigstens bei uns, bis jetzt leider noch Nie=
mand in solcher sachverständigen Weise, wie mit den Papageien
beschäftigt und daher ist es auch noch nicht gelungen, sie nach ihrer

ganzen Begabung hin zu erforschen und ihren vollen Werth zu ermitteln. Bisher sind diese Vögel, eben gerade wie früher die Papageien, auf ungebildete Abrichter beschränkt geblieben. Uebrigens haben wir auch bei uns Beispiele daß ein Beo ein verhältnißmäßig vorzüglicher Sprecher werden kann und ich bitte inbetreff dessen bei der bekanntesten Art, dem gemeinen Beo, Näheres nachzulesen.

Der **gemeine Beo** [Sturnus (Gracula) religiosus, *L.*] ist an Kopf und Hals violett glänzend schwarz; die Flügel sind schwarz mit einem kleinen weißen Spiegelfleck, der ganze übrige Körper ist reinschwarz, metallisch grün glänzend; an beiden Kopfseiten stehen nackte gelbe Hautlappen und neben dem Schnabel sind ebensolche Backenflecke, wodurch der Vogel ein ganz absonderliches Aussehen hat; der Schnabel ist röthlichgelb; die Augen sind braun; die Füße sind gelb. In der Größe ist er dem gem. europäischen Star gleich. Seine Heimat ist Indien und Zeylon. Nach Jerdon dürfte seine lateinische Bezeichnung nicht zutreffend sein, da er bei den Hindus nicht zu den heiligen Vögeln gehört. Gemeine Atzel, Mainate und Hügelatzel, auch heiliger Vogel. Small Hill Mynah; Mainate religieuse. Jungle Mynah *(Jerd.)*; Kohnee Maina der Hindus *(Jerd.)*, Hallaleynia auf Zeylon *(Lay.)*.

Der **große Beo** [Sturnus (Gracula) intermedius, *Hay.*] ist dem vorigen sehr ähnlich, doch auch an Schultern, Kehle und Oberbrust violett glänzend, mit größerm weißen Flügelfleck; dagegen sind die Hautlappen kürzer, im Nacken fast zusammenlaufend; der Wangenfleck unterm Auge ist breiter und heller gelb; der Schnabel ist stärker und dunkler röthlichgelb; die Augen und Füße sind übereinstimmend. Die Größe ist bedeutender. Heimisch ist er im Himalayagebirge. Große Atzel, große Mainate, Mittelatzel *(Br.)*. Large Hill Mynah; Mainato grande. Paharia Maina der Hindus *(Blyth)*, Thale-gu in Arratan *(Phayre)*.

Der **Beo von Java** [Sturnus (Gracula) javanensis, *Osb.*] ist an Kopf, Hals, Rücken und Unterseite bis zum Bauch violettglänzend schwarz; das übrige Gefieder ist grünglänzend; Flügel mit breitem, weißem Fleck; die Hautlappen am Kopf sind groß, weit abstehend, im Nacken vereinigt und dunkelgelb. Ebenso ist der Wangenfleck und auch der Schnabel dunkelgelb gefärbt; die Augen

11*

sind röthlichbraun, die Füße düstergelb. Seine Größe kommt fast der einer Dohle gleich. Heimat: die Sundainseln. Java-Aßel, Malayen-Aßel oder Java-Mainate. Javan Mynah; Mainate de Java. Beo oder Mencho auf Java (*Horsf.*), Tiong auf Sumatra (*Raffl.*).

Der **Andamanen - Beo** [Sturnus andamanensis, *Tytl.*] von den Andamanen ist dem vorigen fast ganz gleich, nur kleiner, mit großen nackten Lappen, welche sich im Nacken nicht ver= einigen. Andamanen-Aßel.

Die erstgenannte Art ist am häufigsten im Handel, während die anderen, zumal die letztgenannte, sehr selten sind. Jene ist auch am höchsten geschätzt, weil sie begabter sein soll als die übrigen. Der Werth des einzelnen Vogels, gleichviel von welcher Art, ist außerordentlich verschieden und zwar je nach dem Lehrmeister, welchen er gehabt. Der Preis beträgt für einen frisch eingeführten noch nicht ab= gerichteten Beo 15—20 Mk., für einen tüchtigen, eine bis drei Melodien flötenden Künstler 100 Mk. und darüber. Herr Eduard Dornhöffer hatte einen gem. Beo, von dem er schrieb: „Er spricht, lacht und pfeift den ganzen Tag. Dabei spricht er so ausgezeichnet schön und lernt so leicht, was er hört, wie es kaum bei irgend einem Papagei der Fall ist". Herr Friedrich Arnold schildert dieselbe Art in Folgendem: „Er ist in der That ein liebenswürdiger Stubenvogel, leicht zufrieden= zustellen, ausdauernd und zugleich wird er bald zahm, wenn er nicht schon gezähmt in die Hand des Liebhabers kommt. Auch zeigt er sich sehr gelehrig und als ein vortrefflicher Sprachmeister. Als seine hauptsächlichste Schattenseite erachte ich seine Naturlaute. Freilich sind gerade sie echt urwaldmäßig, auch verlieren sie sich nach und nach in der Gefangenschaft. Obwol ohrenpeinigend, sind sie doch interessant. Ein schriller, langgezogner Pfeifton ist der unangenehmste, ein behagliches, muntres, sehr tiefes Grakeln der gewöhnlichste Laut. Letztres läßt er ruhig und gemüthlich auf der Stange sitzend hören und dann tönt plötzlich der schrille Pfiff dazwischen, durch welchen der Heuschreckenstar, die Heherdrossel und irgend ein Papagei zu gleichen Leistungen veranlaßt werden, sodaß das Ganze ein Getöse gibt, auf welches jede Menagerie stolz sein könnte. Der erwähnte Pfiff wird denn auch nicht ohne die gehörige Würde ausgestoßen.

Der Vogel streckt sich beim Beginn hoch in die Höhe und neigt sich dann langsam sehr tief hinab. Es ist rathsam, daß man ihn bei seiner sehr großen Gelehrigkeit im Nachahmen vor unschönen und widerwärtigen Lauten möglichst bewahre. Kein Star ahmt das Kreischen einer Thür so wahrhaft furchtbar getreu nach wie der Beo und gerade ,so ein Lied, das Stein' erweichen und Menschen rasend machen kann', freut ihn ungemein und wird fleißig geübt".

Ueber den javanischen Beo berichtet Herr Dr. B. Hagen: „Einer meiner Bekannten hatte einen solchen Vogel schon lange in der Gefangenschaft, welcher beinahe besser als der gelehrigste Papagei sprach. Er lachte, hustete wie ein Mensch und ahmte auch das Spucken nach und alles in den seinem Herrn eigenthümlichen Tönen. Sobann krähte er wie ein Hahn, wieherte wie ein Pferd, knarrte wie eine Thür, kreischte wie ein ungeöltes Wagenrad, grunzte wie ein Schwein u. s. w. Trat man ins Haus, so wünschte er Einem ,Good morning' oder ,Tabé Tuanku, tabé'; er pfiff dem Hund und rief ihm zu, wenn dieser bellte u. s. w. Kurz, es konnte wol kaum einen Vogel geben, welcher unterhaltender sein dürfte als der Tjong, wie ihn die Malayen oder Beong, wie ihn die Batta nennen."

*

In den übrigen Geschlechtern der Stare: eigent= liche Stärlinge oder Maisdiebe [Leistes, *Vig.*], Hordenvögel [Agelaius, *Vieill.*], Kuhstare [Mo- lothrus, *Sws.*], Reisstare [Dolichonyx, *Swains.*], Lerchenstare [Sturnella, *Vieill.*], Gelbvögel oder Trupiale [Icterus, *Briss.*], Kassiken oder Stirn= vögel [Cassicus, *Cuv.*], Grakeln oder Schwarzvögel [Chalcophanes, *Wgl.* s. Quiscalus, *Vll.*], Glanzstare [Lamprotornis, *Temm.*] sind bisher mit Sicherheit kaum oder noch garnicht Sprecher festgestellt worden. Sie ge= langen in beträchtlicher Arten= und zeitweise auch in großer Kopfzahl in den Handel, doch können sie fast sämmtlich nur als Schmuckvögel gelten. Als solche erfreuen sie sich im allgemeinen keiner großen oder doch wenigstens keiner allverbreiteten Beliebtheit; sie bleiben vielmehr immer auf einzelne besondere Liebhaber beschränkt. Eine Ausnahme in dieser Hinsicht machen die Trupiale, jedoch nur in einigen Arten, welche man um ihres prächtigen Aussehens und angenehmen Flötens willen zugleich schätzt. Dies sind der Baltimore= und der Jamaikatrupial, die aber Sprachbegabung bis jetzt noch keineswegs ergeben haben. J. Abrahams sagt: „Trupiale, besonders die Jamaikatrupiale, werden in sehr kurzer Zeit ungemein zahm, wenn man sie an das Fenster stellt, wo viele Leute, besonders Kinder, beständig von außen zu ihnen sprechen. Im vorigen Jahr hatte ich einen, der auf Be= fehl den Käfig verließ und mir auf Kopf oder Schulter flog, sich ohne Widerstreben in die Hand nehmen und streicheln ließ; aber sprechende Trupiale sind mir nie vorgekommen." Während bei den Hordenvögeln, welche so wunderliche Töne hören lassen, daß man sie kaum oder nur bedingungsweise als angenehme Stubenvögel ansehen kann, die Sprachbegabung noch mehr als bei den anderen Starvögeln fernzuliegen scheint, überraschte mich ein kleiner Händler in Berlin, R. Welsch, früher in Bremerhaven, mit der Behauptung, daß eine der selteneren Arten, der orangeköpfige Stär= ling oder Brillenhordenvogel [Sturnus xantho- cephalus, *Bp.*] aus Nordamerika, mehrere Worte und zwar von einem neben ihm stehenden Keilschwanzsittich nach= sprechen gelernt habe. Bis jetzt habe ich indessen keine anderweitige Bestätigung dieser Beobachtung erlangen können. Dagegen theilte mir kürzlich (Februar 1889) Herr Oskar Schönemann, gegenwärtig in Charlottenburg bei Berlin, welcher lange Zeit in Chile und anderen Theilen Mittel= und Südamerikas gelebt und Reisen gemacht hat, mit, daß der Seidenstar [Sturnus bonariensis, *Gmel.*] in Val= paraiso als ein Vogel, der wenigstens einige Worte sprechen lerne, allgemein bekannt sei. Leider kann ich auch diese Angabe zunächst nur mit Vorbehalt hier anführen, indem Herr Schönemann nicht mit voller Entschiedenheit anzu=

geben weiß, um welche Art es sich eigentlich handelt*).
Die nur selten und einzeln in den Handel gelangenden
Stirnvögel sollen als Sänger nach Angabe der Reisen=
den zu den besten Spöttern gehören und die Stimmen
anderer Vögel meisterhaft nachahmen können. Als Sprecher
hat sich bisher noch keine Art erwiesen. Im Handel gelten
sodann die Grakeln allgemein als Sprecher. Soviel ich
aber in der gesammten Literatur nachgesucht und bei er=
fahrenen Vogelwirthen und Händlern Erkundigungen ein=
gezogen, Niemand weiß mit Bestimmtheit zu sagen, daß die
eine oder andre Art sich bereits wirklich als Sprecher er=
geben hat. Die letzten Starvögel, welche ich zu besprechen
habe, die Glanzstare, gelten bis jetzt weder als gesangs=,
noch als sprachfähig.

Als Sprecher wird von mehreren Schriftstellern auch
ein Vogel angeführt, welchen Andere als solchen garnicht
erwähnen. Es ist die als Sänger hochgeschätzte **Steindrossel** [Turdus (Petrocincla) saxatilis, *L.*]. Von ihr
berichtet Bechstein Folgendes: „Die Männchen werden als
ungemein schöne Sänger geschätzt, welche besonders Nachts bei Licht singen.
Sie lernen auch Lieder nachpfeifen und wie die Stare sprechen.
Ich habe ihrer bei dem Vogelhändler Thiem in Waltershausen eine
große Anzahl gesehen, welche das Trompeterstückchen und andere
Melodien pfiffen.“ Während augenscheinlich mit Bezug auf
diesen Ausspruch auch Friderich und selbst Professor Fritsch

---

*) Der Seidenstar, ebenso wie der Kuhstar [Sturnus
pecoris, *L.*] hat für den Vogelkundigen wie für den Züchter ein
ganz besondres Interesse dadurch, daß er, wie erst seit verhältniß=
mäßig kurzer Zeit festgestellt worden, in der Weise unsres Kukuks
nicht selber ein Nest erbaut, sondern in die Nester anderer Vögel
seine Eier legt. Näheres darüber habe ich in meinem „Handbuch
für Vogelliebhaber“ I mitgetheilt.

die gleiche Angabe machen — bei A. E. Brehm ist sie nicht zu finden — theilt einerseits Niemand etwas Näheres mit und andrerseits werden keine weiteren bestimmten Bei=spiele angeführt. Es bleibt daher dringend wünschenswerth, daß unsere Liebhaber es sich möchten angelegen sein lassen, endlich festzustellen, in wieweit jene Behauptung auf That=sächlichkeit beruht.

In einem ähnlichen Verhältniß steht die **Amsel** oder **Schwarzdrossel** [Turdus merula, *L.*] uns gegenüber, indem Bechstein auch von ihr sagt, daß sie sprachbegabt sei, während sie doch von keinem der neueren Schriftsteller und ebensowenig von den Liebhabern und Kennern als Sprecher mitgezählt wird.

Die Erforschung der sprachbegabten Vögel hat uns in der neuern Zeit ganz außerordentliche Ueberraschungen ge=bracht. Wie hier in meinem Werk „Die sprechenden Vögel" I (‚Sprechende Papageien') mitgetheilt worden, ergab sich der kleinste aller lebend eingeführten Vögel aus dieser Familie, der Wellensittich, von dem man es doch am wenigsten erwartete, als ein Sprecher, welcher noch dazu reich begabt ist. Angesichts dieser Thatsache brauchen wir uns wol kaum darüber zu wundern, daß wir auch aus der Familie der Finkenvögel Sprecher vor uns haben.

Es würde hier zu weit führen und ja auch außer=halb des Rahmens dieses Buchs liegen, wenn ich eine Schilderung der Familie der **Finken** [Fringillidae] vor=ausschicken wollte. Da wir bis jetzt nur zwei verschiedene Arten aus der großen Mannigfaltigkeit der hierher ge=hörenden Vögel als Sprecher kennen, so ist das nähere Eingehen auf die Gesammtheit weder nothwendig, noch möglich; für Jeden, der sich über die Finkenvögel unter=

richten will, muß ich auf meine Werke „Handbuch für Vogelliebhaber" I und II, „Die fremdländischen Stuben= vögel" I und „Lehrbuch der Stubenvogelpflege, =Abrichtung und =Zucht" verweisen.

Der Kanarienvogel als Sprecher.

Als ein sprachbegabter Vogel, welcher unsre Theil= nahme im höchsten Grade in Anspruch nehmen darf, tritt uns der goldgelbe Hausfreund entgegen. Diese Begabung, die man beim Kanarienvogel am wenigsten voraussetzen sollte, ist in neuester Zeit bereits in einer beträchtlichen Anzahl von Fällen als unwiderleglich festgestellt worden. In Folgendem fasse ich nun nach meinem Buch „Der Kanarienvogel"*) mit einiger Erweiterung alle Nachrichten zusammen, welche bis jetzt in dieser Beziehung vorliegen, und mit großer Freude füge ich hinzu, daß ich so glücklich bin, von sprechenden Kanarienvögeln nach eigener Kenntniß berichten zu können. Am 23. April 1883 begab ich mich zu Frau Geheimrath Gräber in Berlin, um ihren kleinen gefiederten Sprachkünstler zu hören und zu sehen. Die Dame empfing mich mit dem Bedauern, daß ich wol ver= geblich gekommen sein werde, denn der Vogel scheine heute nicht sprechen zu wollen. Inzwischen erzählte sie mir, daß sie ihn seit drei Jahren besitze und als ganz junges Vögelchen erhalten habe. Nachdem er recht hübsch gesungen, sei er, wahrscheinlich infolge der naturgemäßen Mauser, verstummt. Da dies lange gedauert, so habe sie recht oft zu ihm ge= sprochen: ‚Sing' doch, sing' doch, mein Mätzchen, wie singst du? widewidewitt!' Sie können sich denken, fuhr sie fort, welche Ueberraschung es mir gewährte, als der Kanarien= vogel zum erstenmal die Worte, welche ich ohne jede Ab=

*) Sechste Auflage (Magdeburg 1889).

sicht zu ihm gesagt, nachplauderte. Ich traute meinen
Sinnen kaum und konnte mich anfangs garnicht darin
finden. Als ich es meinem Mann mittheilte, meinte er,
laß' es nur keinenfalls vor anderen Leuten verlauten, damit
wir nicht ausgelacht werden; wir hatten uns nämlich vor
kurzem über die Behauptung, daß Jemand einen Kanarien
vogel sprechen gehört habe, höchlichst lustig gemacht. Während
die Frau Geheimrath mir diese Auskunft gab, sich dann
an den Vogel wandte und die erwähnten Worte an ihn
richtete, fing er an, eifrig zu schmettern, und mitten im
Gesang erklang es: ‚widewidewitt, wie singst du, mein
Mätzchen? singe, singe, Mätzchen, widewidewitt!' Immer
und immer wiederholte er und deutlicher und klarer konnte
ich die Worte verstehen, bis die Frau Geheimrath zuletzt
lachend äußerte, es scheint, als ob er sich vor Ihnen so
recht hören lassen will, denn so viel und eifrig hat er seine
Kunst seit langer Zeit nicht geübt. Es war ein kräftiger,
schlanker, hübscher, wenn auch nicht regelmäßig gezeichneter
Vogel von der gewöhnlichen deutschen Rasse, der durch
ungemein lebhaftes Wesen und rasche Bewegungen auffiel.
Sein Gesang war kunstlos, doch keineswegs gellend und
unangenehm. Unsere anspruchsvollen Liebhaber des Harzer
Hohlrollers würden ihn freilich einfach als ‚Schapper' ab=
gefertigt haben. Er sprach übrigens nur zu seiner Herrin
und war nicht zahm, sondern im Gegentheil gegen jeden
Andern sehr scheu. Indem er aber unermüdlich sein ‚wide=
widewitt, wie singst du, mein Mätzchen, singe, singe,
Mätzchen' wiederholte, fand ich bald eine Erklärung dafür,
weshalb dieser gefiederte Sänger nur seiner Herrin gegen=
über die menschlichen Laute nachahmte. Ihre ungemein
klangvolle, melodische, gesangsfertige Stimme übte die
Wirkung auf ihn aus. Uebrigens brachte der Kanarien=
vogel die Worte nicht gegliedert redend, mit menschlichem

Ton, hervor, sondern er wob sie mitten in den Gesang hinein. So erklangen sie ganz harmonisch, und im ersten Augenblick mußte man aufpassen, um das ‚widewidewitt, wie singst du, mein Mätzchen‘, zu verstehen; dann aber wurde es immer deutlicher, und ich hätte wirklich garnicht zu wissen gebraucht, wie es lauten sollte, denn ich hörte und unterschied es mit voller Bestimmtheit.

Als die verschiedenen anderen bisher bekannten Fälle, in denen der Kanarienvogel menschliche Worte nachahmen lernte, muß ich die folgenden mittheilen. Bereits i. J. 1868 schrieb Herr Dr. Wilhelm Lühder über einen sprechen= den Kanarienvogel in Berlin. Derselbe gehörte Frau Professor Teschner und wiederholte immer die Worte: ‚wo bist du denn, mein liebes Mätzchen, mein liebes Mätzchen, wo bist du?‘ so deutlich, daß der Zuhörer anfangs glaubte, sie würden von einem im Zimmer spielenden Kinde aus= gesprochen. Ebenfalls im Besitz einer Dame befand sich in Braunschweig i. J. 1878 ein Kanarienvogel, der nach Angabe des Herrn Pastor A. S. dort in seinen Gesang die Worte: ‚bist du denn mein liebes Tipperchen? bist du denn mein Hänschen? mein liebes kleines Thierchen, mein Hänschen, mein Hänschen!‘ verwebte. Dieser Vogel zeigte noch den Vorzug, daß er auch zu jedem Fremden auf den Finger kam, sang und sprach. Sodann hat Herr Pastor Karl Müller den Kanarienvogel der Schauspielerin Fräu= lein Pauli in Kassel gehört und zu Anfang b. J. 1883 von ihm erzählt. Dieser gab auf Zusprechen der Besitzerin folgende Worte wieder: ‚wo ist er denn, der liebe, kleine, süße Bijou, wo ist er denn, was willst du denn, so singe doch!‘ Ferner berichtete die Londoner Zeitung „The Times“ i. J. 1882, daß zu Scraps-gate bei Sheerneß ein Schaf= hirt namens Mungeam einen Kanarienvogel habe, welcher Worte und ganze Sätze deutlich sprach. Manchmal schalte

er die Worte in den Gesang ein, aber dieselben lauteten
deutlicher, wenn er spreche, ohne zu singen, was er auch
oft thue. Seltsamerweise behauptete das Weltblatt noch
damals, dieser Kanarienvogel sei der erste, welcher sich als
sprachbegabt ergeben habe. Im Jahre 1885 theilte mir
Herr P. J. Böwing in Kopenhagen mit, er habe ein
Kanarienhähnchen von gemeiner Rasse und im Alter von
6 Jahren sprechen gehört und zwar die Worte: „die Mutter
des kleinen Piepchens ist süß". Dieser Vogel im Besitz der
Frau J. Schmidt in Kopenhagen wurde auf der ersten
internationalen Geflügel= und Vogelausstellung dort im
Juli desselben Jahres mit einer silbernen Medaille ausge=
zeichnet, da er die erwähnten dänischen Worte eingeflochten
in seinen Gesang deutlich hervorbrachte. Ich habe als
Preisrichter dort auch ihn singend reden gehört. Schließ=
lich hat im Gegensatz zu jener Angabe in den „Times"
Herr S. Leigh Sotheby in den „Proceedings of the
Zoological Society of London" i. J. 1858 bereits über
einen sprechenden Kanarienvogel einen Bericht gegeben, aus
welchem ich Nachstehendes entlehne: „dieser Vogel war aus
der Hand aufgepäppelt und sein erster Gesang war ganz
verschieden von dem, welcher den Kanarienvögeln sonst
eigenthümlich ist. Man redete beständig mit dem Vogel
und als er ungefähr drei Monate alt war, setzte er eines
Tags seine Herrin dadurch in Erstaunen, daß er die Lieb=
kosungen, welche man ihm sagte, wie z. B. ‚Kissie, Kissie‘
(Küßchen, Küßchen) nachsprach und den bezeichnenden
schmatzenden Laut dabei hervorbrachte. Nach und nach lernte
das Vögelchen noch andere Worte dazu, und jetzt vergnügt
es uns durch die Art und Weise, wie es die verschiedenen
Worte nach seinem Geschmack stundenlang (ausgenommen
während der Mauser) in verschiedenen Verbindungen und
so deutlich, wie sie die menschliche Stimme nur hervor=

bringen kann, vorträgt: ‚Dear, sweet Titchie‘ (lieber,
süßer Titschie [sein Name]), ‚Kiss Minnie‘ (küsse Minchen),
‚Kiss me then, dear Minnie‘ (küsse mich doch, liebes
Minchen), ‚Sweet pretty, little Titchie‘ (süßer, hübscher,
kleiner Titschie), ‚Kissie, kissie, kissie‘ (Küßchen, Küßchen,
Küßchen), ‚Dear Titchie‘ (lieber Titschie), ‚Titchie wee,
gee, gee, gee, Titchie, Titchie‘. Der gewöhnliche Ge=
sang dieses Vogels gleicht mehr dem der Nachtigal und er
ist manchmal vermischt mit dem Laut der Hundepfeife,
welche im Hause verwendet wird. Er flötet auch sehr deut=
lich die erste Strofe von ‚God save the Queen‘. Es
bedarf kaum der Erwähnung, daß der Vogel sehr zahm
ist, auf meinen Finger fliegt und hier jauchzt und schwätzt.
Unser Freund, Mr. Waterhouse Hawkins, der den Vogel
gehört hat, erzählte mir, daß schon vor ungefähr 20 Jahren
ein Kanarienvogel, der einige Worte sprach, in Regentstreet
in London ausgestellt war". Auf diese Mittheilung in der
genannten Zeitschrift machte mich Mr. J. Abrahams, In=
haber der bekannten Vogelgroßhandlung in London, auf=
merksam und sandte sie mir für die „Gefiederte Welt",
indem er hervorhob, daß den Engländern, bei denen es
mit der Vogelliebhaberei im allgemeinen so schlecht bestellt
sei, doch der Ruhm nicht abgesprochen werden dürfe, den
ersten sprechenden Kanarienvogel besessen zu haben. Beach=
tung verdient die Thatsache, daß wir gerade diesen kleinen
gefiederten Sprecher in drei Sprachen abgerichtet vor uns
haben.

* *

Der Dompfaff [Pyrrhula europaea, *Vieill.*] **als
Sprecher.**

Den Beschluß in der langen Reihe der hierher ge=
hörenden gefiederten Sprecher macht ein Vogel, welchen
wir erst kürzlich von dieser Seite her kennen gelernt haben

und zwar der europäische Gimpel oder Dompfaff. Im
Jahre 1886 berichtete mir Herr Studiosus G. Risius,
daß seine Mutter in Bremerhaven ein Gimpelweibchen im
Besitz einer Frau dort gesehen und gehört habe, welches
einige Worte deutlich aussprechen könne. Eine zweite derartige Mittheilung machte mir Herr Theodor Franck in
Barmen. Dieser letztre schrieb: „Ich erhielt den Gimpel
noch jung, aber angeblich ‚ausgelernt‘, sodaß er „Frisch
auf zum fröhlichen Jagen" und eine kurze Walzermelodie
pfeife. Wie sich dann herausstellte, hatte der Lehrmeister,
ein Arbeiter, den Vogel zu früh verkauft, denn er war
noch keineswegs fest in der Abrichtung, und außerdem
zeigte er den großen Fehler, sog. zwei Stimmen oder eigentlich gar drei zu haben. Oft begann er sein Lied im tiefen
Ton, um dann nach zwei Strofen stecken zu bleiben, dies
mehrmals wiederholend, bis er endlich, in einem um eine
Oktave höhern Ton einsetzend, das Lied ganz durchpfeifen
konnte. Anfänglich habe ich mich über diese Stümper-
haftigkeit und die Unzuverlässigkeit des Verkäufers geärgert,
denn der letztre hatte mir den Vogel als durchaus fehler-
frei angepriesen. Niemals hätte ich geglaubt, daß sich der
kleine Künstler ganz von selber seinen Hauptfehler, die
zwei Stimmen, völlig abgewöhnen und mir schließlich durch
seine anderweitige außerordentliche Gelehrigkeit noch viele
Freude machen würde. Er flötet jetzt seine Melodie stets
in einer Tonart durch, wenn auch nicht besonders kunst-
voll. Was ihn mir aber besonders lieb und werth gemacht hat, ist Folgendes. Ich hatte den Gimpel in meinem
Schlafzimmer hängen, wo er von mir und auch von meiner
Frau häufig im freundlichen Ton angesprochen wurde:
‚Männeken, bist du da?‘ oder ‚Sei wacker, Männeken,
wacker‘. Der letztre Zuspruch ist bei den Leuten in der
hiesigen Gegend, welche Dompfaffen abrichten, sehr gebräuch-

lich). Diese Worte aber hat der Vogel mit nach und nach zunehmender Deutlichkeit sprechen gelernt. Ich habe während der letzten zwölf Jahre sehr viele ‚gelernte‘ Dompfaffen gehabt, doch ist mir solche Sprachbegabung noch nicht vorgekommen, und ebensowenig habe ich von allen mir bekannten Liebhabern dieser Vögel dasselbe oder Aehnliches erfahren können“. In anbetracht dessen, daß ja gerade der Gimpel in einer Hinsicht, nämlich der, Liederweisen nachflöten zu lernen, bekanntlich sehr hoch steht, würden wir uns über die zweite Begabung, auch Worte nachsprechen zu lernen, eigentlich nicht so sehr zu wundern brauchen. Wenn der Gimpel nun in dieser Weise, also als gefiederter Sprecher, der Liebhaberei häufiger zugänglich wäre, so würde er dadurch selbstverständlich einen noch ungleich höhern Werth erreichen und auch mit desto größerm Eifer und Erfolg aus den Nestern geraubt und aufgezogen werden, denn man könnte ja vielleicht die Vögel, welche sich nicht zum Nachflötenlernen geeignet zeigen, also die sog. ‚Stümper‘, vortheilhaft zum Nachsprechenlernen ausbilden. Man würde dann wahrscheinlich die Züchtung dieser Art in Käfigen oder Vogelstuben mit noch viel größerm Eifer und Erfolg als bisher betreiben, um nicht allein zur Abrichtung vorzugsweise geeignete werthvolle Vögel zu gewinnen, sondern auch, um dem Mangel, der an Gimpelnestern in den meisten Theilen Deutschlands bereits immer fühlbarer hervortritt, entgegenzusteuern*).

---

*) Näheres über Gimpel-Aufzucht und -Abrichtung ist in meinem „Handbuch für Vogelliebhaber“ II (‚Einheimische Stubenvögel‘) zu finden.

Pflege, Behandlung und Abrichtung der sprach- begabten Vögel.

Fang. Um einen Vogel zu besitzen, bzl. uns an ihm zu erfreuen, müssen wir ihn nothwendigerweise erst zu er- langen suchen und zwar entweder durch Fang oder Auf- zucht, abgesehen davon, ob der Liebhaber persönlich ihn fängt, bzl. aufzieht oder ihn ankauft. Gezwungenermaßen muß ich daher, wenigstens im allgemeinen, auch etwas über die Mittel und Wege sagen, mithilfe derer wir uns den zum Sprechenlernen fähigen, bzl. sprachbegabten Vogel zu verschaffen vermögen.

Bei allen Rabenvögeln ist der Fang bedingungs- weise der leichteste und wiederum der schwierigste, den man sich denken kann. Infolge ihrer reichen geistigen Begabung, Klugheit und Schlauheit sind sie in den meisten der ge- bräuchlichen Fangvorrichtungen nur schwierig oder garnicht zu überlisten; eine eigentliche Krähe oder Elster wird auf einem Schlingenbrett, einer Leimrute, in einem Schlagnetz u. a. sich kaum fangen lassen, auch schon deshalb nicht, weil sie doch zu groß und kräftig für diese Fangvorrich- tungen ist. Ueberaus leicht aber geht sie auf ein Tritteisen, weil sie nämlich wiederum in ihrer frechen Dreistigkeit sich nicht fürchtet und bekanntlich oft nur schwer vertrieben wer- den kann, wo sie Schaden verursacht. Um eines alten Raben, einer ebensolchen Krähe, Dohle, Elster u. a. hab- haft zu werden, ist bei Schnee das Auslegen eines Tritt- oder Tellereisens am aussichtsreichsten. Den fast überall bereits recht seltnen Raben kann man mit demselben aller- dings nur zufällig neben einem auf dem Feld liegenden Aas erlangen, und sein Fang wird nur zu sehr erschwert dadurch, daß die vielen Raben- und Nebelkrähen nebst Elstern die Tritteisen, selbst wenn man deren mehrere hier

auslegt, bald für jenen unschädlich machen, indem sie sich
darin fangen. Um einen alten großen Raben zu bekommen,
muß man mindestens ein halbes Dutzend und wenn mög=
lich noch mehrere gut angekettete kleine Tritteisen auslegen
und zwar rings um das Aas nach allen Seiten hin.
Wenn dann in einem Eisen, bald im nächsten und noch
einem Krähen oder Elstern sich fangen und der ganze
Schwarm einen entsetzlichen Lärm erhebt und die gefangenen
schreiend umflattert, so schreckt das den Raben durchaus
nicht ab. Unbekümmert um den Lärm schreitet er von der
andern Seite heran, und wenn er dort allerdings nur zu=
fällig gerade nach dem Tellereisen hin kommt, so glückt der
Fang wol, und ein geschickter, reich erfahrener Fänger kann
günstigenfalls neben drei bis vier Krähen auch einen Kolk=
raben als Beute heimbringen.

Seit altersher ist der sog. lustige Krähenfang bekannt, welcher
in folgender Weise betrieben wird. Düten von starkem Papier in
der Größe, daß der Kopf einer Krähe gerade hineinpaßt, werden innen
mit Vogelleim bestrichen und nachdem auf den Grund einer jeden
ein Stück frisches Fleisch hinabgeschoben ist, werden sie soweit in den
Schnee gesteckt, daß gerade der Rand mit der Schneedecke gleich ist.
Wenn die Krähe nun das Fleisch erlangen will, muß sie mit dem
Schnabel in die Düte hinabstoßen, wobei das leimbestrichne Papier
ihr am Kopf kleben bleibt und die Augen verdeckt. Noch ein andrer
sog. lustiger Fang beruht darin, daß man eine Krähe und zwar eine
möglichst frisch gefangne, kürzlich erlangte, auf den Rücken legt und
so festbindet, daß sie beide Füße frei hat. Auf ihr Geschrei hin
kommen sobann zahlreiche Genossen von weit und breit herbeigesegelt
und die Schreierin packt gleichsam in Verzweiflung eine oder wol
gar mit jedem Fuß eine andre Krähe und hält sie so fest, daß man
dieselben ergreifen kann. Da aber in diesen beiden Fangweisen,
namentlich in der letztern, doch arge Thierquälerei liegt, so will ich
sie meinerseits selbstverständlich nicht empfehlen; anführen mußte ich
sie natürlich.

Jeder Fang von Krähenvögel=Wildlingen hat etwas
mißliches, denn zunächst ist er, wie erwähnt, schwierig, zu=

mal überall dort, wo die betreffenden Schwarzröcke bereits
scheu gemacht worden, und sodann muß man befürchten,
daß bei der einzigen ergibigen Fangweise mit dem Tritt=
oder Tellereisen, den Vögeln die Füße zerschlagen oder daß
sie sonstwie beschädigt werden; schließlich hört er auch nach
den ersten guten Erfolgen in der Regel ganz von selber
auf, weil die Gesellschaft nur zu bald mißtrauisch ge=
worden ist.

Eigentlich hängt die Erlangung eines der selteneren
und werthvollen Rabenvögel lediglich oder doch meistens
vom Zufall ab. So habe ich einen sehr großen alten
Raben einmal dadurch bekommen, daß er an einen für den
Fuchs gelegten Schwanenhals sehr scheu und vorsichtig ge=
gangen war und daß das zuklappende Eisen ihn bei be=
hendem hurtigem Entweichen doch noch an einer Flügelspitze
gefaßt hatte. Eine Elster ging bei tiefem Schnee in eine
für einen Marder gestellte Kastenfalle, wol weil sie dieselbe
für eine hoch überschneite Wasserrinne hielt. Eichelheher
sowol als auch Tannenheher fängt man nicht selten in den
Dohnen und wenn man diese regelmäßig und früh genug
absucht, so sind die Heher meistens auch noch lebendig,
indem sie sich nicht in so einfältiger Weise wie die Drosseln
zutode zappeln oder den in der Schlinge steckenden Flügel oder
Ständer ausrenken, sondern sich, sobald sie durch die Schlinge
gefesselt sind, ruhig auf den Bügel setzen und abwarten. In
nicht seltenen Fällen bekommt man gute Rabenvögel aller
Arten dadurch, daß sie zufällig flügellahm oder sonstwie
leicht angeschossen werden, in Besitz. Man hat dann weiter
nichts zu thun, als die Wunde gut auszuwaschen und
allenfalls mit Bleiwasser zu kühlen. Im übrigen bilden
die daran haftenden Federn von selber einen Verband,
welcher die Blutung stillt, während auch bald eine gute
und gesunde Heilung eintritt. Kleinere, zumal fremd=

ländische Krähenvögel fängt man allerdings auch mit Leimruten, Schlingen, Schlagnetzen, und dabei ist im allgemeinen nur dasselbe zu beachten, was für den derartigen Vogelfang überhaupt gilt. Weitere Fangweisen, vermittelst derer man sich der Raben, Krähen, Elstern, Heher u. a. leicht und sicher bemächtigen könnte, vermag ich nicht anzugeben — und dies ist ja auch garnicht nöthig, denn die alteingefangenen Krähenvögel sind zwar keineswegs so störrisch und ungebehrbig wie die Wildfänge aus vielen anderen Familien, jedoch für die Abrichtung beiweitem nicht in dem Grad zugänglich wie die aus dem Nest gehobenen und aufgefütterten Vögel.

Wie die Starvögel den Rabenartigen im Körperbau ungemein ähnlich sind — sodaß manche Vogelkundigen sie neuerdings ohne weiteres im System jenen anreihen — so gleichen sie ihnen vielfach im Wesen und in der ganzen Lebensweise. Dies kommt sodann auch bei ihrem Fang zur Geltung. Das inbetreff desselben bei den Krähenvögeln Gesagte gilt somit auch von ihnen, nur mit dem einen Unterschied, daß wir bei ihnen doch mehr bestimmte Fangweisen und gewöhnlich größere Fangergibigkeit vor uns sehen. Als kluger Vogel vermag der europäische Star Schlingen, Leim und Netz wol meistens zu vermeiden, zumal überall dort, wo er es merkt, daß man ihn überlisten will. Aber an andrer Stelle läßt er sich auch wiederum nur zu leicht fangen; in die Fischreuse, die er überall in den Sträuchern am Wasser, wenn sie zum Trocknen aufgehängt wird, vor sich sieht, und die ihm also bekannt ist, geht er ohne weitres hinein, während ihn ein Schlagnetz mit so großem Mißtrauen erfüllt, daß er ihm nur selten nahe genug kommt, ebensowenig wie der Leimrute, die er vom harmlosen Strauch auch sicher zu unterscheiden vermag. Nur in einer Hinsicht zeigt er sich verschieden von den Krähen: jene laſſen ſich bekanntlich durch Hunger keineswegs leicht verlocken, der Star dagegen fällt dann dem Vogelfänger nur zu bald anheim. Wie die meiſten Krähenvögel iſt auch der Star ſodann als Wildfang kaum oder garnicht, ſondern nur als aufgepäppelter Vogel zur Abrichtung tauglich.

Soweit wir den Fang der fremdländiſchen Stare kennen, vornehmlich der amerikaniſchen Arten, wiſſen wir, daß ſie je nach den Gattungen, bzl. ihrer Klugheit entſprechend, verſchiedenartig gefangen werden. Bei den Nordamerikanern kann vom Einzelfang eines etwa beſonders werthvollen Vogels keine Rede ſein, ſondern ſie werden vielmehr ge= wöhnlich in ganzen Flügen zuſammen vermittelſt großer Netze überliſtet. Dies bezieht ſich allerdings in der Hauptſache auf jene Starvögel, welche man ihrer Geſelligkeit halber, bzl. wegen des Herumſchweifens in vielköpfigen Schwärmen, als Hordenvögel bezeichnet, während die Arten, welche mehr einzeln, bzl. parweiſe leben und ſich durchgängig als geiſtig reicher begabt zeigen, wie die Kaſſiken, Trupiale u. a. in Süd= und Mittelamerika, dann die aſiatiſchen Beos oder Mainaten u. a. dementſprechend auch dem Fänger faſt nur einzeln oder höchſtens in kleinen Flügen auf Leimruten oder im Netz zur Beute werden. Hierin liegen alſo im allgemeinen wenigſtens, wie im Weſen und in der Lebens= weiſe überhaupt ſo auch im Fang, die wichtigſten Unter= ſchiede begründet. Alle Starvögel, auch die letzterwähnten, ſtreichen zu Zeiten familien= und ſchwarmweiſe umher und dann werden ſie beiläufig gefangen. Für den Selbſtfänger, bzl. den Liebhaber, welcher einen oder einige Stare, gleich= viel von welchen Arten, erlangen will, iſt immer der Fang mit Leimrute, Schlingen oder Schlagnetz als am zuver= läſſigſten zu empfehlen.

Hinſichtlich des Fangs der noch übrigen ſprachbegabten

Vögel habe ich nichts mehr hinzuzufügen; beim Kanarien=
vogel kann von demselben überhaupt keine Rede sein, ge=
fangene Dompfaffen sind für unsern Zweck nicht zu brauchen,
denn nur der aufgepäppelte Gimpel ist abrichtungsfähig,
und schließlich wird sicherlich bei den noch im ganzen sehr
fragwürdigen Sprechern: Steindrossel und Amsel, das
Gleiche der Fall sein.

Wenden wir uns nun der **Eingewöhnung** aller
hierhergehörenden Vögel zu, so sehen wir zu unserer Freude,
daß sie alle ohne Ausnahme auch in dieser Hinsicht als
rühmenswerth vor anderen dastehen. Bei den eigentlichen
Raben und Krähen obwaltet in dieser Hinsicht nicht die
geringste Schwierigkeit. Gleichviel auf welchem Wege solch'
Vogel eingefangen worden, er ist nicht unbändig und
stürmisch, er fügt sich vielmehr bald in sein Schicksal und
tobt nicht lange, sondern er beruhigt sich, schaut sich mit
klugen Blicken um und geht bald an das Futter. Je
klüger ein Krähenvogel überhaupt ist, desto weniger Mühe
verursacht er in dieser Hinsicht. Ausnahmen von dieser
Regel machen allerdings manche Arten der Heher und
Elstern und zwar ebensowol einheimische als fremdländische.
Selbst der gemeine, sonst doch so dreiste und kecke Eichel=
heher ist, wenn alt eingefangen, so unvernünftig stürmisch,
daß er dem Liebhaber das Vergnügen an seiner schönen
Färbung nur zu leicht verleidet, indem er sich bald das
Gefieder arg zerstößt, sodaß er unansehnlich und erbärm=
lich aussieht. Die einzige Vorsorge, welche man zu stürmi=
schen Hehern und Elstern gegenüber treffen kann, ist die,
daß man ihnen einen Käfig gibt, in welchem sie sich durch=
aus nicht zu beschädigen und das Gefieder wenigstens nur
in verhältnißmäßig geringem Maß abzustoßen vermögen.
Als solche Käfige bezeichne ich vornehmlich die sog. Metall=
rohrbauer der Käfigfabrik von A. Stüdemann=Berlin, auf

die ich weiterhin eingehend zurückkommen werde; auch ein
einfacher Kistenkäfig, indessen nicht mit gewöhnlichem dünnen
und scharfen, sondern gleichfalls starkem, gut verzinntem
Stabdrahtgitter, an welchem so leicht keine Beschädigung
vorkommen kann, ist empfehlenswerth).

Als Eingewöhnungsfutter muß man natürlich, wie bei
allen anderen Vögeln, so auch bei den Rabenartigen möglichst immer das darreichen, wovon sie sich einerseits im
Freileben überhaupt ernähren und was sie andrerseits vorzugsweise gern fressen. Wiederum hat es damit bei den
eigentlichen Raben keine Noth, denn sie gehen entweder als
Allesfresser, wie die Raben= und Nebelkrähen, an jede
Nahrung, die ihnen geboten wird oder sie fressen, wie der
Kolkrabe, fast ausschließlich Fleisch. Zur besondern Auf-
munterung, bzl. Anregung, wenn solch' Vogel unpäßlich
ist und etwa nicht recht fressen will, ist nichts geeigneter,
als lebendes Fleisch, d. h. also eine Maus oder ein Sperling, im Nothfall und bei werthvollen Arten auch wol eine
Taube, ein Kaninchen u. a. Alle diese Thiere mag man,
um Thierquälerei zu vermeiden, immerhin tödten, jedenfalls
aber muß man sie den Krähenvögeln sogleich ganz frisch,
wenn möglich noch warm, vorwerfen.

Wiederum ganz Gleiches zeigt uns die Eingewöhnung der
Starvögel. Ein Starwildling, gleichviel auf welche Weise
er in unsern Besitz gelangt ist, wenn er zu den Arten, bzl.
Gattungen gehört, welche wir hier zu berücksichtigen haben, wird
niemals größere Schwierigkeit in dieser Hinsicht verursachen.
Er fügt sich, geht unschwer ans Futter und hält sich dementsprechend auch verhältnißmäßig gut. Etwas abweichend
zeigen sich jene Starvögel, welche wie erwähnt an geistiger
Begabung zurückbleiben; während sie uns in dieser Hinsicht Mühe machen würden, kommen sie hier ja nicht
in Betracht, und ich brauche sie also nicht näher zu besprechen.

Auch den Staren spendet man zur Eingewöhnung am zweck=
mäßigsten lebendes Gethier, indessen selbstverständlich nur
kleines, also allerlei Käfer, Schmetterlinge, Heuschrecken,
Raupen u. a. m. Mit denselben und sodann mit frischen
Ameisenpuppen gewöhnt man sie an ein Mischfutter, welches,
gleichviel, woraus es bestehen mag, für sie auf die Dauer
immer am zuträglichsten sich zeigt. Näheres über dasselbe
werde ich wiederum weiterhin mittheilen. — Auch hinsicht=
lich der Eingewöhnung habe ich erklärlicherweise über Amsel,
Steindrossel, Gimpel und den Kanarienvogel
nichts mehr zu sagen.

Aufpäppeln. Inanbetracht dessen, daß das Nesteraus=
rauben bei allen Rabenvögeln überhaupt, vielleicht mit
alleiniger Ausnahme der Dohle und Saatkrähe, durchaus kein
Unrecht birgt, indem man vielmehr im Gegentheil — ich brauche
hier nicht nochmals zu erörtern, ob mit oder ohne Berechtigung
— sie allesammt für überwiegend schädlich hält, kann und muß
ich zum Ausheben ihrer Nester für den Zweck des Aufziehens
und Abrichtens der Jungen nur entschieden anregen. Für
die Liebhaberei liegt darin sogar ein mehrfacher Vortheil. Ab=
gesehen, wie gesagt, davon, ob das Nesterzerstören dieser
Schwarzröcke wirklich für die Landwirthschaft und andere
menschliche Kulturen vortheilhaft sei oder nicht, ist die Er=
langung aus dem Nest geraubter Krähenvögel für die Lieb=
haberei von folgenden Gesichtspunkten aus wünschenswerth.

Zunächst lassen sich die jungen Krähenvögel allesammt
leicht erhalten und aufbringen. Ihre Ernährung ist durch=
aus keine schwierige, sodann gedeihen sie, im Gegensatz zu
fast allen anderen aufgepäppelten Vögeln, gut und ent=
wickeln sich stets gesund und lebenskräftig; vorausgesetzt
freilich, daß sie entschieden sachgemäß behandelt werden;
schließlich aber zeigen sie sich natürlich der Zähmung, vor=

nehmlich der Abrichtung, beiweitem mehr zugänglich als die
Wildfänge.

Jede Brut junger Krähenvögel, gleichviel welche, braucht
man nicht eigentlich zu päppeln oder zu stopfen; sie verschlingen vielmehr, selbst wenn sie noch ganz klein sind, das
ihnen vorgeworfne naturgemäße Futter ohne weiteres. Anfangs gibt man ihnen mancherlei möglichst weiche Kerbthiere,
jedoch nicht zu fette und noch weniger rauh beharte Raupen;
am wohlthätigsten für sie sind in den ersten Tagen Engerlinge oder Maikäferlarven und allerlei andere ähnliche
Kerbthiere, besonders Maden, wenn man die Ausgabe nicht
scheut, frische Ameisenpuppen, namentlich die ganz großen;
je mehr sie heranwachsen, desto größere und derbere Kerbthiere dürfen sie bekommen und bald massenhaft große
Brummfliegen, Heuschrecken, Maikäfer u. a., von denen
man anfangs die Köpfe und Flügel und thunlichst auch
den Panzer abgerissen hat. Sehr zuträglich sind für die
noch ganz jungen Krähenvögel auch nackte Schnecken, wie
überhaupt Weichthiere aller Art und sodann ganz kleine
Fische. Schon im Alter von 14 Tagen bis drei Wochen
beginnt man allmählich mit Zugabe von frischem, rohem
Fleisch, und weiterhin gewöhnt man sie an gekochtes Fleisch,
bald ebenso an Brot, Gemüse, gekochte Kartoffeln und
andere menschliche Nahrungsmittel. Nur vermeide man
jegliches Fett und selbstverständlich stark gesalzene, scharf
gepfefferte und sehr saure menschliche Speisen. Bei dieser
Auffütterung ist es aber, das wolle man nicht außer Acht
lassen, eine große Hauptsache, daß man die jungen Krähenvögel soviel als möglich an die freie Luft bringe und ihnen
ausreichende Bewegung gönne. Beim freien Aus- und
Einfliegen gedeihen sie stets am besten. Zum vollen Wohlsein gehört auch, daß man hin und wieder eine frisch ge-
tödtete Maus oder einen geschoßnen Sperling gebe —

allerdings darf dann aber ein so ernährter gefiederter
Sprecher späterhin nicht auf dem Geflügelhof, wo junge
Hühner u. a. vorhanden sind, sein Wesen treiben.

Beim Aufpäppeln junger Starvögel ist zunächst
sorgsam zu beachten, daß dieselben einerseits nicht bereits
zu alt seien, weil sie dann wol störrisch sich zeigen und
nicht mehr gut sperren und daß sie andrerseits auch nicht
zu jung seien, weil sie sonst leicht erkältet, überfüttert oder
sonstwie krankhaft werden und zugrunde gehen. Kantor
F. Schlag in Steinbach=Hallenberg, der gerade auf diesem
Gebiet vielerfahrene Vogelwirth, gibt für das Aufpäppeln
folgende Anleitung: „Wenn die Herren Gebrüder Müller
behaupten: ‚der äußerst aufmerksame, anstellige und pfiffige
Star lernt bald allein fressen‘, so habe ich bis jetzt immer
gerade die gegentheilige Erfahrung gemacht. Lieber will
ich zwanzig junge Dompfaffen als zwei bis drei Stare
aufpäppeln. Sind diese Vögel noch nicht zu groß, dann
sperren sie ja wol leicht und gern, aber mit dem Wachs=
thum steigert sich auch ihr Trotz und ihre Ungezogenheit.
Sie springen an und auf das Futterlöffelchen und werfen
nur zu oft das Futter heraus auf den Käfigboden. Da=
neben muß man fast endloses Flattern und Kreischen mit
ansehen und anhören, sodaß es kaum zu ertragen ist.
Immerfort suchen sie sich zwischen den Drähten durchzu=
zwängen, und wenn der Käfig nicht sehr zweckmäßig ein=
gerichtet ist, so zerstoßen sie sich in arger Weise das Ge=
fieder und beschädigen sich auch wol noch anderweitig
ernstlich. Je älter sie werden, desto größere Schwierigkeiten
verursachen sie. Nicht selten habe ich den bereits nahezu
ausgewachsenen Staren die Schnäbel gewaltsam aufbrechen
müssen, um ihnen das Futter beizubringen, und nur durch
Hungerkur konnte ich sie endlich zum Selbstfressen führen.
Kaum zehn Köpfe vom Hundert haben bei mir leicht und

schnell selbst fressen gelernt. Mit betäubten, doch noch lebenden Fliegen, Ameisen, Käferchen u. drgl., welche ich aufs Futter streute, brachte ich sie endlich dahin, daß sie nach dem Futter pickten und schließlich dieses selbst an- und aufnahmen. Mit einem Wort: der Vogelliebhaber, welcher Stare aufzieht, muß böse 6—8 Wochen durchmachen, ehe die Vögel ruhiger, verständiger und zutraulicher werden. Nebenbei habe ich noch darauf hinzuweisen, daß die Ent= lerungen der jungen Stare sehr massenhaft und von üblem Geruch sind. Erst im Alter von 8 Wochen werden die jungen Vögel ruhig, zutraulich und förmlich anständig. Dann kennen sie den Pfleger an der Sprache — selbst am Husten — und sobald sie im Morgengrauen dies oder das von mir hören, antworten sie sogleich mit lauten mehr= maligen Rufen".

Inbetreff der eigentlichen Aufpäppelung der jungen Stare ist folgendes zu beachten. Zunächst soll man sie, wie schon erwähnt, so früh wie möglich, also, wenn die Kiele an den Flügeln durchbrechen, aus dem Nest nehmen. Je zeitiger dies geschieht, desto weniger Schwierigkeit machen sie zunächst, desto sorgsamer müssen sie aber auch behandelt werden. Da der Star zu den Höhlenbrütern gehört und seine Brut also verhältnißmäßig dunkel sitzt, so setzt man sie in ein passendes Kästchen, welches mit einem durch= löcherten Deckel verschlossen wird; wählt man eine Zigarren= kiste, so muß dieselbe vorher jedenfalls durch Ausbrühen und Lüften vom Tabaksgeruch befreit sein. Zum Nest mache man ihnen keinenfalls eine weiche filzige Unterlage zurecht, sondern man hole entweder aus dem Astloch, falls irgend möglich das alte eigentliche Nest heraus oder man richte ein gleiches oder doch wenigstens ähnliches Genist her; über den Nestbau des Stars ist S. 138 nachzulesen. Solange die Jungen klein sind, deckt man sie mit einer

Schicht Watte lose zu. Künstliche Erwärmung durch Auf=
setzen des Nests, bzl. des Kistchens auf einen Topf mit
heißem Wasser halte ich selbst bei sehr kühler Witterung
für überflüssig und sogar für schädlich. Mit Berechtigung
ist darauf hingewiesen, daß man die jungen Stare, zumal
wenn sie noch ganz klein sind, keinenfalls sogleich mit
Päppelfutter versorgen soll, sondern daß man ihnen viel=
mehr zuerst, soweit es thunlich ist, frische Ameisenpuppen,
nackte Räupchen und allerlei andere weiche Kerbthiere
reichen muß; erst ganz allmählich wird dieses naturgemäße
Futter, und zwar nach und nach immer mehr, mit
dem Päppelfutter vermischt. Hier stellt sich dem Lieb=
haber abgerichteter Vögel stets eine große Schwierigkeit be=
deutungsvoll entgegen; denn zunächst kann er über die
Nothwendigkeit, Vögel aufzupäppeln und so aus der Hand
zu erziehen, nicht hinauskommen, weil die Wildfänge eben
zum Abrichten keineswegs tauglich sind, und sodann hat er
immer die Gefahr vor sich, daß die jungen Vögel skrophulös
werden, verkümmern und verkommen. Da heißt es, mit
offnem Blick für die Natur des Thiers und zugleich mit
gewissenhaftester Sorgfalt die Auffütterung zu unternehmen,
weil sonst die bedauernswerthen Geschöpfe rettungslos zu=
grunde gehen. Sobald die jungen Stare mehr heranwachsen,
immer mehr heißhungerig, bzl. gefräßig sich zeigen, wird man
nothwendigerweise zu einem Päppelfutter greifen müssen.
Dies besteht in Weißbrot in Milch erweicht und mit ge=
schabtem Fleisch und später mit getrockneten Ameisenpuppen
untermischt. Das Weißbrot (Semmel oder Wecken) muß
natürlich gut ausgebacken, locker und sauber sein und darf
nicht glitschig, sauer oder sonstwie schlecht erscheinen. Nach
und nach setzt man auch verschiedene andere Futtermittel
hinzu, so gekochtes Eigelb, späterhin gekochte Kartoffeln und
fein gehacktes Grünkraut, bis man die jungen Vögel schließlich

an ein Universalfuttergemisch aus Ameisenpuppen, Weißbrot und
geschabtem Fleisch oder Quarkkäse, auch wol ein wenig
Kartoffeln dazu gewöhnt. Uebrigens sind die Meinungen
hier noch sehr verschieden und die erfahrensten Vogelwirthe
rathen, daß man bei der Auffütterung das Weißbrot und
noch mehr die Kartoffeln ganz vermeiden, die jungen Vögel
ausschließlich mit frischen Ameisenpuppen ernähren und dann
an ein sog. Universalfuttergemisch gewöhnen soll. Ich kann
dieser letztern Ansicht, bzl. Behauptung nur zustimmen, denn
nach meiner Erfahrung werden die jungen Vögel stets um
so eher dickbäuchig und elend, je mehr sie mit pflanzlichen
Nahrungsstoffen, Kartoffeln u. a., gefüttert werden.

Das Verfahren des Aufpäppelns an sich ist beim Star,
wie Schacht hervorhebt, ein mühsames, insofern als die jungen
Vögel sich stürmisch und ungeschickt zugleich zeigen. Um
die dadurch hervorgerufenen Beschwerlichkeiten möglichst zu
umgehen, halte man an folgenden Regeln fest. Man füttere
vormittags etwa halbstündlich bis ganzstündlich und nachmittags alle zwei Stunden. Jedesmal reiche man jedem
einzelnen solange als er irgend sperrt, und namentlich bei
der letzten Fütterung abends suche man sie alle gut zu
sättigen. Hält man das Kästchen, in welchem die jungen
Vögel im Nest sitzen, geschlossen, sodaß sie also im Halb-
dunkel sind, so sperren sie beim Oeffnen ganz von selber;
sollten sie jedoch hartnäckig sein und nicht wollen, so kann
man sie ohne Besorgniß zwei bis drei Stunden, doch sollte
es niemals länger geschehen, hungern lassen. Wenn sie
aber auch dann nicht sperren wollen, so muß man ihnen
vermittelst eines glatten, schmalen, doch stumpfen Hölzchens
den Schnabel öffnen und das Futter hineingeben, nach dem
ersten oder doch zweiten Mal pflegen sie es von selbst zu
nehmen. Das Päppeln geschieht entweder mit einem Holzlöffel-
chen oder meistens mit einer löffelartig geschnittenen Federspule,

deren scharfe Ränder man aber sorgfältig glätten muß, oder
auch mit einer Futterspritze. Diese letztre stellt man her, in=
dem man eine dünne Glasröhre, mit offner, sorgfältig stumpf
geschmolzner Spitze wie eine Spritze mit einem Stempel
versieht, sie mit dem weichen Päppelfutter füllt und, indem
man ihre Spitze in den Schnabel des Vogels bringt, mit
dem Stempel jedesmal so viel von dem Futter heraus=
drückt, als der kleine Pflegling zu schlucken vermag. Dies
letztre Verfahren, zu welchem freilich viele Sorgfalt, Er=
fahrung und Uebung erforderlich sind, erscheint gerade den
jungen Staren gegenüber am zweckmäßigsten, weil sich durch
die Futterspritze allein der Uebelstand vermeiden läßt, daß
die jungen Vögel beim stürmischen Anspringen das Futter
hinabwerfen, sich das Gefieder und die Füße verunreinigen,
kurz und gut, die Päppelung sehr beschwerlich machen.
Natürlich müssen Futterlöffel, bzl. Spritze und alle Ge=
räthe überhaupt aufs sorgsamste reinlich gehalten werden,
denn durch die geringste Unsauberkeit, Säuerung oder sonstige
Verderbniß des Futters wird Krankheit, Verkommen und
Tod der jungen Vögel hervorgerufen. Außerdem ist auch
reinliche Haltung überhaupt für die jungen Stare unbe=
dingt nothwendig; der Pfleger muß ganz ebenso wie die
alten Vögel die Entlerungen entfernen, und zugleich wolle
er dann darauf achten, daß die Kothballen naturgemäß wie
mit einem Häutchen überzogen aussehen; denn dies ist das
hauptsächlichste sichre Zeichen voller Gesundheit der jungen
Vögel. Sobald die letzteren flügge sind, d. h. also nicht
mehr im Nest bleiben wollen, werden sie in einen möglichst
geräumigen Käfig gebracht, der wie weiterhin angegeben
wird einzurichten ist. Dann gewöhnt man sie auch an täg=
liches Baden.

Während es bei den nächstfolgenden sprachbegabten
Vögeln ja leider überhaupt noch nicht mit voller Sicher=

heit feststeht, ob sie sprechen lernen können, wissen wir
ebensowenig, ob die einzelnen Sprecher von diesen Arten,
welche man beobachtet haben will, Wildfänge oder auf=
gezogene Vögel gewesen seien. Als am wahrscheinlichsten
tritt uns aber von vornherein die Annahme entgegen, daß
das erstre der Fall sei; die Amsel oder Schwarzdrossel
wird überhaupt nur selten aufgepäppelt, und wenn dies
auch mit der Steindrossel häufiger geschieht, so gleichen
die in den Handel gelangenden Vögel dieser Art doch in
jeder Hinsicht den Wildfängen, und das Rauben aus den
Nestern wird viel mehr nur deshalb unternommen, um sie
zu erlangen, als für den Zweck, daß man dadurch vor=
zugsweise gelehrige Vögel vor sich habe.

Was sodann den Gimpel anbetrifft, so zeigt sich der=
selbe bekanntlich nur als aufgepäppelter Vogel zum Nach=
flötenlernen von Liederweisen gefügig; da aber von den
beiden Gimpeln, welche man bis jetzt als Sprecher kennt,
wenigstens der eine ein Wildling gewesen, so ergibt sich daraus,
daß die Nothwendigkeit für den Sprachunterricht, ebenso wie für
die musikalische Abrichtung, durchaus einen aufgezogenen
Vogel zu wählen, nicht feststeht. Lediglich von diesem Ge=
sichtspunkt aus sehe ich davon ab, hier Anleitung zum
Aufpäppeln des Gimpels zu geben. Die Liebhaber, welche
in dieser Hinsicht Näheres erfahren wollen, bitte ich, in
meinem „Lehrbuch der Stubenvogelpflege, Abrichtung und
Zucht" die ausführliche Anleitung nachzulesen*). — Der
Kanarienvogel schließlich wird überhaupt nicht auf=
gepäppelt, es sei denn, daß man ein Nest mit Jungen
hat, welche das alte Weibchen schlecht oder garnicht füttert,
sodaß man eingreifen muß; zum Zweck der Abrichtung aber

*) Auch sei auf das Büchlein „Der Gimpel oder Dom=
pfaff" von F. Schlag (zweite Auflage, Magdeburg, Creutz'sche
Verlagsbuchhandlung) hingewiesen.

geschieht es keinenfalls. Sämmtliche Kanarienvögel als
Sprecher waren naturgemäß flügge gewordene Junge.

Ueberblicken wir alle aufgepäppelten Vögel, gleichviel
aus welchen Familien, so tritt uns bei ihnen eine ungemein
betrübende Erscheinung entgegen, nämlich die, daß die meisten
solcher frühzeitig aus dem Nest gehobenen und künstlich
aufgezogenen Pfleglinge elend zugrunde gehen. Viele erkranken skrophulös, bekommen dicke Bäuche und sterben frühzeitig, andere wachsen wol heran, bleiben aber für ihr ganzes
Leben erbärmlich und krankhaft. Je mehr die Aufpäppelung
künstlich geschieht, d. h. je weiter man dabei von der Natur
abweicht, desto größer ist die Gefahr des Verkommens der
Vögel. Vor allem habe ich immer die Erfahrung gemacht,
daß die Mengung des Päppelfutters mit menschlichem Speichel
vorzugsweise ungünstigen Einfluß auf das junge Gefieder
äußert, und dieser kann unter Umständen so schwerwiegend
sein, daß die Geschöpfchen garnicht lebensfähig sich zeigen.
Glücklicherweise am allerwenigsten treten diese unheilvollen
Erscheinungen bei den Krähen- und Starvögeln ein. Schon
in den Darlegungen, welche ich inbetreff des Aufpäppelns
im besondern gegeben habe, mußte ich beiläufig hierauf hinweisen; ebenso erfreulich als unwiderleglich können wir dies
immer bestätigt finden, wenn wir junge Rabenvögel und
junge Stare neben allen anderen aufgepäppelten Vögeln
sehen; der Vergleich wird stets zu Gunsten der ersteren
ausfallen. Trotzdem darf der Liebhaber auch ihnen gegenüber die Sache keinenfalls leicht nehmen. In der
ganzen Behandlung und Verpflegung aller Vögel überhaupt
gibt es nichts so Schwerwiegendes, wie das Eingreifen der
Menschenhand in die Entwicklung und das Gedeihen des
jungen Vogels von früher Jugend her. Man darf keinenfalls glauben, daß der Liebhaber seine Schuldigkeit voll
oder auch nur genügend gethan habe, wenn er die Pfleg-

linge nach dem allgemeinen Gebrauch, oder im günstigern
Fall nach der Anleitung eines guten Buchs, versorgt und
behandelt hat; die Hauptsache ist vielmehr, daß er immerfort mit offenen Augen sich umschaue, eigene Erfahrungen
zu gewinnen und diese zum Wohl seiner Pfleglinge selbst
auszubauen suche. Wenn dies allenthalben zutreffend, so
ist es nirgends bedeutungsvoller als bei den aus der Hand
aufgepäppelten Vögeln: die geringste Vernachlässigung oder
ein anscheinend unbedeutender Mißgriff, so namentlich die
Gabe von säuerlich gewordnem oder sonstwie verdorbnem
Futter, unrichtigem Futter, ferner mangelnde Reinlichkeit u. a.
können den Anlaß dazu geben, daß das arme Geschöpf verloren ist, krankhaft wird, verkümmert, stirbt.

Beim **Einkauf** der Rabenvögel im allgemeinen ist
weniger Vorsicht erforderlich als bei dem andern Gefieders;
denn von vornherein kommen sie ja niemals in solcher
großen Zahl und Mannigfaltigkeit in den Handel, daß man
erst lange auswählen könnte, und sodann hängt es bei ihnen
auch mehr als bei anderen Vögeln lediglich vom Zufall ab,
ob wir wirklich einen guten, reichbegabten Vogel als Sprecher
bekommen oder nicht. Die eigentlichen Raben, vom Kolkraben und den beiden großen Krähen bis zur Satkrähe
und Dohle und ebenso die Elster, auch die Heher, sind nur
dann bei einem Händler vorhanden, wenn derselbe einen
solchen Vogel zufällig, sei es von einem Landmann, dessen
Buben ihn aus dem Nest gehoben haben, oder von einem
Jäger u. A. erhandeln konnte. Für die eigentlichen Vogelfänger sind alle diese Krähenartigen am schwierigsten zu
erlangen. Während dies von den Krähen als Wildfänge
gilt, so liegt das Verhältniß bei den jungen Vögeln dieser
Arten noch ungünstiger, denn Leute, die sich, wie z. B. bei
dem Dompfaff, mit dem Nesterausrauben, Aufpäppeln, Abrichten junger Rabenvögel beschäftigen, gibt es überhaupt

Der gemeine Beo oder die gemeine Aţel (f. S. 163).
²⁄₃ der natürlichen Größe.

nicht. Beim Einkauf der fremdländischen bunten und schönen,
meistens seltenen und darum wiederum theuren krähenartigen
Vögel sind wir insofern in mißlicher Lage, als wir sie
nach ihrem Wesen und so also nach ihren Gesundheits=
und Krankheitsanzeichen doch leider garzuwenig erst kennen
und uns daher, wenn wir solche meistens theure Vögel
kaufen wollen, eben nur nach den allgemeinen Gesichts=
punkten richten können. Jeder vor uns stehende derartige
Vogel, den wir zu kaufen wünschen, darf also vor allem
nicht zu sehr abgezehrt, nicht am Hinterleib stark beschmutzt
und nirgends am Körper beschädigt, er muß vielmehr mög=
lichst gut gefiedert sein. Ferner muß er klare Augen, leb=
haften Blick und munteres Wesen zeigen. Abgestoßnes und
selbst sehr ruppiges Gefieder darf uns übrigens auch noch
nicht einmal abschrecken, denn, wenn der Vogel sonst nur
völlig gesund ist, so wird er sich immerhin unschwer ein=
gewöhnen, bald erholen und dann auch neu befiedern.
Da bei manchen fremdländischen Rabenartigen, so z. B.
bei den Flötenvögeln, doch außerordentlich viel auf das
volle Verständniß ihres Wesens und damit ihres Werths
beim Einkauf ankommt, so bitte ich Folgendes zu beachten.
Alle ‚Gewährleistung‘ inbetreff dessen, was ein abgerichteter
Flötenvogel, bzl. ein andrer ähnlicher Krähenartiger leisten
soll, ist ein Unding, mindestens trügerisch und voll Täuschung
für den Einen, wie voll von Vorwürfen und Verdruß für
den Andern. Zunächst müssen wir es — ganz ebenso wie
ich es bei den Papageien erörtert habe — durchaus als
Regel ansehen, daß die abgerichteten Vögel, gleichviel welche,
ebenso wie abgerichtete Kinder, ihren Lehrmeister stets dann
im Stich lassen, wenn sie eben ihre Kunstfertigkeit beweisen
sollen; sodann hat der sprachbegabte Vogel bei jedem Be=
sitzwechsel eine viel schwerere Zeit der An= und Eingewöhnung
durchzumachen, als jedes andre Thier. Man bedenke, um

diese Wahrheit zu ermessen, zunächst den Umstand, daß kein
Thier dem mit ihm verkehrenden, ihn nicht blos verpflegen=
den, sondern auch unterrichtenden Menschen sich inniger an=
schließt, als der sprachbegabte Vogel und daß diesem also
das Scheiden von seinem bisherigen Pfleger und die Ge=
wöhnung an einen andern viel schwerer wird, als den übrigen
Thieren.   In der daraus entspringenden Gemüths= und
meistens auch körperlichen Erregung bedarf der sprechende
Vogel also verdoppelter Sorgfalt in der Behandlung und
Verpflegung.   An dieser mangelt es aber meistens insofern,
als der neue Besitzer die Verpflegung entweder auf die
leichte Achsel nimmt oder inbetreff derselben ganz andere
Anschauungen hat.   Daran gehen zweifellos zahlreiche der=
artige werthvolle Vögel kläglich zugrunde.   Weiterhin werde
ich Rathschläge zur Vermeidung dieser Gefahr geben.

Wie die Erlangung an sich, so hängen auch die P r e i s e
der Krähenvögel von den zufällig obwaltenden Verhält=
nissen ab; es kommt beim Kauf ganz darauf an, aus
wessen Hand wir sie erhalten, ob von einem Händler,
einem eigentlichen Vogelfänger oder dem Bauernjungen,
der sie aus dem Nest geholt und aufgepäppelt hat.   Auf
den Ausstellungen oder in den Vogelhändlerläden werden
gut gehaltene Krähenvögel zuweilen mit sehr hohen Preisen
bezahlt, sodaß also ein Rabe 3 Mk. bis 75 Mk. und
wenn er ein vorzüglicher Sprecher ist, wol 100 Mk. und
darüber, eine von den Krähen 3—5 Mk., die Dohle, falls
sie zahm und drollig ist und leidlich gut spricht, 15 Mk.
bis sogar 75 Mk., in gleicher Höhe die Elster und der
Eichelheher wenigstens bis zu 30 Mk. preisen.   Die fremd=
ländischen, besonders die sehr farbenbunten Elstern und
Heherarten, stellen sich meistens recht theuer und natürlich
umsomehr, je seltner einerseits und beliebter andrerseits
sie sind; bei anderen, wie bei den Flötenvögeln, hängt der

Preis vom Grade ihrer Begabung und Abrichtung ab. —
Die Preise für ganz außergewöhnliche Seltenheiten, wie
z. B. die Laubenvögel, welche wenigstens beiläufig hierher
gehören, sind bis jetzt noch außerordentlich hoch, während
die anderer infolge häufigerer Einführung beträchtlich her=
untergegangen sind; so kostet z. B. ein Pastorvogel jetzt
nur noch zwischen 30 und 45 Mk.

　　Wenn bei irgend einem Vogel der Preis je nach dem
Werth außerordentlich schwankt, so ist dies gerade bei dem
gem. europäischen Star der Fall. In letzter Zeit
ist der Preis auch für den rohen Wildling weit höher ge=
worden, weil infolge des verschärften Vogelschutzes, bzl.
erschwerten Fangens die Schwierigkeit, ihn überhaupt zu
erlangen, größer geworden und damit also der Preis von
vornherein in die Höhe gegangen ist. Unter 3 Mk. ist
ein gut gefiederter Star nicht mehr zu haben und man
zahlt wol bis 75 Mk. hinauf. Selbstverständlich preist
der Star je nach Alter und Beschaffenheit verschieden. Aber
nicht der im vollsten Prachtgefieder erglänzende alte Wild=
ling hat den höchsten Preis, sondern erklärlicherweise der
noch zum Theil im graulichen Jugendgefieder befindliche
sorgsam aufgefütterte und also gesunde und kräftige, schon
wenigstens etwas ‚gelernte‘ Vogel ist am werthvollsten.
Das Starweibchen hat für uns hier keine Bedeutung, denn
bis jetzt ist die Erfahrung noch nicht festgestellt, ob das=
selbe gleichfalls sprachbegabt sei oder nicht. — Den Rosen=
star kauft man als zufällig gefangnen Vogel bei uns
selten für 3 Mk., man bezahlt ihn vielmehr meistens mit
5—9 Mk., je nach der Schönheit des Gefieders und der
augenblicklichen Seltenheit. Bezieht man ihn von den öster=
reichischen, bzl. böhmischen Händlern, so ist er zu den
billigeren Preisen zu haben. Da er bis jetzt noch nicht
sprachabgerichtet in den Handel kommt, so habe ich nichts

weiter hinzuzufügen. — In der Sippe der Mainastare gibt es, wie S. 150 ff. erwähnt, mannigfach werthvolle Vögel und beim Einkauf derselben kommt es darauf an, die Eigenthümlichkeiten jedes einzelnen, den wir anschaffen wollen, zu prüfen. Sie sind alle fast regelmäßig gut im Gefieder, denn als ruhige, verständige Vögel toben sie niemals im Käfig umher und stoßen sich also weder die Stirnfedern, noch den Schwanz und die Schwingen erheblich ab. Sind dabei alle sonstigen Gesundheitskennzeichen zutreffend, so haben wir im weitern nur darauf zu achten, ob der Vogel in irgendwelchen Leistungen hervorragend erscheint; ich bitte S. 158 nachzulesen. Dementsprechend stehen natürlich auch die Preise von 20—30 Mk. für den gut gefiederten Vogel und bis zu 100 Mk. und darüber für den abgerichteten Künstler. — Als die begabtesten aller Starvögel überhaupt haben die Beos oder Mainaten auch von vornherein höhere Preise. Sehen wir zunächst von dem Grade ihrer Gelehrsamkeit, bzl. Abrichtung ab und betrachten wir nur den Vogel an sich, so gilt von ihnen natürlich genau dasselbe, was ich inbetreff der vorigen gesagt habe: Das Vorhandensein aller Gesundheitszeichen und treffliches Aussehen überhaupt bestimmen den Werth, und einen solchen guten, noch rohen Vogel bezahlt man mit 15—20 Mk.; der abgerichtete dagegen preist 30—100 Mk. und darüber. — Der orangeköpfige Stärling ist für den Preis von 6—9 Mk., jedoch meistens theurer, für 10—12 Mk., als roher, frisch eingeführter Vogel zu haben; der Seidenstar ebenso für 10—12 Mk. Der letztre ist im Handel recht gemein, und auch der erste darf als keine besondre Seltenheit mehr gelten. Bei beiden vermag ich die Preise für den abgerichteten Sprecher selbstverständlich nicht anzugeben.

Dies letztre ist auch bei allen noch folgenden Sprechern der Fall. Bis jetzt ist noch niemals ein sprechender Ka-

narienvögel verkauft worden und man darf wol an=
nehmen, daß Jeder, der einen solchen besitzt, ihn nimmer=
mehr fortgeben wird. Ein Kanarienmännchen von gemeiner
deutscher Rasse und zwar einen gesunden jungen Vogel,
kauft man für etwa 3 Mk., einen Harzer Kanarienvogel
für 5 Mk. bis hinauf den kostbarsten Hohlroller für
75 Mk., 100 Mk. und darüber. Natürlich braucht man
für den Versuch der Sprachabrichtung keinenfalls einen
solchen theuren Vogel zu kaufen, es ist vielmehr nicht bloß
billiger, wenn man dazu ein junges Männchen von der
gemeinen oder Harzer Rasse zum geringern Preise wählt,
sondern auch rathsamer. — Der Gimpel oder Dom=
pfaff preist als Wildling 3—4 Mk. und als „gelernter‘
Vogel je nachdem, wieviele Liederweisen und wie er diese
flötet, zwischen 15, 20—40 Mk. und selbst 60—75 Mk.,
aber auch als „Stümper‘, der keine Strofe voll durchflötet,
sondern mitten darin abbricht, trotzdem noch 6—10 Mk.
Auch beim Gimpel kann ich für den Einkauf zum Zweck
der Sprachabrichtung nichts weiter sagen, als daß der Lieb=
haber sich bemühen möge, einen muntern, gesunden und
lebenskräftigen Vogel zu bekommen. In diesem Fall dürfte
es gleichgiltig sein, ob ein Männchen oder Weibchen. Wenn
die russischen Händler mit der großen Spielart kommen,
so ist von dieser wol der Kopf mit 1—3 Mk. zu kaufen.
— Bei der Amsel oder Schwarzdrossel und der Stein=
drossel ist auch nur ganz dasselbe zu beachten. Diese
Vögel müssen für den Zweck der Abrichtung jung und dazu
gesund und kräftig, jedenfalls aber Männchen, sein.

Inbetreff der **Versendung** der Rabenvögel ist im
allgemeinen zunächst nur der Gesichtspunkt zu berücksichtigen,
daß solch’ reisender Vogel etwaigen ungünstigen Einflüssen
so wenig wie möglich zugänglich sei. Den großen Kolk=
raben schickt man am besten in einem gewöhnlichen Papa=

geien=Versandtkäfig, welcher natürlich seiner Größe ange=
messen sein muß, und für die verschiedenen Krähen bis zur
Dohle und Elster nimmt man ganz gleiche nur entsprechend
kleinere Versandtkäfige. Bei der Elster u. a. ist auch auf
den langen Schwanz zu achten, daß derselbe jedenfalls voll
ausreichenden Raum habe, damit die Federn nicht abgestoßen
und geknickt oder verunreinigt werden. Zweckmäßig ist es,
daß man den vordern Theil anstatt des Gitters oder viel=
mehr von außen vor demselben mit Drahtgaze vernagle,
denn einerseits können sonst die krähenartigen Vögel dem
Beamten, der den Käfig trägt, leicht die Hand beschädigen,
andrerseits fressen sie Alles, was ihnen hineingesteckt wird,
wie z. B. einen Zigarrenstummel, sodaß sie an solcher zu=
fälligen Gabe, die ihnen vielleicht aus Unbedachtsamkeit
oder zum Scherz gereicht wird, wol gar zugrunde gehen
können. Unterwegs gebe man ihnen reichliches und mög=
lichst verschiedenartiges Futter mit, Wasser aber, ebenso
wie bei den Papageien, am besten garnicht oder doch
wenigstens nicht soviel, daß ihnen das Gefieder davon ge=
näßt werden kann. Einen Schwamm darf man ihnen nicht
in den Wassernapf stecken, weil sie denselben herausholen,
im Käfig umherzerren und wol gar verschlingen. Dies
gilt indessen doch nur von den großen Krähenvögeln; je
kleiner ein solcher aber ist und je weiter die Reise gehen
soll, als um so nothwendiger stellt sich die Mitgabe eines
geeigneten Wassergefäßes heraus. Ein viereckiger Kasten
von Blech mit beweglichem Deckel, welcher für den Zweck
der Reinigung aufgeklappt werden kann und in dessen
Mitte sich ein rundes Loch befindet, nur so groß, daß der
Vogel zu trinken, aber nicht seinen Kopf hineinzustecken
vermag, ist am zweckmäßigsten. Solche Versandtkästen nebst
den passenden Trinkgefäßen sind übrigens entweder in den
bedeutenderen Vogelhandlungen oder in den Käsigfabriken

zu erlangen. Die kleineren und kleinsten Krähenvögel, wie
die fremdländischen Elsterartigen und Heher, werden wie
die Starvögel versandt, welche letzteren ohne absonder=
liche Vorsorge in gewöhnlichen Versandtkasten, wie man sie
in den Vogelhandlungen bekommen kann, zu verschicken sind.
Solch' Versandtkäfig sei niemals zu groß, sondern vielmehr,
namentlich wenn die Reise nicht weithin geht und der
reisende Vogel ein aufgepäppelter ist, verhältnißmäßig eng,
vorn, wie immer, vergittert und je nach der Witterung mit
einer Glasscheibe, jedenfalls aber mit Drahtgaze oder besser
mit einem entsprechenden Leinentuch, in welches Gucklöcher
eingeschnitten werden müssen, versehen. Die Futter= und
Wassergefäße werden stets so angebracht, daß der Vogel
sie sehen und gut dazu gelangen kann. Aus dem Wasser=
gefäß darf keinenfalls Nässe herausspritzen und den Käfig
verunreinigen; es ist am besten, wie vorhin angegeben,
einzurichten, durch einen großlöcherigen Schwamm noch zu
sichern und so am Käfiggitter zu befestigen. Ein arger
Mißbrauch ist es, daß man die Futtersämereien und wol
gar auch das Mischfutter im Versandtkäfig einfach auf den
Fußboden wirft. Jeder gute Vogelwirth sollte beides in
besonderen zweckentsprechenden und fest angebrachten Gefäßen
mitgeben.

Hinsichtlich der noch übrigen gefiederten Sprecher ist
inbetreff der Versendung nichts besondres weiter zu sagen;
man verfährt bei ihnen, wie bei den Starvögeln vorge=
schrieben oder kauft und verkauft sie wol so in der Nähe,
daß die Versendung nicht nöthig ist. Jedenfalls kann sich
Kauf und Tausch bei ihnen auch, wie schon früher bei den
Preisen gesagt, nicht auf wirkliche Sprecher, sondern nur
auf solche Vögel beziehen, die man sich dazu erziehen will.

Von vornherein soll man, wie beim Ankauf eines
jeden Vogels überhaupt, so vornehmlich bei dem eines

gefiederten Sprechers, darauf achten, daß man sich vor=
her ganz genau nach der bisherigen Verpflegung er=
kundige und wenigstens in der ersten Zeit diese sorgfältig
beibehalte und dann erst nach und nach, wenn es
überhaupt nothwendig ist, den Vogel an eine andre
Ernährung gewöhne. Gerade der sprachbegabte Vogel,
gleichviel welcher, hängt mehr als jeder andre gewisser=
maßen von der Stimmung ab. Nach der Ankunft ein
freundlicher, liebevoller **Empfang**, sorgsames und vor=
sichtiges, nicht gewaltsames Herausnehmen oder vielmehr
Frei=Hinauslassen, indem man den geöffneten Versandtkäfig
neben den gleichfalls offnen, bereits vorbereiteten und bis
ins geringste eingerichteten Wohnkäfig stellt, sodann
Versorgung mit entsprechendem Futter, auch mit ver=
schlagnem Wasser, falls nöthig noch Fütterung spät abends
bei Licht, das sind im ganzen die Maßnahmen, welche wir
beim Empfang eines jeden der hierhergehörenden Vögel zu
beachten haben. Dazu kommen noch einige wichtige Punkte;
so vor allem der, daß bei kaltem Wetter ankommende der=
artige Reisende keinenfalls sogleich in ein warm geheiztes
Zimmer gebracht werden dürfen, daß man sie vielmehr
ganz allmählich an die Wärmeunterschiede gewöhnen muß.
Ebenso sei man vorsichtig hinsichtlich des Trinkwassers.
Der soeben angelangte und wol recht sehr durstige Vogel
darf nicht eiskaltes Wasser, sondern nur verschlagnes, welches
seit mehreren Tagen in demselben Zimmer steht und auch
keinenfalls sogleich soviel bekommen, wie er haben will; er
darf vielmehr nur nach und nach trinken. Großes Unrecht
wäre es ferner, wenn man ihn sogleich massenhaft und
wol mit allerlei Dingen unter einander füttern wollte;
auch hierin bedarf es der Vorsicht, daß man den Hunger
des Vogels nur in kleinen Gaben zu stillen suche.

Immer wieder muß ich darauf hinweisen, daß wir

die dringendste Veranlassung dazu haben, dem sprechenden
Vogel das ganze Dasein so wohlig als irgendmöglich ein=
zurichten. Es ist mit ihm genau wie mit dem Sänger:
jener singt und dieser spricht nur dann fleißig und gut,
wenn er sich des vollsten Wohlseins erfreut. Es ist eine
ganz unrichtige Vorstellung, daß irgend ein Vogel seine
herrlichen Melodien erschallen oder seine klugen, ihn menschen=
ähnlich machenden Worte hören lassen werde, wenn er nicht
in voller Behaglichkeit sich wohlfühlt. Als die erste Be=
dingung zum Wohlsein aller Vögel müssen wir aber sicher=
lich die zweckmäßige Einrichtung seiner Wohnung ansehen.
Daher wende ich mich nun der Besprechung der **Käfige** zu.
Beim B a u e r f ü r j e d e n R a b e n v o g e l haben wir zunächst
zwei Gesichtspunkte als die allerwichtigsten ins Auge zu
fassen: erstens eine möglichst ausreichende Weite des innern
Raums und zweitens die Ermöglichung leichter und voller
Reinlichkeit, sodaß also durch den Vogel keinenfalls übler
Geruch und Ausdünstung und dadurch Bedrohung der mensch=
lichen Gesundheit hervorgerufen werden kann.

Unter den vielerlei Vogelbauern, welche uns in der
neuern Zeit das eifrigste Streben der Nadlermeister und
Käfigfabrikanten, Tüchtiges zu leisten gebracht hat, sehen
wir nun natürlich ganz andere Vogelkäfige aller Art vor
uns als noch vor verhältnißmäßig kurzer Zeit. Immer
mehr gewinnt die Einsicht Raum, daß die allerzweckmäßig=
sten Käfige, gleichviel für welche Vögel, entschieden die
völlig von Metall hergestellten sind, schon in Anbetracht
dessen, daß sie viel mehr als alle übrigen die gründlichste
und leichteste Reinigung in allen Theilen und beste Rein=
haltung ermöglichen. Wenn aber für irgendwelche Vögel,
so ist es für die Rabenartigen und Krähen nothwendig,
daß das Bauer mit alleiniger Ausnahme der Sitzstangen
völlig von Metall sei. Wollen und müssen wir einen

sprechenden Kolkraben in einem Käfig halten, so muß der=
selbe 100—125 cm lang, 65—75 cm hoch und 50—60 cm
tief sein. Sodann sollte er durchaus nur einen einfachen
viereckigen Metallkasten ohne alle Verzierungen bilden,
welcher am besten blos stark verzinnt oder auch grau, bzl.
braun angestrichen und mit hart antrocknendem Lack über=
zogen ist. Gerade bei dem hierher gehörenden Gefieder
sollte man durchaus daran festhalten, daß nicht der
Vogel um des Käfigs, sondern doch ganz entschieden der
Käfig um des Vogels willen vorhanden sei. Irgendwelche
Schmuck= und Putzkäfige wären bei den gefiederten Sprechern
zweifellos übel angebracht. Aber noch ein Gesichtspunkt
kommt bei dem Raben und seinen nächsten Verwandten zur
Geltung: das ist die Nothwendigkeit der zeitweisen Freiheit und
Bewegung. Wer es nicht ermöglichen kann, den großen Kolk=
raben, eine Krähe, selbst die Dohle u. a. täglich oder doch
alle par Tage einmal aus dem Käfig heraus und auf
dem Hofraum umherlaufen oder bei zweckmäßiger Gewöhnung
umherfliegen zu lassen, der sollte einen solchen Vogel ganz
entschieden lieber garnicht halten. Währenddessen muß der
Käfig sorgfältig gesäubert werden und daher ist er am
besten so einzurichten, daß er unschwer aus einander ge=
nommen und rasch und bequem wieder aufgestellt werden
kann. Wer diese Rathschläge nicht befolgen, sondern einer=
seits das Bewegungsbedürfniß des Raben u. a. unberück=
sichtigt lassen und andrerseits die gründliche Reinhaltung
des Käfigs versäumen würde, beginge in der That ein
schweres Unrecht gegen sich selbst, wie gegen den Vogel.
Darum sind denn, was ich hier wiederholen muß und nicht
dringend genug hervorheben kann, alle Krähenartigen über=
haupt eigentlich garnicht als Stubenvögel anzusehen. Auf
dem Hof, besser noch im Park oder Garten, nur im Noth=
fall in einem Vorsal, im Hausflur oder allenfalls in einem

sonst nicht benutzten Zimmer darf der Käfig mit dem
Rabenvogel stehen. Die Vorsicht, daß der gefiederte Gast
nicht ungünstigen Einflüssen, wie Zugluft, starkem und
plötzlichen Wärmewechsel, trockner, stralender Hitze, auch
nicht etwa der Dachtraufe ausgesetzt sei, daß nicht Hunde
oder Katzen hinzugelangen können, ist ja selbstverständlich.
Die Morgensonne ist auch für unsere Krähenvögel eine
Wohlthat, während die vollen, prallen Stralen der Mittags-
sonne auch sie nicht schutzlos treffen dürfen, wenn sie nicht
schwer leiden sollen. Selbst die mittleren Krähenvögel von
der Größe der Elster bis zur Dohle hinab darf man nicht
gut innerhalb der Wohnung, keinenfalls aber im eigentlichen Wohnzimmer oder gar in der Schlafstube beherbergen; mehr oder minder bedrohen sie uns und unsre
Gesundheit mit gleichen Gefahren, während sie auch ihrerseits
sich hier nur schlecht erhalten und meistens verkümmern. Am
zweckmäßigsten bringt man einen solchen Vogel draußen im
Freien, aber unmittelbar am Hause, also vielleicht in einem
Fensterkäfig, einem Draußenkäfig am Fenster oder allenfalls
auf der Veranda, besser in der Gartenlaube, an; ich gebe
daher die Beschreibung des sog. Draußenkäfigs nach meinem
„Lehrbuch der Stubenvogelpflege, -Abrichtung und -Zucht"
mit einigen Abänderungen, welche für einen krähenartigen
Vogel nothwendig sind. Sein ganzer Bau und namentlich
das Gitter müssen fest und widerstandsfähig sein. Die
Gestalt sei viereckig, mehr lang als tief und an der Wind-
seite, also Nordost oder Nordwest, mit starken, dichten,
glattgehobelten Brettern verkleidet. Gut ist es auch, wenn
man dem Käfig ein Dach von ebensolchen Brettern und
mit Dachpappe überzogen gibt. Je größer dieser Käfig,
natürlich desto besser; er muß also mindestens 80—100 cm
lang, 75 cm hoch und 50 cm tief sein. Wenn irgend
möglich muß er einen recht geräumigen Vorbau aus Draht-

gitter haben, in welchen der Vogel hinausgelassen werde,
damit er Sonnenschein und warmen Regen genießen kann.
Nur für den Fall ist dieser Vorbau nicht nothwendig,
wenn man den Vogel daran gewöhnt, daß er von Zeit zu
Zeit freigelassen werde, um umherzufliegen und sich in
größrer oder geringrer Entfernung zu tummeln. Wenn
solch' Vogel, also eine der kostbaren fremdländischen Elstern,
Heher u. a., durchaus innerhalb der Häuslichkeit gehalten
werden muß, so darf der Käfig wiederum, außer den Sitz=
stangen, in keinem Theil, weder Sockel noch Schublade, von
Holz, sondern er muß durchgängig von Metall sein. Höchste
Reinlichkeit ist dann als Gewissenssache anzusehen. Die
Blechschublade wird zuerst mit einer dicken Schicht von
durchaus trocknem Sand überstreut, darüber kommen Blätter
von starkem, am besten blauem sog. Deckelpapier, und dieses
wiederum wird mit 5—6 Bogen Zeitungspapier und ab=
wechselnd dickem Löschpapier, welches letztre die Feuchtigkeit
der Entleerungen aufsaugt, belegt. Tagtäglich morgens
wird das Papier soweit abgenommen, als es irgendwie
durchfeuchtet ist und durch neues ersetzt. Trotzdem muß
sodann wöchentlich einmal auch der Sand erneuert werden,
nachdem die Schublade entleert und mit heißem Wasser
ausgebrüht ist. Nur bei strengster Ausführung dieser Maß=
nahmen kann die Entwicklung gesundheitswidriger Aus=
dünstung verhindert werden. Auf die oberste Papierschicht
muß man immer auch noch etwas Sand streuen, und dazu
kann man den sog. Vogelstubensand von Minck in Berlin
verwenden. Ganz kleine Krähenvögel, wie z. B. den inter=
essanten australischen Grauheher, behandelt man im wesent=
lichen wie die Starvögel. Im allgemeinen hält man diese
letzteren wie die Rabenartigen, aber man darf sie doch nicht so
ängstlich von der Häuslichkeit ausschließen wollen, wenngleich auch
ihre Haltung in derselben durchaus großer Vorsorge bedarf.

Der Käfig für Stare soll 65—75 cm lang, 50—60 cm hoch und 32—40 cm tief sein. Auch er muß völlig von Metall hergestellt sein. Als Sitzstangen gebe man nicht, wie bei den Rabenvögeln, bzl. den großen Papageien, eine gerundete Holzstange, sondern natürliche Aeste von Weiden, Pappeln, Obstbäumen u. a. mit der Rinde bedeckt und in sehr verschiedner Dicke, sodaß der Vogel für die Füße möglichst viele Abwechselung hat, hin= ein. Inbetreff der Bedeckung des Bodens verfahre man wie bei den Krähenartigen angegeben ist, doch beachte man die Vorsicht, die oberste Lage von Löschpapier mindestens etwa fingerdick mit trocknem Sand zu beschütten, welchen letztern man je nach der Entlerung des Vogels nur etwa alle 3—4 Tage ganz zu erneuern, an jedem Morgen aber vermittelst einer kleinen Handharke und Schippe vom gröbsten Schmutz befreien muß. Die meisten Starvögel läßt man eigentlich nicht aus dem Käfig heraus und daher muß dieser die für ausreichende Bewegung entsprechende Größe haben; will man indessen einen der werthvollen Sprecher unter den Starvögeln im Zimmer frei fliegen oder frei laufen lassen, so bedarf dies in der That der allergrößten Vorsicht. Nur zu leicht kommt es nämlich vor, daß solch' werthvoller Vogel durch Unachtsamkeit ge= treten oder von einem Hund, bzl. einer Katze todtgebissen wird, daß er in einer Waschschüssel oder einem andern Gefäß ertrinkt, daß er zum offnen Fenster hinausschlüpft u. s. w. Im letztern Fall kommt der aufgezogne und abgerichtete, also kostbarste Star im Freien wol meistens um; er erliegt, wenn er ein fremdländischer ist, dem Klima oder er fällt einem Raubthier anheim. Noch ein großer Uebelstand ergibt sich inbetreff des frei im Zimmer gehaltnen Starvogels darin, daß seine Schmutzerei dann noch viel schwieriger abzuwenden ist. Man sollte daher einen sehr

werthvollen Sprecher von diesen Arten, wenn man ihn
durchaus in freier Bewegung neben sich sehen will, jeden=
falls so gewöhnen, daß er nur zeitweise und in Gegenwart
des Pflegers freigelassen, im übrigen aber immer wieder in
den Käfig gelockt und darin eingeschlossen werde. —

Ebenso, wie bei den kleineren Krähenvögeln angegeben
ist, wird auch der Pastorvogel gehalten, aber da man
ihn einerseits nothwendigerweise als Stubenvogel beherbergen
muß, während er andrerseits zu den Vögeln gehört, welche
durch ihre massenhaften, flüssigen Entlerungen die aller=
größten Schwierigkeiten verursachen, so ist eine dringende
Warnung inbetreff seiner sicherlich nicht überflüssig. Bei
der geringsten Vernachlässigung kann die durch ihn ver=
ursachte Schmutzerei nebst den übelen Ausdünstungen that=
sächlich sehr bedenklich werden. — Auch die den Krähenartigen
nahestehenden Laubenvögel wird man gezwungener=
maßen wenigstens bedingungsweise als Stubenvögel halten
müssen, mindestens bis zur vollen Eingewöhnung und dann
auch zeitweise; denn obwol das Klima ihrer Heimat ja
im wesentlichen mit dem unsrigen übereinstimmt, so wird
es der Liebhaber, welcher solche kostbaren Vögel anschafft,
doch wol kaum wagen wollen, sie dem etwaigen Untergang
durch Wind und Wetter bei uns auszusetzen. Bringt man
sie also auch während der milden Jahreszeit in einen ent=
sprechenden großen Käfig im Garten, so wird man sie
doch sicherlich im erwärmten Zimmer überwintern müssen.
Dann aber sind die angegebenen Maßnahmen sorgsamster
Reinigung dringend geboten. —

Der Käfig für die Drosseln ist allbekannt. Er
muß langgestreckt, dagegen braucht er weder hoch, noch weit
zu sein; 50 cm hoch, 65—75 cm lang und 32—40 cm
tief. Wie die Herbergen für die meisten kerbthierfressenden
Vögel, so wird auch der Drosselkäfig mit einer weichen

elastischen Decke ausgestattet, ferner mit drehbaren Erkern zur Aufnahme der Futter= und Trinkgefäße. Sein Sockel muß vorzugsweise hoch sein, mit leichtgehender Schublade von verzinntem Blech. Um jedes Hinauswerfen von Futter oder Sand und das Verspritzen von Wasser zu verhindern, werden neuerdings in allen solchen Käfigen an den drei Vorderseiten in Blechhülsen leicht gehende, vom Sockel aus stark handhohe Glasscheiben eingeschoben. Das Gestell des Drosselkäfigs kann von Holz angefertigt sein, doch wird es auch besser ganz von Metall hergestellt. Die Hinterwand besteht aus einem leichten Brett oder besser wiederum aus Blech. Inbetreff der Bedeckung der Schublade gilt das bei den kleineren Krähenvögeln und Starvögeln Gesagte, wenn auch die Drosselvögel im allgemeinen und namentlich die Amsel und Steindrossel nicht ganz so arg wie viele Starvögel schmutzen. —

Während man den feinen Harzer Kanarienvogel in einem recht engen und wol gar noch verdunkelten Käfig hält, so muß man dem dieserartigen Sprecher denn doch viel mehr Freiheit in einem geräumigen und hellen Bauer gewähren. Dasselbe ist der Fall inbetreff des Gimpels; er wird gleichfalls als ‚gelernter‘ Vogel im kleinen engen Gimpelkäfig gehalten, während wir ihn wie den Verwandten in einem sog. Finkenkäfig unterbringen. Auch dieser letzte wird neuerdings meistens ausschließlich aus Metall und zwar am schönsten und praktischsten zugleich als sog. Metallrohrbauer von den erwähnten großen Käfigfabriken, insbesondre Stüdemann in Berlin, geliefert. Er ist im Gestell von der Schublade mit Einschluß der Kuppel 52 cm hoch. Vom Sockel aus erhebt sich an allen vier Seiten die einzuschiebende, schön geschliffne, stark handbreite Glas= scheibe. Die Länge beträgt 35 cm, die Tiefe 26 cm. Das ganze Gestell ist in einem Guß verzinnt, der Sockel ist

braun lackirt, die Schublade vorn mit Goldbronzerand und
innen mit weißer Lackfarbe gestrichen. So macht solch'
Finken = Metallrohrkäfig einen sehr angenehmen
Eindruck. Die Reinhaltung bei den letzteren beiden Finken=
vögeln ist bekanntlich keine schwierige. Nachdem die Schub=
lade mit einem Blatt Zeitungspapier belegt worden, wird
sie etwa fingersdick mit trocknem Sand bestreut, von diesem
werden an jedem Morgen die Entleerungen des Vogels u. a.
vermittelst einer feinen Handharke abgenommen, und nur
etwa alle acht Tage einmal braucht die Schublade ausge=
brüht und der Sand erneuert zu werden.

Bekanntlich beherbergt man die wichtigsten der ge=
fiederten Sprecher, die Papageien, auch noch in einer andern
Weise, nämlich indem man sie auf einem Ständer am Fuß
angekettet hält. Das Verfahren hat seine Vortheile, aber viel
mehr noch seine Schattenseiten. Beide muß ich hier erklären,
um nachzuweisen, daß der Papageienständer für alle hier
inbetracht kommenden Sprecher von vornherein nicht ge=
eignet ist. Sein bedeutendster Vortheil ist allerdings der, daß
er einem Vogel ungleich größre freie Bewegung, nament=
lich aber das Auslüften des Gefieders, bzl. das Aus=
schwingen der Flügel zu jeder Zeit möglich macht, ferner
daß er einen viel freiern und gleichsam innigern Umgang
zwischen dem Menschen und dem Vogel gestattet. Aber zu
allererst birgt er stets die Gefahr, daß der Vogel bei Schreck
und Beängstigung plötzlich abfliegen will und sich dabei leicht
den angeketteten Fuß ausrenken oder brechen kann. Immer
sodann verursacht die Fußkette dem Vogel Pein oder doch
große Unbequemlichkeit; denn wir haben bis jetzt weder
ein durchaus geeignetes Metall, noch eine so zweckmäßige
Einrichtung, daß wir jene Uebelstände völlig abstellen
können. Für die kleineren Vögel von den Staren an ab=
wärts ist der Ständer mit Fußkette überhaupt nicht

geeignet. Ich muß inanbetracht des oben Gesagten darauf verzichten, einen dem Papageienständer entsprechenden Raben= oder Krähenständer in Beschreibung und Abbildung zu geben.

Wenden wir uns nun einer Hauptsache in der Haltung und Verpflegung der Vögel zu, der **Ernährung**, so finden wir, daß sich auch hier dem Liebhaber der sprechenden Vögel erhebliche Schwierigkeiten entgegenstellen; denn von der richtigen Fütterung hängt sehr bedeutsam das Wohl= sein, damit die Erhaltung und wiederum die Leistungs= fähigkeit seiner Pfleglinge ab.

Wie aus der naturgeschichtlichen Schilderung zu er= sehen, sind die Rabenvögel sämmtlich Allesfresser, und dementsprechend ernähren wir sie als Hof=, bzl. Stuben= vögel, zunächst mit den Abfällen von der täglichen mensch= lichen Nahrung: Brot, Kartoffeln, Gemüse, Fleisch u. a. m. Sie gehören zu den verhältnißmäßig wenigen Vögeln, für welche eine solche Fütterung unbedenklich ist und die keines= wegs erkranken, wenn sie menschliche Speisen empfangen; nur vor scharf gewürzten, stark gesalzenen, sehr sauren Stoffen und auch zu vielem Fett muß man sie bewahren. Den Krähenvögeln, welche man als Stubenvögel hält, gibt man allerdings am besten garkein rohes und auch nur bei= läufig gekochtes Fleisch, weil sie sonst durch üblen Geruch gar zu leicht widerwärtig und für die menschliche Gesund= heit bedrohlich werden. Die beste Fütterung für alle Krähen= artigen überhaupt besteht in gekochten Kartoffeln, allerlei Gemüsen, Hülsenfrüchten u. a. und darunter etwas von Sehnen und anderen gekochten Fleischabgängen nebst einer Handvoll rohen Hafers. Im Sommer spendet man dazu Maikäfer, Heuschrecken, Schmetterlinge u. a. m. Dabei läßt man dann für den Stubenvogel den andern Fleisch= zusatz ganz fort. — Der große Kolkrabe, wenn er als Sprecher in einem Hausflur oder gar Vorzimmer gehalten

wird, darf auch nicht mehr an Zugabe von rohem Fleisch
bekommen als die kleineren. Nur einmal im Jahr, zur
Mauserzeit im Spätsommer, füttre man ihn (und gleicher=
weise alle Verwandten) zwei bis vier Wochen hindurch fast
ausschließlich mit rohem Fleisch, aber natürlich darf er in
dieser Frist nur draußen auf dem Hof oder noch besser im
Garten oder Park, möglichst fern von der menschlichen
Wohnung, beherbergt werden. Bei dieser Pflege lassen sich
alle Krähenvögel lange Jahre ganz gut erhalten, doch trägt
es sehr bedeutsam zu ihrem vollen Wohlsein bei, wenn
man jedem von ihnen von Zeit zu Zeit ein frisch getödtetes
Thier, eine Maus oder einen Sperling u. a., zuwenden
kann, je öfter, desto besser, wenigstens wöchentlich einmal.
Kann man solche Thiere garnicht erlangen, so gibt man
wol ein entsprechendes Stück rohes, frisches Fleisch, welches
man in frisch gezupften Hühnerfedern tüchtig gewälzt hat,
sodaß es mit denselben rings beklebt ist. Selbstverständlich
muß man an dem Tage und dem nächsten die Reinhaltung
mit verdoppelter Sorgfalt besorgen. Je kleiner der Krähen=
vogel ist, um so weniger nothwendig für ihn erscheint die
Zugabe von Fleisch, gleichviel gekochtem oder rohem. Man
kann sie dann auch wol an ein Mischfutter für gröbere
Fresser aus Garneelenschrot, Bohnenmehl und geriebnem
Schwarzbrot zu gleichen Theilen, zu welchem man hin und
wieder lebende Maikäfer u. a. Kerbthiere fügt, gewöhnen,
während man natürlich auch die oben erwähnten mensch=
lichen Nahrungsmittel wechselvoll, jedoch nicht zu reichlich,
hinzufügt. Dies Mischfutter ist von Edmund Pfannen=
schmid in Emden=Ostfriesland zu beziehen. — Hat man
sehr kostbare fremdländische Elstern vor sich, so gewöhnt
man dieselben vom Ueberfahrtsfutter nach E. von Schlech=
tendal allmählich an ein Mischfutter aus Ameisenpuppen
(oder Weißwurm), Eierbrot (oder Weißbrot), geriebner

Möre und rohem Rindfleisch zu gleichen Theilen, mit ein wenig gequetschtem Hanf. Der genannte, reich erfahrene Vogelwirth gab folgende Vorschrift: Klein zerschnittnes rohes Fleisch wird mit wenig Maismehl bestreut und darin gewälzt, damit die einzelnen Theilchen gesondert bleiben, geriebne Möre oder Gelbrübe wird ebenfalls mit wenig Maismehl vermischt, bis sich eine lockre, weder zu feuchte noch zu trockne Masse bildet, und dann wird das Fleisch und etwas zerquetschter Hanfsamen hinzugesetzt; angequellte Ameisenpuppen (allein oder zur Hälfte ebenso Weißwurm) werden mit fein zerstoßnem Eierbrot (oder geriebner Semmel) zum krümeligen Gemenge gemischt, und schließlich wird Alles untereinandergebracht. Hin und wieder füge man auch etwas Maikäfer=, Heuschrecken= oder Drohnen= schrot hinzu und als ständige Mitgabe reiche man Mehl= würmer. Dann bietet man ihnen auch noch wol etwas gespelzten Hafer oder andere Sämereien und ebenso Rosinen oder je nach der Jahreszeit andre Frucht. — Etwas ab= weichend werden die Heher ernährt, indem man ihnen, zumal im Herbst, Eicheln, Bucheln, Haselnüsse u. a. als Zugabe nicht vorenthalten darf, z. Z. auch Vogelberen. Sodann werden sie an das erwähnte Garneelenschrotgemisch oder das letztbeschriebne Elsternfutter unter Zugabe von möglichst vielen großen lebenden Kerbthieren gewöhnt. Dem Tannenheher muß man auch die Früchte der Arve oder Zirbelnußkiefer bieten. Den kostbaren fremdländischen Hehern gab E. von Schlechtendal ein Weichfuttergemisch aus getrockneten oder frischen Ameisenpuppen, geriebner Möre, zu gleichen Theilen, und mit zerstoßner altbackner Semmel (Weizenbrot) zum krümeligen Gemenge angemacht, dazu etwas Hanfsamen, gespelzten Hafer und Hasel= oder Wall= nußkerne. Gewöhnlich werden die fremdländischen Blauelstern, Heher u. a. m. unterwegs auf dem

14*

Schiff mit einem Futter aus gehacktem, rohem Fleisch, er=
weichtem Weißbrot, gekochten Kartoffeln u. drgl. ernährt,
und während man sie natürlich mit demselben zunächst
weiter füttert, müssen sie doch allmählich an eins der er=
wähnten Futtergemische gebracht werden; auch bietet man
ihnen dazu weichgekochten Mais und sodann Kirschen u. a.
Früchte, selbstverständlich ebenso große lebende Kerbthiere,
Maikäfer u. a. und zeitweise eins der erwähnten warm=
blütigen Thiere oder ganz wenig rohes Fleisch. — Ein
gutes, wenn auch nicht billiges Mischfutter für alle zarteren
kleinen Krähenvögel ist das Gemisch aus Ameisen=
puppen, Weißwurm und geriebner Möre zu gleichen Theilen.
In meinem „Lehrbuch der Stubenvogelpflege, =Abrichtung
und =Zucht" sind noch zahlreiche andere hierher gehörende
Futtergemische angeführt, so noch namentlich mit frischem
Quargkäse und hartgekochtem gehackten Ei zu gleichen
Theilen, auch wol darunter gehackter Apfel oder Hollunder=
und Vogelberen oder für die kostbareren Fremdlinge fein
zerschnittene Feigen, Datteln, Rosinen. Der einsichtsvolle
Liebhaber und Vogelwirth wird sich danach ja die ver=
schiedenen Mischungen nach eignem Ermessen zusammenstellen
können. — Die allerkleinsten und zartesten Krähenvögel,
wie der Gimpel= oder Grauheher, werden mit Drossel=
futter (zu welchem ich weiterhin Vorschriften gebe), nebst
reichlicher Gabe von Mehlwürmern oder allerlei anderen
lebenden Kerbthieren ernährt, und in Ermanglung derer
muß das Mischfutter einen Zusatz von Insektenschrot, Gar=
neelenschrot oder dergleichen bekommen. Auch allerlei Früchte
je nach der Jahreszeit und Hanf=, Kanarien= u. a. Samen
thut man hinzu. — Inbetreff der Jagdkrähen oder
Kittas u. a. ist weiter nichts hinzuzufügen; man ver=
pflegt sie wie die zarteren Krähenvögel überhaupt. Die
Händler füttern sie mit dem Mischfutter aus Ameisenpuppen

und Möre nebst erweichtem Weißbrot, gekochtem Reis, ge=
hacktem Fleisch und Früchten. In den zoologischen Gärten
werden solche Vögel mit gekochten Kartoffeln, Mören, Ei,
alles in Würfel gehackt, vielfach zutode gefüttert. — Einem
Flötenvogel, der als Krähenartiger ebenfalls zu den
Allesfressern gehört, gibt man während der kalten Jahres=
zeit, wenn er beständig in der Stube gehalten werden muß,
nur gekochtes Fleisch und verhältnißmäßig wenig, als Haupt=
nahrung dagegen das Mischfutter aus Mören, aber reichlich
mit Garneelenschrot und zur Abwechselung Maikäfer= u. a.
Kerbthierschrot versetzt. Hat man ihn draußen auf dem
Balkon, im Gartenhaus oder frei auf dem Hof, so bekommt
er reichlich rohes Fleisch und allerlei Fleischabgänge. Als
Zugabe in beiden Fällen gewährt man ihm Brot, gekochte
Kartoffeln und Abfälle von allen übrigen menschlichen
Nahrungsmitteln, auch je nach der Zeit etwas gute Frucht.
— Die Fütterung der Laubenvögel besteht beim Händler
in erweichtem Weißbrot, gemahlnem Hanf und in längliche
Stücke zerschnittner Möre. E. von Schlechtendal gab dazu
würfelig zerhackten Apfel und hin und wieder Mehlwürmer.
Zweckmäßigerweise bringt man die Laubenvögel allmählich
an Drosselfutter, unter Zugabe von allerlei Früchten, auch
Sämereien, wie Hafer, Hanf u. a., und schließlich gewöhnt
man auch sie an alle Futtermittel für Allesfresser.

Während der Pastorvogel auf der Ueberfahrt leider
meistens nur mit gekochten Kartoffeln und Brot in Milch
ernährt wird, muß man ihn zweckmäßigerweise an ein
Mischfutter aus Ameisenpuppen und Gelbrübe, unter Zu=
gabe von täglich einem Stückchen in warmer Milch er=
weichtem Zwieback, hin und wieder etwas süßer Frucht
oder einem Theelöffel voll Honig, wechselnd mit etwas
rohem, magern geschabten Fleisch (wie eine Haselnuß groß)
bringen. Andere Pfleger bieten ihm erweichtes Weißbrot

mit Zucker bestreut, Mehlwürmer und allerlei andere weiche lebende Kerbthiere, sowie Zuckerwasser. Herr Peter Frank in Liverpool versorgte ihn mit gehacktem gekochten Ei und Ameisenpuppen nebst erweichtem Weißbrot, gequetschtem Hanfsamen und gekochten Kartoffeln.

Alle Starvögel sind der Hauptsache nach Fleisch= fresser, und nur beiläufig nehmen sie Früchte, sowie Säme= reien an. Man ernährt sie daher am besten, zumal sie als derbe Vögel ziemlich starke Fresser sind, mit einem Mischfutter, derer wir eine sehr beträchtliche Anzahl für die Angehörigen der verschiedenen Vogelfamilien vor uns haben. Ich muß hier nun zunächst mehrere Vorschriften zu Futtergemischen für Starvögel geben: 1) Ge= kochtes geriebnes Herz oder Rindfleisch, Ameisenpuppen, geriebnes Eier= oder Weißbrot (oder letztres eingeweicht und gut ausgedrückt) und Gelbrübe, alles zu gleichen Theilen und darunter etwas gequetschter Hanf; anstatt des gekochten nehmen manche Vogelwirthe rohes Fleisch, dann mit Maismehl; auch wird Maikäferschrot zum gleichen Theil hinzugesetzt (Friderich). 2) Eingequellte Ameisenpuppen und gehacktes rohes Fleisch je 1 Thl., Möre, Gerstengries, geriebnes Weißbrot und gequetschter Hanf 2 Thl. (Berlepsch). 3) Getrocknete Ameisenpuppen 4 Thl., Möre 2½ Thl., geriebne Semmel und Maismehl je 1 Thl., dazu abwechselnd frischer Quargkäse, zerschnittene Feigen, Datteln und Rosinen nebst täglich einigen Mehlwürmern (besonders für kostbare fremdländische Stare). 4) Eingeweichtes Weißbrot, gekochte Kartoffeln, hartgekochtes Ei, geriebnes Fleisch, Käsequargk, Ameisenpuppen, zerhackter Apfel, Alles unter einander ge= mengt (nur zur Abwechselung zu empfehlen). 5) Gekochtes und rohes Fleisch, Ei, Weißbrot und Obst, Alles zu gleichen Theilen zerhackt und untereinandergemengt, dazu Sämereien, namentlich Hanf und allerlei Kerbthiere (für fremdländische

Stare nach von Schlechtendal). 6) Eins der Drosselfutter, reichlich beschickt mit Würfeln von rohem Fleisch, für die kleineren Arten mit Mehlwürmern und Ameisenpuppen (nach A. E. Brehm, besonders auch für Flötenvogel). In der Hauptsache soll man aber Stare und Drosseln, sowie die vorhin erwähnten kleineren Krähenvögel, immer an eins der käuflichen Futtergemische gewöhnen, weil diese die Ernährung ungleich bequemer und billiger machen; ich nenne für diesen Zweck 7) Capelle'sches Universalfutter, 8) Kruel's Rheini-sches Nachtigalen= u. a. Futter, 9) Pfannenschmid's Gar-neelenschrotfutter, 10) Reiche'sches Universalfutter und 11) Märcker's sog. Insektenmehl. Als Zusatz zu jedem Futter-gemisch sind diese käuflichen Futter vortheilhaft und dien-lich. — Den eigentlichen Staren gibt man neben einem der erwähnten Gemische, nebst Mehlwürmern und allerlei anderen Kerbthieren, auch Schnecken und Regen-würmer, Beren u. a. Früchte und z. Z. frische Ameisen-puppen, besonders die großen. — Die Mainas oder Mainastare bekommen zum Mischfutter noch einen be-sondern Zusatz von Ameisenpuppen, und Schlechtendal bot an Früchten vornehmlich Rosinen, sowie frische oder ange-quellte Vogelberen u. a., zerschnitten unter das Gemisch, dann auch gespelzten Hafer u. a. Sämereien, Mehlwürmer u. a. lebende Kerbthiere. — Die Hordenvögel werden meist mit Sämereien allein gefüttert, doch sollten sie, wie die vorhergegangenen Stare, ernährt werden; Gleiches gilt von den Seidenstaren, die noch mehr Kerbthierfresser als die vorigen sind. — Die Mainaten oder Atzeln sind wiederum an eins der Starfutter zu bringen, und dazu bekommen sie im Winter Mehlwürmer, im Sommer allerlei große Kerbthiere, Heuschrecken u. a., zeitweise Beren, Weintrauben u. a. Frucht. Gekochter Reis, mit dem sie gewöhnlich auf der Reise gefüttert werden, ist ihnen nicht zuträglich, noch weniger aber sollte ein kostbarer sprechender oder Melodieen flötender Beo an menschliche Nahrungs= mittel gewöhnt werden. Uebrigens weist Schlechtendal darauf hin, daß sie auch bei bester zweckmäßigster Ernährung sich leicht zu fett fressen und zugrunde gehen.

Bei den Händlern werden alle Drosselvögel in der Regel nur mit dem Gemisch aus trockenen Ameisen= puppen und darüber geriebener Möre oder zeitweise frischen Ameisenpuppen, in beiden Fällen nebst einigen Mehlwürmern täglich und zeitweise Beren, ernährt. Eigentliche Drossel= futtergemische sind: 1) Das Starfutter nach Friderich. 2) Erweichtes Weißbrot und Käsequargk oder mageres Fleisch und im Sommer Vogelkleie zu gl. Thl. 3) Erweichtes Weißbrot und fein zerhacktes mageres Fleisch je 4 Thl. und frische oder angequellte Beren (kleine Rosinen, Vogel= oder Hollunderberen) 1 Thl. 4) Anstelle des Weißbrots kann man auch in diesen Futtergemischen feines Mais=, Bohnen= oder Erbsenmehl nehmen. 5) Angequellte Ameisen= puppen, gekochtes Ei, fein gehacktes rohes Fleisch, geriebnes Weißbrot, Alles zu gl. Thl. und Zusatz von Korinten oder Beren (Reiche). 6) Dasselbe Gemisch mit Zusatz von Mohnkuchenmehl und geriebenen Mören, ebenfalls zu gl. Thl. Immer muß solch Futtergemisch nur schwach feucht, locker und krümelig sein. Auch hier bilden die erwähnten Uni= versalfuttergemische stets einen werthvollen Bestandtheil des Futters. Frische Ameisenpuppen und Mehlwürmer, sowie allerlei Beren u. a. gute Frucht sind für die Drosseln wohlthätig und nothwendig. Soviel als möglich beschaffe man für sie auch reichlich lebende Kerbthiere, und vor und in der Mauserzeit menge man stets etwas fein gehacktes gekochtes mageres Rindfleisch ins Futter.

Den feinen, zarten Harzer Kanarienvogel soll man nur mit süßem Sommerrübsen als Hauptnahrung, ein wenig Kanariensamen und täglich etwas Eifutter (hartgekochtes Eigelb mit geriebner Semmel zu gl. Thl.) als Zugabe, ernähren; zum zeitweisen Ersatz des Eifutters reicht man ein Stückchen Löffelbiskuit. Den Kanarienvogel von gemeiner deutscher Rasse braucht man nicht so ängstlich hinsichtlich der Nahrung zu bewahren. Man gibt auch ihm Rübsen als Haupt= futter, aber zu gl. Thl. ebenso Kanariensamen und ge= quetschten Hanf nebst ein wenig Grünkraut (Vogelmiere oder Doldenriesche) und hin und wieder einem Stückchen Löffelbiskuit. Gekochtes Ei braucht er nicht zu bekommen, allenfalls nur, wenn er zur Mauserzeit hin sehr abgezehrt sein sollte. — Den Gimpel schließlich versorgt man, wenn er ein aufgezogner, „gelernter‘ ist, gleichfalls nur mit vorzüglichstem Rübsamen mit gelegentlicher Zugabe von ein wenig Mohn und Kanariensamen; beide letzteren aber sollen ihm nach Meinung mancher Vogelwirthe schädlich werden können. Hin und wieder ein Apfelschnittchen oder ein wenig eingeweichtes und gut ausgedrücktes Weißbrot, auch wol eine Vogel= oder Wachholderbere, darf man ihm bieten, sonst nichts. Selbst den Gimpelwildling füttert man vor= sichtigerweise nur mit Rübsen nebst etwas Mohn, und allen= falls gibt man ein wenig Kanariensamen und einige Hanf= körner hinzu. Nach und nach reicht man ihm auch zur Abwechselung Apfelschnittchen, Beren, Weißbrot und Grün= kraut; frische Baumknospen sind Leckerei für ihn.

Abrichtung. Vor allem muß der Liebhaber, welcher einen mehr oder minder begabten Vogel (oder irgend ein solches Thier überhaupt) sachgemäß und erfolgreich abrichten will, dahin streben, daß er sich eine möglichst gründliche Kenntniß des ganzen Wesens und aller Eigenthümlichkeiten und Bedürfnisse desselben aneigne. Nur wenn er die letz= teren zu befriedigen und das Thier damit nicht allein im vortrefflichsten Gesundheitszustand, munter und lustig, wenn

ich so sagen darf, bei guter Laune, zu erhalten vermag,
nur wenn er genau weiß, wie weit die Begabung des
Pfleglings überhaupt reicht und nach welchen verschiedenen
Richtungen hin sie sich erstreckt, ferner, durch welche Mittel
und Wege sie zu erwecken und entwickeln und zum höchsten
Erfolg auszubilden ist, kann er wirklich desselben in vollem
Maß sich erfreuen. Er muß ferner ausreichendes Ver=
ständniß für das Thier und sein ganzes Wesen haben und
es sich angelegen sein lassen, mit dem Pflegling und Lehr=
ling in ein inniges Verhältniß zu treten. Ferner muß er
große Milde und Sanftmuth, Geduld und vornehmlich un=
erschöpfliche Ausdauer haben. Schließlich kommen auch ein
gewisses Geschick und selbst äußere Eigenschaften bedeutsam
zur Geltung. Es gibt Leute, welche die Zähmung und Ab=
richtung von Vögeln mit staunenswerther Leichtigkeit erreichen,
während dies bei anderen, obwol sie reichere Erfahrungen
und größere Kenntnisse haben, viel schwerer hält. Man
behauptet, daß für manche Vögel, ähnlich wie für Kinder,
ein bärtiger Mann beängstigend sei, während sie wenigstens
im allgemeinen und namentlich Papageien, für Frauen und
Kinder mehr Anhänglichkeit zeigen. Auch ergibt die Er=
fahrung, daß jeder Vogel von einer melodisch klingenden
Frauenstimme leichter lernt, als von der rauhen eines
Mannes, doch darf man keineswegs glauben, daß letztres
garnicht geschehe. Die Erfordernisse, welche der Vogel
haben muß, um uns Aussicht auf Erfolg in der Abrichtung
zu gewähren, sind: Zunächst muß er im besten Zustande,
körperlich gesund und gut genährt sein, sodann noch mög=
lichst jugendlich, wenigstens im besten, geeigneten Alter, ob=
wol es auch vorkommt, daß ältere Vögel gleichfalls noch
sprechen lernen. Ferner muß er aus guten Händen her=
stammen, d. h. nicht etwa schon vom Vorbesitzer verwöhnt,
verzogen und verdorben sein.

Als Beginn der Abrichtung ist immer die Zähmung anzusehen. Jeder zum Sprechen abzurichtende Vogel sollte vorher fingerzahm geworden sein. Um dieß leichter zu erreichen, mache man ihn so wehr- und hilflos wie möglich, d. h. man bringe ihn in einen ganz engen Käfig. Bei manchen Vögeln, namentlich sehr scheuen und hurtigen, wendet man den Zwang an, ihnen die Flügel zu binden. Sodann darf der Stand des Vogels niemals höher, sondern derselbe muß vielmehr niedriger als das menschliche Auge sein. Ferner ist der Vogel immer so zu stellen, daß der Verpfleger, bzl. Lehrmeister sich zwischen ihm und dem Licht befindet. In den ersten Tagen überlasse man den Vogel so weit wie möglich sich selber, begegne ihm bei der Fütterung stets gleichmäßig ruhig und liebevoll, erschrecke ihn nicht durch plötzliches Hinzutreten, hastige Bewegungen, sehr laute und rauhe Sprache u. s. w., sondern richte hin und wieder beim Füttern freundliche Worte an ihn und reiche ihm dann und wann einen Leckerbissen. Zeigt er sich für derartige freiwillige Zähmung unempfänglich, so muß man dieselbe zunächst durch gelindes Darbenlassen und sodann geradezu durch Hunger und Durst zu erzwingen suchen. Doch nur im äußersten Nothfall entzieht man dem störrischen, namentlich einem alten, einerseits nicht mehr fügsamen und andrerseits körperlich kräftigen Vogel jede Nahrung und auch das Trinkwasser für 2, 4—6, 10—12, selbst 24 Stunden. Sobald die entsprechende Frist abgelaufen ist und man befürchten muß, daß längeres Darben gefährlich und ja auch grausam sein würde, hält man das sorglich vorbereitete Futter dem Vogel so entgegen, daß er nicht dazu gelangen kann, ohne den Finger oder die Hand zu berühren. Anfangs weicht er immer wieder ängstlich zurück, doch der Hunger treibt ihn, und mit jedem Zulangen wird er dreister und zahmer. Sehr wirksam ist dabei das Beispiel eines andern

bereits zahmen Vogels. Niemals, weder bei der Abrichtung,
noch im Verkehr mit einem abgerichteten Vogel überhaupt,
soll man sich zu Heftigkeit und Zornausbrüchen hinreißen
laffen. Doch darf man bei den Rabenvögeln im Gegensatz
zu den Papageien vor einer, allerdings nicht zu harten und
keinenfalls jähzornigen, Bestrafung, je nach der Größe ver=
mittelst eines leichten Stöckchens oder einer Rute, nicht
zurückschrecken.

Etwaige Merkmale, habe ich schon im ersten Bande dieses
Werks gesagt, an denen man die mehr oder minder hohe
Sprachbegabung eines Vogels ohne weitres und mit Sicherheit
feststellen könnte, gibt es nicht. Wol mag der Blick des Sach=
kundigen, wie einem Papagei, so auch einem Raben= und selbst
einem Starvogel, es einigermaßen ansehen, ob derselbe
einschlagen, also sich begabt, leicht zähmbar und gelehrig
zeigen werde, wol zeugen Munterkeit und Regsamkeit, ein
lebhaftes, glänzendes Auge, Aufmerksamkeit auf Alles, was
rings umher vorgeht u. drgl. für die Annahme, daß wir
einen „guten Vogel‘ vor uns haben, allein volle Gewißheit
können wir darin doch nicht finden, denn es liegen Bei=
spiele vor, nach welchen auch solche Anzeichen trügerisch ge=
wesen, der Vogel trotzdem störrisch und dumm geblieben,
während ein andrer, der anfangs wie stumpfsinnig dage=
sessen, sich dennoch zum vorzüglichen Sprecher ausgebildet
hat. Die Geschlechtsunterschiede dürften in dieser Hinsicht,
wenigstens in der Regel, bedeutungslos sein. Während jeder
Vogel für den Unterricht umsomehr empfänglich sich zeigt, je
jünger er in unsern Besitz gelangt, so ist es doch nicht als
feststehende Regel anzusehen, daß ältere, zumal Rabenvögel,
nichts mehr lernen sollten. Mit der fortschreitenden Zähmung
und insbesondre Abrichtung pflegt sodann jeder sprachbegabte
Vogel immer weniger sein widerwärtiges Naturgeschrei er=
schallen zu laffen.

Bevor ich weitere praktische Anleitung zur eigentlichen Abrichtung gebe, muß ich auch hier einem häßlichen, leider noch vielfach herrschenden Vorurtheil entgegentreten. Dasselbe betrifft das sog. Zungenlösen, welches viele Leute noch für durchaus erforderlich halten, Andere dagegen als nothwendig ausgeben, um ihres Vortheils willen. Nur ungebildete Menschen können in dem Aberglauben befangen sein, daß das Lösen der Zunge bei einem Vogel zum Sprechenlernen nothwendig sei; ich erkläre hiermit, daß es eine arge, überflüssige und sogar gefährliche Thierquälerei ist.

Für die eigentliche praktische **Abrichtung** will ich nun den folgenden Weg vorzeichnen. An jedem Morgen, wenn man zu dem btrf. Vogel tritt und an jedem Abend in der Dämmerung, sodann auch am Tage mehrmals, sagt man ihm, nachdem man ihn, falls er schon schlummert, in liebevollem Ton munter und aufmerksam gemacht, zunächst ein einziges Wort laut und recht deutlich betont und wenn möglich immer in genau gleicher, klarer und scharfer, nicht aber schnarrender, lispelnder oder sonstwie schlechter Aussprache vor. Man wähle ein Wort mit volltönendem Vokal a oder o und sodann mit hartem k, p, r oder t und vermeide Zischlaute, besonders sch und z. Während die Abrichter bei den Papageien mit Vorliebe die Worte Lora, Hurrah, Jako für den Anfang wählen, ist es bei den Rabenvögeln in der Regel das Wort Jakob, welches dann zugleich den Namen des Raben, der Dohle, Elster u. a. bildet.

Begnügt man sich nun damit, den Krähenvögeln, soweit es die kleineren und weniger begabten anbetrifft, nur ein Wort beizubringen oder allenfalls einige wenige, so ist ja Jakob und ein ähnliches, weniger Spitzbub, ganz geeignet; wenn man aber zumal dem großen Kolkraben oder einem andern sehr klugen und werthvollen hierher gehörenden Vogel

Sprachunterricht geben will, so muß man diesen in sach=
gemäßer, verständnißvoller Weise ertheilen.   Dazu gehört
vor allem, daß sich damit nur eine bestimmte Person be=
schäftige und nicht All' und Jeder, der bei dem Vogel vor=
übergeht, ihm dies und das zurufe.   Nur auf dem erstern
Wege kann man es erreichen, daß der Vogel mit einem
gewissen Verständniß sprechen lerne.   Der Unterricht soll
eben nicht eine bloße Abrichtung zum Nachplappern einzelner
Worte sein, er muß vielmehr eine bestimmte Vorstellung
für jedes Gesagte bei dem Vogel erwecken, sodaß derselbe
sich der Begriffe von Zeit, Raum und anderen Verhält=
nissen und Dingen bewußt werde.   Man sage ihm früh
‚guten Morgen‘, spät ‚guten Abend‘ vor, ebenso wie dem
Papagei; man klopft an und ruft herein, man zählt ihm
Leckerbissen, z. B. Stückchen Fleisch, zu: eins, zwei, drei
u. s. w.   Späterhin lobt man ihn, wenn er artig und
folgsam ist und tadelt ihn, wenn er sich eigensinnig zeigt
oder nicht gehorchen will.   All' dergleichen begreift ein be=
gabter Vogel sehr bald, und es ist manchmal erstaunlich,
mit welchem Scharfsinn und welcher Sicherheit er derartige
Verhältnisse kennen und unterscheiden lernt.

Bei diesem sachgemäßen Sprachunterricht, bei welchem
man selbstverständlich mit leichten einfachen Worten anfangen
und allmählich zu schwereren übergehen muß, verfahre man
sodann in folgender Weise.   Das erste Wort wird ihm
besonders zur angegebnen Zeit stets mehrmals hinterein=
ander so lange vorgesagt, bis er es vollständig und zugleich
klar und deutlich nachsprechen kann; erst dann beginnt man
mit dem zweiten und nach diesem ebenso mit dem dritten.
Sodann läßt man an jedem Tag, mindestens aber von Zeit
zu Zeit, den Vogel Alles wiederholen, was er bis dahin
gelernt hat, gewissermaßen vom abc an; immer dann erst,
sobald man sich davon überzeugt, daß er Alles taktfest

innehat oder nachdem man ihm dies und jenes Entfallene
wieder beigebracht hat, darf man ihm Neues vorsprechen.
Dabei vermeide man es durchaus, nachzuhelfen, wenn er
übt und inmitten des Worts oder Satzes stecken bleibt;
er würde dadurch leicht eine falsche, doppellautige Aussprache
der Worte annehmen. Man warte daher stets, bis er
schweigt und spreche ihm dann das betreffende Wort oder
den Satz nochmals klar und scharf betont vor. Nothwendig
ist es, daß man sich sowol mit dem noch in der Abrichtung
befindlichen als auch mit dem bereits tüchtigen Sprecher
möglichst viel beschäftige und zwar eingedenk dessen, daß
Stillstand in allen Dingen Rückschritt bedeutet, daß also bei
mangelnder Uebung auch der beste, hochbegabte Vogel in
Gefahr ist, zurückzugehen, bzl. das Erlernte zu vergessen,
oder zu verwildern, auch wol umgekehrt stumpfsinnig zu
werden und mithin jedenfalls bedeutsam an Werth zu ver=
lieren. Nur, wenn man in der angegebnen Weise lehrt,
hat man die Gewähr dafür, daß aus dem Vogel wirklich
ein tüchtiger Sprecher werde.

Im übrigen ergibt sich freilich die Begabung, wenn
auch nicht in dem Maß, wie bei den Papageien, so doch
auch bei allen hierhergehörenden Vögeln als außerordent=
lich verschiedenartig und zwar nicht allein verschieden bei
den Angehörigen der einzelnen Familien: Raben, Stare
u. a., sondern auch der Arten und selbst unter den einzel=
nen Vögeln von einundderselben Art. Das Nachstehende
habe ich inbetreff der Papageien gesagt und ich muß es
nochmals wenigstens anführen, wenn es auch für die Vögel,
mit denen wir es hier zu thun haben, eben nur bedingungs=
weise Giltigkeit hat: Der eine Vogel begreift schwer, er=
faßt ein neues Wort erst nach längrer Uebung, behält es
dann aber auch und hat Alles fest inne, was ihm über=
haupt gelehrt worden; ein zweiter schnappt Alles rasch auf,

lernt ein Wort wol gar schon beim erstenmal nachsprechen, vergißt es jedoch leicht wieder; ein dritter nimmt gut auf und bewahrt zugleich ebenso; ein vierter von derselben Art, die sonst reich begabt ist, lernt garnicht oder doch nur wenig; ein fünfter hat keine Anlage dazu, Worte nachzu= sprechen, lernt dagegen vortrefflich Melodien nachflöten; ein sechster ahmt das Krähen des Hahns, Hundegebell, das Knarren der Wetterfahne und allerlei andere wunderliche Laute täuschend nach, schmettert auch wol den Schlag des Kanarienvogels, aber er vermag ebenfalls kein menschliches Wort hervorzubringen. Eine Hauptaufgabe für den tüchtigen Lehrmeister ist es nun, daß er beizeiten das entsprechende Talent eines jeden Vogels entdecke und ihn sodann in dem= selben zur höchstmöglichen Ausbildung bringe.

Nach meiner Ueberzeugung wird jeder einzelne Vogel aus den Reihen derer, die überhaupt sprachbegabt sind, bei sachgemäßer Behandlung und Abrichtung wenigstens etwas sprechen lernen. Erforschung und Erfahrung muß uns im Lauf der Zeit zur entsprechenden Kenntniß des ganzen Wesens dieser Vögel führen.

Heutzutage ist es kaum mehr oder doch nur noch selten üblich, daß man Rabenvögel oder Stare zugleich zu Kunst= stücken abrichtet, und da ich besonders ein entschiedener Feind von aller derartigen ‚Vogeldressur‘ bin, so gehe ich darüber ohne weitere Bemerkung hinweg.

Bedeutsame Unterschiede, welche weniger in der Be= gabung der Vögel an sich, als vielmehr in dem verschieden= artigen Wesen der Papageien einerseits und der Raben= artigen wie dann auch der Starvögel andrerseits begründet liegen, darf der Abrichter niemals außer Acht lassen. Kein Krähenvogel, vom großen Kolkraben bis zur Dohle, Elster und den fremdländischen Verwandten ist, wenn ich so sagen darf, für einen innigen, freundschaftlichen Verkehr mit dem

Menschen geeignet. Die sich anschmiegende, hingebende Natur, welche sich bei allen Papageien mehr oder weniger bemerkbar äußert und die in den meisten Fällen ungemein große Zahmheit ganz von selber ergibt oder doch die Zähmung unschwer erreichen läßt, mangelt den Rabenvögeln fast durchgängig. Die letzteren sind wol bald dreist und keck und darauf beruht im wesentlichen dann auch ihr Zahmwerden, aber nur wenige lassen sich, selbst wenn sie bereits recht zahm sind, geduldig in die Hand nehmen, die meisten lassen sich dagegen überhaupt nicht anfassen. Jene Schmeichelworte, die der am reichsten begabte Papagei auf der höchsten Stufe der Erziehung mit wahrhaft unendlicher Innigkeit und wechselnder Betonung im Ausdruck zu sprechen vermag und mit denen er sich so tief in das Herz seines Herrn und Freundes, besonders aber seiner gefühlvollen Freundin, einzuschmeicheln weiß — sie kann kein Rabenvogel, gleichviel welcher, weder nach Auffassung, noch Ausdruck so annehmen und äußern. Schon das rauhe Organ, also der nichts weniger als milde und sanfte Klang der Stimme, kennzeichnet in dieser Beziehung jeden Rabenvogel, und für den Kenner, welcher sein Wesen ganz zu ermessen und zu verstehen vermag, liegt bereits darin ein Beweis dafür, daß die Rabenvögel der Schmiegsamkeit und Anmuth, wie im Aeußern, so auch in ihren geistigen Regungen ermangeln. Aber der Rabe steht auch dem klügsten Papagei an Scharfsinn gleich, er lernt die Menschen und die Verhältnisse wol noch scharfblickender kennen — und für seinen Vortheil ausnützen. In der Fähigkeit zum Lernen der Worte an sich kommt der begabteste Rabe dem ebenso begabten Papagei sicherlich ebenfalls gleich. Auch seine Betonung und die Art und Weise, in welcher er dieselbe dem Ausdruck und der Bedeutung des Worts anzupassen vermag, bleibt nicht viel hinter der

des letztern zurück — immer jedoch nur, soweit es die
Entwicklung des Verstands, also Klugheit und Scharfsinn
des Vogels, ergibt; die mildere Regung, die Innigkeit des
Gefühlslebens, dürfte bei allen Rabenartigen, wie gesagt,
ganz mangeln.   Noch in einer Beziehung übertrifft der
Rabenvogel im allgemeinen und der Kolkrabe im besondern
jeden, auch den am höchsten stehenden Papagei, nämlich in
dem Zuge, den wir bei den Vögeln bisher am wenigsten
kennen, einer gewissen Verstellungskunst. Wer in der freien
Natur unbefangen sich umschaut, wird sich bald davon
überzeugen können, daß viele Vögel die Gabe, sich zu ver=
stellen, in mehr oder minder bedeutendem Maß entwickeln;
von den einfachsten Verstellungskünsten der Grasmücken
u. a., um einen Feind von ihrer Brut abzulenken, von
der sich flügellahm stellenden Wildente, welche den Hund
des Jägers von ihren kleinen Jungen, die sich ins Gras
gedrückt haben, weit hinwegzuführen sucht, bis zum Kolk=
raben, der stets an einer bestimmten Stelle im Wald auf=
bäumt und sich hier zu schaffen macht, um die Aufmerk=
samkeit der Jäger und Eiersammler auf sich zu ziehen,
während sein Weibchen weithin in einem andern Bezirk des
Walds ganz heimlich das Nest errichtet, bis zur Elster,
welche sogar auf einer italienischen Pappel am Weg immer=
fort an einem Nest baut und damit anscheinend garnicht
zustande kommen kann, während das Weibchen im Dickicht
der Kiefernschonung oder der Dornenhecke im weiten Baum=
garten schon längst brütet — können wir eine große
Mannigfaltigkeit derartiger Züge im Leben der uns nächst
umgebenden Vögel und besonders in der Familie der
Krähenartigen belauschen.   Selbstverständlich muß ich mich
hier mit dieser Andeutung begnügen und meinen Lesern ein
näheres Eingehen auf dies immerhin hoch interessante Gebiet
der Erforschung des Vogellebens selbst überlassen; hier

durfte ich es nur soweit berühren, als es zum Verständniß dessen, was ich mitzutheilen habe, erforderlich ist. Nicht zum geringsten ist es diese seltsame Verstellungsgabe, welche den gezähmten Raben allenthalben so beliebt gemacht hat. Da erzählt sich der Volksmund die wunderbarsten Dinge von ihm und selbst ein so aufgeklärter Vogelkenner und -Pfleger, wie Edmund Pfannenschmid, spricht mit größtem Ernst von der vollbewußten Verstellungskunst des gezähmten Raben, mit welcher dieser sich förmlich ein Vergnügen daraus mache, die Leute zu erschrecken, zu täuschen u. s. w. Um dieser Eigenthümlichkeit willen, die viele Liebhaber ja einerseits genugsam kennen und andrerseits weit übertreiben, wird denn auch dem Raben, beiden Krähen, namentlich der Elster, mitunter auch der Dohle, meistens zuerst das Wort ‚Spitzbub‘, nämlich mit Bezug auf sich selber, beigebracht, indem man sie als Hallunken und Spitzbubengelichter ansieht, wozu freilich auch die schon früher erwähnte Sucht, glänzende Dinge zu stehlen, bzl. zu verschleppen, nicht wenig beiträgt. —

Was das Verfahren der Abrichtung bei den Star= vögeln anbetrifft, so ist es in den Grundzügen dasselbe, jedoch in manchen wesentlichen Punkten durchaus abweichend. Bei allen diesen kleineren Vögeln kommt es vor allem darauf an, daß ein solcher, den wir zum Sprecher erziehen wollen, so zahm wie möglich sei; denn nur dann, wenn ihn unser Nahen nicht mehr beunruhigt, können wir die volle Aufmerksamkeit für den Sprachunterricht bei ihm er= warten; ich bitte daher vor allem, das S. 219 inbetreff der Zähmung Gesagte beachten zu wollen.

Die Starvögel im allgemeinen sind kluge und auch mehr oder minder listige Vögel, trotzdem stehen sie kaum auf der vollen Höhe der geistigen Begabung, darin, daß sie auch Verständniß für die zu erlernenden menschlichen

Worte erfassen können. Der Starvogel kann es wol begreifen, welche Antwort er auf eine bestimmte Frage zu
geben hat, zu welcher Zeit, bzl. bei welcher Gelegenheit er
einen gewissen erlernten Satz aussprechen muß, aber kaum
vermag er es zu erfassen, daß er seinen Herrn zu bestimmter
Tageszeit mit dem für diese passenden Gruß bewillkommnen
muß oder daß er sich einen bestimmten Leckerbissen fordre,
daß er, wie der Papagei und der Rabe, Jemand, der an
seinen Käfig tritt, mit dessen Namen begrüße, daß er,
wie jene beiden, den Hund vom Ofen oder aus der Stube
heraus mit Scheltworten jagen solle u. s. w. So aufmerksam ich auch die geistige Regsamkeit der am höchsten
stehenden abgerichteten Starvögel, zumal des europäischen
Stars und der verschiedenen Beos, zu erforschen gesucht,
bei keinem einzigen dieser Vögel hat sich eine Begabung
ergeben, welche über das Hersagen eingelernter Worte, bzl.
Redensarten weit hinausginge. Angesichts dessen wird der
Liebhaber immerhin am zweckmäßigsten handeln, wenn er
sich bei der Abrichtung selbst eines reichbegabten Starvogels
trotzdem in jenen engen Grenzen hält.

Den eigentlichen Sprachunterricht bei den Starvögeln gibt man, wie erwähnt, in derselben Weise wie
bei den Krähenvögeln, aber man sollte, um einen guten
und raschen Erfolg zu erreichen, immer auch noch Folgendes
beachten. Wie die Sprachwerkzeuge, d. h. also jene Körpertheile, vermittelst derer die Nachahmung menschlicher Worte
hervorgebracht wird, schon bei den Raben und den Papageien wechselvoll verschieden sind, so müssen sie bei den viel
kleineren Staren natürlich noch mehr abweichend sein. Die
starke, kräftige Stimme eines Mannes wird ein Star, gleichviel welcher, sicherlich niemals in Ton und Ausdruck gut
nachahmen können. Da ergibt es sich vielmehr, daß die
klangvolle Stimme einer Frau oder auch eine Kinderstimme

allein zum Sprachunterricht für jeden Starvogel geeignet
ist; mindestens muß dies als Regel gelten, und wenn wir
allerdings auch Beispiele vor Augen haben, in denen Stare
von Männern abgerichtet worden, so wird sich uns dabei
doch immer die Thatsache zeigen, daß der betreffende Mann
entweder gleichfalls eine weiche, klangvolle Stimme hat oder
daß andernfalls der vielleicht außergewöhnlich begabte Vogel
sein Organ dem rauhern des Mannes möglichst anzu-
schmiegen sich bemüht. Nothwendig ist es ferner, daß bei
dem recht zahmen Starvogel jede Silbe so klar und deutlich und scharf accentuirt wie möglich vorgesprochen werden
muß; denn andernfalls werden alle hierhergehörenden Vögel
nur undeutlich sprechen lernen und dadurch viel an Werth
einbüßen. Auch an der Regel, daß man einen Star, der bereits
mehrere Worte sprechen kann, wenn er in der Rede stockt
oder stecken bleibt, keinenfalls mitten darin nachhelfen darf,
sondern ihm vielmehr immer den ganzen Satz wieder von
vorn vorsagen muß, halte man hier ganz besonders sorgsam fest; denn solch unruhiger und lebhafter Starvogel
nimmt ein verunstaltendes Doppelwort oder wenigstens eine
Doppelsilbe in seinen Sprachschatz ungleich leichter auf, als
der ruhige, phlegmatische Rabenvogel.

Dem Pastorvogel, sowie den Laubenvögeln
und allen übrigen theils zu den Krähen, theils zu den
Staren gehörenden fremdländischen Vögeln gegenüber, welche
bis jetzt noch mehr oder weniger als kostbare Seltenheiten
gelten müssen und die wir daher nach ihrem Wesen erst
verhältnißmäßig wenig kennen, habe ich vorläufig nichts weiter
hinzuzufügen, als daß ich bitten muß, jeden einzelnen
derartigen gefiederten Gast nicht blos naturgeschichtlich
sowie hinsichtlich seiner Pflege, sondern auch in seiner
Abrichtung den Vögeln gemäß einzureihen, denen er
am nächsten steht; so also die Laubenvögel bei den

Rabenartigen, den Pastorvogel dagegen bei den Staren
u. s. w.

Beide Drosselvögel, die hier inbetracht kommen,
können wiederum nur den Staren gleich zum Sprechen ab=
gerichtet werden. Will man mit ihnen Versuche machen,
so achte man besonders sorgsam darauf, daß die Abrichterin
— nur eine solche wird es sein dürfen — eine vorzugs=
weise klangvolle Stimme habe.

Obwol wir, wie S. 169 ff. geschildert ist, den Kanarien=
vogel bereits in einer langen Reihe gefiederter Sprecher
vor uns sehen, so dürfte doch kein einziger unter ihnen
durch wirklichen sachgemäßen Unterricht dazu ausgebildet
sein, sondern bei jedem hat der Zufall obgewaltet und der
Vogel hat ohne besondre Mühe des Abrichters, wenn ich
so sagen darf, ganz von selber, das Nachsprechen der mensch=
lichen Worte gelernt. Aber ein schöner, sichrer Weg der
Abrichtung ist uns in der Mittheilung über den Sprecher
der Frau Geheimrath Gräber vorgezeichnet worden. Als
ganz bestimmt ergibt es sich hier, daß dieser Vogel nur
von dem klangvollen Vorsprechen der gesangskundigen Dame
die menschlichen Worte so aufnehmen konnte — und somit
also finden wir auch eine Erklärung für die Thatsache, daß
die sprechenden Kanarienvögel bisher sämmtlich, vielleicht
nur mit einer einzigen Ausnahme, von Frauen abgerichtet
worden. Nähere Anleitung brauche ich wiederum nicht zu
ertheilen, denn hinsichtlich des Sprachunterrichts überhaupt
wolle man nur an die allgemeinen Vorschriften sich halten
und sodann einem abzurichtenden Kanarienvogel immer ähn=
liche Worte vorsprechen wie die, welche wir hier in den
Schilderungen S. 169 ff. finden.

Ganz dasselbe gilt in allen Beziehungen vom Gimpel
oder Dompfaff. Nur eine bedeutungsvolle Seite muß
ich bei ihm hervorheben, nämlich die, daß im Gegensatz zum

Kanarienvogel (sowie jedenfalls auch zu beiden Drosseln und wahrscheinlich zu allen Starvögeln), sich beim Gimpel das Weibchen, ebenso wie begabt zum Nachflötenlernen von Liederweisen, auch für den Sprachunterricht dem Männchen gleich befähigt zeigt.

Gesundheitspflege. Wollen wir rechte Freude an einem Vogel, gleichviel welchem, haben, so müssen wir es als unsere bedeutsamste Aufgabe erachten, ihn in voller Gesundheit und Lebensfrische zu erhalten, und dies können wir wiederum nur durch aufmerksame und verständnißvolle Pflege erreichen. In meinem „Lehrbuch der Stubenvogel= pflege, Abrichtung und Zucht" habe ich einen besondern Abschnitt über die Gesundheitspflege der Vögel gegeben, und aus demselben muß ich das Erforderliche, soweit es die sprachbegabten Vögel anbetrifft, hier mittheilen. Bei jedem Vogel sehen wir, genau wie bei einem Kinde, daß es leicht ist, durch naturgemäße Versorgung die Gesundheit zu er= halten, während es in den meisten Fällen überaus schwer hält, die Gesundheit, wenn sie einmal gestört worden, wie= der herzustellen. Zunächst bitte ich nun, die Rathschläge, welche ich einerseits bei der naturgeschichtlichen Beschreibung jeder einzelnen Art und andrerseits in den Abschnitten über die Verpflegung gegeben, sorgfältig beachten zu wollen. So= dann ist es sowol beim Einkauf als auch für die immer= währende Ueberwachung nothwendig, daß jeder Liebhaber die Gesundheitszeichen eines Vogels genau kenne.

Jeder Vogel muß munter und frisch aussehen, natür= liche Lebhaftigkeit, glatt und schmuck anliegendes Gefieder, klare und lebhafte Augen haben. Abgestoßene Federn, mangelhafter Schwanz und beschmutztes Gefieder bergen, wenn die Gesundheitszeichen sonst nicht fehlen, keine Gefahr; dagegen läßt große Magerkeit solchen Vogel stets verdächtig erscheinen. Verschnittene Flügel und Schwanz machen den

Vogel unschön und meistens fast werthlos; zumal bei den
Krähenvögeln dauert es oft jahrelang, bis solche Ver=
stümmelung allmählich durch Ausfallen der alten Stümpfe
und Nachwachsen neuer Federn verschwindet. Noch wolle
man darauf achten, daß sehr große Zahmheit bei frisch ge=
fangenen Vögeln fast immer das Zeichen einer schweren
Erkrankung oder des herannahenden Todes ist.

In gleicher Weise, wie wir es uns angelegen sein
lassen müssen, den Vogel gut und naturgemäß zu ver=
pflegen, ist es aber auch nothwendig, daß wir alle verderb=
lichen Einflüsse von ihm abzuwenden suchen. Diese bestehen
in Folgendem: Einströmen naßkalter oder eisiger Luft beim
Stubenreinigen, Zugluft, schroffe Wärmeschwankungen, zu
große Kälte, stralende Ofenhitze, sengende Sonnenstralen
ohne Schutz, Mangel an ausreichendem Licht, sodann Tabaks=
rauch, anderweitig unreine Luft, Wasserdunst, Ausdünstung
frisch angestrichener Käfige u. a. m.

Erforderlich für alle unsere gefiederten Sprecher ist
sodann auch eine sachgemäße Gefiederpflege. Nachdem
sich die Vögel völlig beruhigt, die einheimischen eingewöhnt
und die fremdländischen den Klimawechsel überstanden, sich
auch an die neuen Verhältnisse, veränderte Lebensweise,
andere Nahrungsmittel, vor allem aber an das neue Trink=
wasser gewöhnt haben, müssen wir auch ihrem Federkleide
entsprechende Aufmerksamkeit widmen. Das erste und wich=
tigste Hilfsmittel der Federnpflege ist das Baden. Allen
kleineren Vögeln, welche freiwillig den Badenapf benutzen,
biete man denselben je nach der Witterung wöchentlich zwei=
bis drei= und selbst täglich einmal. Den großen Raben=
vögeln, welche nicht freiwillig baden wollen, spritzt man
vermittelst einer Siebspritze bei warmem Wetter etwa wöchent=
lich einmal das Gefieder durch. Man stellt den Käfig ohne
die Schublade in eine Wanne und spritzt ihn sammt dem

Einwohner von allen Seiten durch. Wenn ausführbar, kann man an heißen Sommertagen auch einen Gewitter= regen benutzen. In jedem Fall sind die Vögel bei solchem erzwungnen Baden und nach demselben gegen Erkältung sorgsam zu beschützen; sie müssen in Stubenwärme oder die einheimischen an einem zugfreien Ort bis zum völligen Abtrocknen des Gefieders verbleiben. Uebrigens sollte man sie immer nur Vormittags abbaden, damit bis zur kühlern Nacht hin das Gefieder noch vollständig trocken werde. Im übrigen halte man auch noch an der Gesundheitsregel fest, daß jeder Vogel, welcher freiwillig badet und sich das Ge= fieder tüchtig durchnäßt, entschieden gesund erscheint. Warnen muß ich vor dem rohen Verfahren, daß man irgend einen Vogel anpacke und ohne weiteres ins Wasser stecke; darin liegt unter Umständen für werthvolle Vögel eine große Gefahr.

Nicht minder wichtig ist die F u ß p f l e g e. Vernach= lässigte, unreinliche, verklebte, wunde oder geschwürige Füße, wol gar mit großen harten Klunkern an den Zehen, ein= geschnittenen oder geschwürigen Ballen, eingewachsenen oder verkrüppelten Nägeln können Krankheit und Tod hervor= rufen; saubere und wohlgepflegte Füße sind immer ein zuverlässiges Gesundheitszeichen. Haupterfordernisse, die Füße in gutem Zustand zu erhalten, sind: Reinlichkeit, Bade= wasser, trockner, saubrer Sand, zeitweises Nachsehen und naturgemäße zweckentsprechende Sitzstangen. Alle an der Erde herumlaufenden Vögel sind immer darin gefährdet, daß sie sich durch Festsetzen von Schmutz an Fußsohle und Zehen oder durch Umwickeln von mehr oder minder scharfen und harten Fasern und Fäden Fußkrankheiten zuziehen. Zeitweise Untersuchung der Füße ist also bei allen Vögeln nothwendig. Vernachlässigte Füße reinigt man zunächst in warmem Seifenwasser vorsichtig mit einer weichen Bürste.

Sind an den Zehen runde harte Klunkern vorhanden, so darf man diese nicht roherweise ohne weiteres abreißen, denn man würde dem Vogel dadurch Schmerz verursachen und ihn wol gar arg beschädigen; man erweicht vielmehr den verhärteten Schmutz in handwarmem Seifenwasser und sucht ihn durch gelindes Reiben mit der Bürste zu entfernen. Ist dies erreicht, so besichtigt man den Fuß, löst vermittelst einer spitzen Schere die Fäden oder Fasern mit großer Vorsicht, badet dann den Fuß in reinem warmen Wasser, trocknet ihn mit einem weichen Leinentuch und bestreicht ihn mit mildem Oel oder verdünntem Glycerin. Großer Auf= merksamkeit bedürfen sodann die Fußkrallen. Bei manchen Vögeln wachsen die Nägel unnatürlich lang, krümmen sich zu starken Haken, wachsen ins Fleisch ein u. s. w. Beim Verschneiden darf man natürlich nicht das Lebendige mit treffen; man hält den Nagel gegen das Licht, um zu sehen wie weit das Fleisch durchscheint und schneidet beträchtlich unterhalb desselben ab. Einen großen, wehrhaften Vogel faßt man geschickt mit einer Hand über den Hinterkopf und Nacken, mit der andern über den Rücken und hält ihn so auf dem letztern liegend. Beide Hände müssen natürlich mit starken ledernen Handschuhen oder durch ein grobes weiches Leinentuch (Küchenhandtuch) geschützt sein. Bei einem sehr großen, starken Vogel, wie dem Kolkraben, sind für eine derartige Untersuchung wol zwei bis drei Personen erforderlich, weil derselbe sonst mit dem Schnabel und den Klauen, bzl. den scharfen Krallen empfindlich verletzen kann. Selbstverständlich darf man den Vogel dabei aber nicht grob drücken oder gar beschädigen. Darauf sei noch hingewiesen, daß die großen Raben= und Krähenvögel nicht, so wie die Papageien, eine derartige Mißhandlung lange nachzutragen pflegen.

　　Schnabelwucherungen, bzl. Verkrüppelungen kommen

bei den Krähenartigen und Staren immerhin auch, wenn=
gleich nur selten, vor. Man verschneidet den zu sehr ge=
krümmten oder sonstwie verunstalteten Oberschnabel am besten
mit einem scharfen Messer und nicht mit einer Schere, weil
die letztre durch Quetschen leicht Bruch oder Absplitterung
hervorbringt. Jedenfalls verhüte man es, so Stücke ab=
zubrechen oder einzureißen, daß Spalten im Horn ent=
stehen, denn diese dringen fast immer tiefer und sind schwer
oder garnicht zu heilen, indem das spröde Horn stets von
neuem einplatzt. Sie verursachen dem Vogel vielen Schmerz.
Vor dem Beschneiden ist der Schnabel mit erwärmtem Oel
einzureiben und das ist auch das einzige Heilmittel bei
Schnabelrissen. Sollte man unvorsichtigerweise zu tief fort=
schneiden, was dem Vogel heftigen Schmerz verursacht, so
stillt man die Blutung durch Betupfen mit Eisenchloryd=
auflösung aus der Apotheke.

Die Mauser oder der Federnwechsel geht bei allen
Vögeln in einer theilweisen oder völligen Gefiedererneuerung
alljährlich und zwar bei den meisten im Freileben zu ganz
bestimmter Zeit vor sich. Nur der Vogel, welcher in die
naturgemäße Mauser tritt und sie gut übersteht, gibt damit
ein Kennzeichen seiner vollen Gesundheit. Als Ursachen
fehlerhafter Mauser sind im allgemeinen anzusehen: unrich=
tige Verpflegung oder Mißgriffe in derselben, Haltung in
einem zu engen und zu heißen Raum, zu große und trockne
Hitze oder im Gegensatz naßkalte Luft und zu niedrige
Wärme, ferner Störungen, wie das Herausgreifen und
Anfassen inmitten des Federnwechsels, Versendung zu solcher
Zeit u. s. w. Zuweilen liegt stockende Mauser, bzl. mangel=
hafte Befiederung darin begründet, daß der Vogel zu voll=
leibig ist, wol gar wie in Fett gehüllt erscheint, während
die Haut schlaff und unbelebt sich zeigt. Durch zweckmäßig
geregelte Ernährung und fleißiges Abbaden kann der Vogel

dann wieder hergestellt werden. Die Stümpfe abgeschnittener Flügel- und Schwanzfedern darf man nur dann entfernen, wenn sie nach Jahr und Tag nicht von selbst ausfallen, während der Vogel sonst gesund und kräftig ist. Man bemächtigt sich des Vogels, wie oben bei der Fußpflege angegeben und zupft die Stümpfe vermittelst einer kleinen Zange vorsichtig aus; doch wenn sie noch festsitzen, nur etwa je nach der Größe des Vogels 2—3 Stück erst an einem Flügel, dann nach 8 Tagen am andern Flügel und wiederum nach gleicher Zeit am Schwanz. Bei derartigen Vornahmen muß man sich aber sorgsam hüten, daß man nicht die neu hervorsprossenden jungen Federn abbreche oder beschädige, weil der Vogel dadurch eine Verstümmelung erleidet, die erst nach langer Zeit oder gar nicht wieder auswächst.

Nachtrag.

Unter Bezugnahme auf die Angabe des Herrn Franck, daß sein sprachbegabter Gimpel kein aufgepäppelter Vogel, sondern ein Wildfang gewesen sei (s. S. 174), muß ich hier, da mir dieselbe erst später zugekommen war, noch einige Hinweise auf den Fang anfügen.

Fang. Am meisten werden die Gimpel im größten Theil von Deutschland, zumal im Norden und Nordosten in den mörderischen Schlingen der Dohnen gefangen, wobei nur ein glücklicher Zufall uns einen solchen lebendig in die Hände bringen kann. Auffallend ist es dabei, wie überaus leicht selbst ein kerngesunder und kräftiger Dompfaff in der Schlinge sich abwürgt, sodaß es uns leider auch nicht viel nützen kann, wenn wir früh aufstehen und aufpassen. Wo ein Flug Gimpel umherstreifend oder auf der Wanderung vorüberkommt, hält es nicht schwer, zumal mit einem Lockvogel,

eine Anzahl mit Leimruten oder Schlagnetz zu überlisten.
Ungleich weniger mühevoll und auch keineswegs mit großen
Opfern gelangen wir aber in den Besitz eines Gimpels
durch Ankauf beim Fänger oder Händler, und ich bitte
S. 197 nachzulesen. Wiederholt sei noch darauf hinge=
wiesen, daß auch die großen russischen Gimpel, welche
Petersburger oder Moskauer Händler alljährlich durch
Deutschland nach London auszuführen pflegen und die wir
auch von unseren Händlern, zumal den böhmischen, bekommen
können, für derartige Abrichtungsversuche geeignet sein dürften.

Zur Auffütterung werden die Gimpel, am besten noch
nackt, mit dem Nest geraubt und, indem das letztre an
einen ruhigen, halbdunklen Ort gestellt und mit einem
wollenen Lappen zugedeckt worden, werden die Jungen ver=
mittelst eines löffelartig geschnittnen Federkiels oder Hölzchens
in Pausen von $\frac{1}{2}$ bis $\frac{3}{4}$ Stunden gepäppelt, wobei es eine
Hauptsache ist, daß das Nest durchaus reinlich und trocken
gehalten werde. Das Päppelfutter besteht aus hart=
gekochtem Ei, Gelb und Weiß, und erweichtem Weißbrot zu
gleichen Theilen, gemischt und schwach angefeuchtet; oder
blos in Milch angequellter Buchweizengrütze; oder erweichtem
Weißbrot und eingequelltem zerriebnem Rübsen zu gleichen
Theilen; oder fein zerstoßnem Rübsen und hartgekochtem
Eigelb gemischt und mit wenig Wasser zum Brei angerührt.
Sorgsamste, regelmäßige Abwartung bei größter Sauberkeit
im ganzen, Vermeidung zu niedriger Wärme und nicht
allein richtiges, sondern auch sorgsam zubereitetes Futter
sind die Haupterfordernisse des Wohlgedeihens. Nachlässig
oder unverständig aufgezogene Gimpel werden dickbäuchig,
skrophulös und gehen bald ein, vor allem zeigen sie aber,
auch wenn sie am Leben bleiben, keine Begabung zur Ab=
richtung. Sobald sie befiedert sind, werden sie einzeln in kleine
Käfige (Gimpelbauer) gesetzt und wenn möglich wird jeder

in ein besondres Zimmer gebracht; mindestens müssen sie
in einer Stube so vertheilt werden, daß sie einander nicht
sehen können. Ferner ist der junge Gimpel auch vor jeder
Zerstreuung möglichst zu bewahren, ebenso vor Erschrecken,
Aufregung und Beängstigung. Die Weibchen sind ebenfalls
gelehrig; da indessen die Männchen schöner sind, und da
sie doch auch als begabter gelten, so schafft man die Weib=
chen gewöhnlich bald ab. Um die ersteren recht frühe zu
erkennen, zupft man dem jungen Vogel einige Brustfederchen
aus, welche beim Männchen röthlich nachwachsen. In Thü=
ringen werden alljährlich Hunderte so aufgezogen und flügge
gewordene aufgepäppelte Gimpel sind von dort unschwer
zu erlangen.